CHOIX
D'ÉDIFICES PUBLICS

PROJETÉS ET CONSTRUITS

EN FRANCE

DEPUIS LE COMMENCEMENT DU XIX.ᴍᴇ SIÈCLE.

ORDRE A SUIVRE

POUR LE CLASSEMENT DU DEUXIÈME VOLUME.

FAUX TITRE.

TITRE.

AVANT-PROPOS.

RAPPORT à M. le Ministre de l'Intérieur, par l'Académie royale des Beaux-Arts, sur le premier volume.

1re Section.	ÉDIFICES RELIGIEUX.	Texte. Planches 296, 297, 301, 302; 254, 255; 260; 121; 181, 182; 85; 49; 278; 236, 237, 238; 51; 279; 280
2me idem.	ÉDIFICES ADMINISTRATIFS.	Texte. Planches 212, 213, 272, 273, 274, 275; 260; 103, 104; 82, 83; 286, 287; 52, 53, 54.
3me idem.	ÉDIFICES JUDICIAIRES.	Texte. Planches 79, 80, 81; 86; 196, 197.
4me idem.	ÉDIFICES D'INSTRUCTION PUBLIQUE.	Texte. Planches 290, 291; 224; 78; 239, 240, 241; 281; 256, 257, 258
5me idem.	ÉDIFICES SANITAIRES.	Texte. Planches 101, 102; 249, 250; 267, 268; 282, 283; 218, 219; 292, 293; 89, 90; 21, 22.
6me idem.	ÉDIFICES D'UTILITÉ PUBLIQUE.	Texte. Planches 19, 20; 33; 277; 276; 271; 269; 60; 294; 248; 224; 176, 177; 26; 205; 29 (a); 230, 231, 232; 18 (b).
7me idem.	ÉDIFICES DE SURETÉ PUBLIQUE.	Texte. Planches 220, 221; 270; 153, 154; 139; 118; 174; 158; 298, 299, 300.
8me idem.	MONUMENTS PUBLICS.	Texte. Planches 149, 150; 262, 263, 264, 265; 242, 243, 244, 245, 246, 247; 233, 234, 235; 259; 132; 84.
9me idem.	ÉDIFICES FUNÉRAIRES.	Texte. Planches 95, 96, 97; 225, 226, 227, 228, 229.
10me idem.	ÉDIFICES MIXTES.	Texte. Planches 47, 48; 12; 133; 3 (d), 4 (e); 210; 223.
	TABLEAU GÉNÉRAL.	(Le relieur collera ce tableau sur onglet.)

(a) Abattoir de Tarascon, sans numéro dans une partie des exemplaires.
(b) Lavoir à Nîmes,   idem.
(c) (d) Marché, etc., à Bressuire,   idem.

PARIS. — IMPRIMERIE DE FAIN ET THUNOT,
Rue Racine, 28, près de l'Odéon.

CHOIX

D'ÉDIFICES PUBLICS

PROJETÉS ET CONSTRUITS EN FRANCE

DEPUIS LE COMMENCEMENT DU XIXᵐᵉ SIÈCLE;

PUBLIÉ

AVEC L'AUTORISATION DU MINISTRE DE L'INTÉRIEUR,

PAR MM. GOURLIER, BIET, GRILLON ET FEU TARDIEU,

ARCHITECTES, MEMBRES DU CONSEIL GÉNÉRAL DES BATIMENTS CIVILS.

CHOIX D'ÉDIFICES.—SECOND VOLUME.

Errata pour l'Avis au Relieur, au dos du faux titre, distribué avec la 51ᵉ livraison.

La planche n° 214 (Halle aux Blés, à Bourges, édifices d'utilité publique) a été indiquée par erreur sous le n° 224.

Et la planche n° 138 (Tribunal, Caserne de gendarmerie, etc., à Barcelonnette, édifices mixtes) a été indiquée par erreur sous le n° 133.

Ces deux fautes n'existent pas dans le *Tableau de classement* qui a également été distribué avec la 51ᵉ livraison.

PARIS.

LOUIS COLAS, LIBRAIRE-ÉDITEUR,
RUE DAUPHINE, N° 32.

CARILIAN-GŒURY ET Vᵉ DALMONT, LIBRAIRES DES CORPS ROYAUX DES PONTS ET CHAUSSÉES ET DES MINES,
QUAI DES AUGUSTINS, Nᵒˢ 39 ET 41.

1837 à 1844.
1847

AVANT-PROPOS.

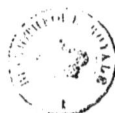

Nous avons exposé au commencement de notre premier volume les vues qui nous ont dirigés dans la conception de cet ouvrage et dans les détails de sa publication; nous n'avons rien à ajouter à ce sujet, et nous ne pouvons qu'en référer à ce que nous avons dit alors.

Aux suffrages honorables que nous annoncions dès lors avoir recueillis, nous sommes heureux d'avoir à joindre l'avis des juges sans contredit les plus compétents : M. le ministre de l'intérieur ayant désiré connaître l'opinion de l'Académie royale des Beaux-Arts sur notre publication, l'examen en a été fait par la section d'architecture, et l'Académie a bien voulu approuver le rapport favorable de la section. Nous nous applaudissons de pouvoir placer en tête de ce volume le texte même de ce rapport.

Une grande partie (un tiers environ) des planches qui doivent composer notre troisième volume est déjà publiée; nous nous occupons avec activité de la continuation de ce dernier volume, et nous le compléterons aussi promptement que le permettra l'achèvement de plusieurs édifices importants que nous tenons à comprendre dans notre collection. Tels sont principalement : pour Paris, *l'agrandissement de l'Hôtel-de-ville, la nouvelle église de Saint-Vincent-de-Paule, l'École royale des beaux-arts, l'hôtel du conseil d'État et de la cour des comptes*, etc.; pour les départements, *les palais de justice de Lyon et de Bordeaux, les nouvelles prisons cellulaires*, etc.

En terminant l'*avant-propos* placé en tête de notre premier volume, nous nous plaisions à reconnaître tout ce que notre ouvrage devait aux soins et aux talents de feu MM. Clémence et Thierry aîné, qui avaient d'abord été chargés de la gravure des planches, ainsi que de MM. J. J. Olivier, Normand fils, E. Olivier et Marlier, qui y avaient successivement coopéré. Nous devons ajouter ici le nom de M. Hibon, dont le talent est déjà connu par son utile coopération à tant de belles entreprises, et celui de M. Clerget, ex-pensionnaire de l'École royale d'architecture à Rome, qui a bien voulu se charger aussi de quelques-unes de nos planches.

RAPPORT

À MONSIEUR LE MINISTRE DE L'INTÉRIEUR,

PAR L'ACADÉMIE ROYALE DES BEAUX-ARTS,

SUR

LE PREMIER VOLUME DU CHOIX D'ÉDIFICES PUBLICS.

Le Secrétaire perpétuel de l'Académie certifie que ce qui suit est extrait du procès-verbal de la Séance du samedi 11 mars 1837.

MESSIEURS,

Monsieur le Ministre de l'Intérieur, en adressant à l'Académie des Beaux-Arts le premier volume du Choix d'Édifices publics, a manifesté le désir de connaître l'opinion de l'Académie sur cette publication. Il l'invite en conséquence à vouloir bien en faire l'examen, et à lui adresser le rapport qui devra en résulter.

L'Académie, pour répondre aux vues de M. le Ministre, a chargé sa section d'Architecture de ce travail. La section, après avoir pris connaissance de l'ouvrage que vous lui avez envoyé, a l'honneur de vous exposer dans le rapport suivant le résumé des observations auxquelles il a donné lieu.

CIRCONSTANCES QUI ONT MOTIVÉ LA PUBLICATION DE L'OUVRAGE.

On sait qu'en général les projets de construction des édifices publics qui doivent s'élever en France sont préalablement soumis à l'examen du Conseil des bâtiments civils, qui, après les avoir approuvés ou modifiés, donne son avis motivé dans un rapport adressé au Ministre, qui, d'après cet avis, accorde ou refuse son autorisation.

Un calque et un relevé des devis et projets approuvés restent déposés aux archives du Conseil des bâtiments pour que l'on puisse s'assurer de l'exactitude apportée à l'exécution des plans, que les Architectes chargés des travaux se sont renfermés dans la limite des dépenses votées, et aussi afin d'être à même de juger de l'opportunité des modifications que des circonstances particulières pourraient rendre nécessaires dans le cours de l'exécution.

Le nombre des édifices publics de tous genres érigés en France depuis le commencement de ce siècle étant considérable, les archives du Conseil offrent un riche dépôt qu'il aurait été d'autant plus utile de pouvoir consulter que tous les matériaux précieux qu'il renferme sont, en quelque sorte, le résumé des convenances locales et administratives, mûrement méditées d'après les besoins des services divers, et peuvent être considérés comme des documents devant servir de programme et de guide dans les cas analogues qui se présentent.

MM. Gourlier, Biet, Grillon et feu Tardieu, voyant avec peine que tant de plans d'édifices exécutés, dont les dispositions pouvaient devenir d'une si grande utilité, étaient, pour ainsi dire, enfouis dans les archives, en pure perte pour l'art, ont eu l'heureuse idée de prier M. le Ministre de vouloir bien les autoriser à faire un choix dans ces nombreux dessins, pour en former un corps d'ouvrage qui, répandu par la publication, deviendrait un titre de gloire pour la France et ne pourrait manquer d'exciter un intérêt général.

DIVISION DE L'OUVRAGE.

Ces Architectes, ayant obtenu du Ministre l'autorisation qu'ils avaient sollicitée près de lui, ont fait en conséquence réduire un grand nombre de dessins à différentes échelles, sous un format régulier, pour être publiés par livraisons; 36 (1) ont déjà paru. Le premier volume que nous avons sous les yeux contient 70 édifices et présente une division de 10 catégories d'édifices publics, dans l'ordre suivant : *Édifices religieux, administratifs, judiciaires, d'instruction publique, sanitaires, d'utilité et de sûreté publique*; *Monuments publics et funéraires*, et *Édifices mixtes* : un texte

---

(1) Il y en a maintenant 54 (mars 1844).

explicatif est joint aux planches; il fait connaître succinctement ce qui a motivé l'exécution des édifices, leur destination, leur distribution, les lieux où ils ont été élevés, la dépense à laquelle ils ont donné lieu, et enfin les noms des Architectes qui ont été chargés de leur exécution. La gravure des planches a été confiée à MM. Olivier, Normand fils et Marlier, qui ont pleinement justifié, par les soins qu'ils ont apportés à leur travail, la juste réputation qu'ils se sont acquise comme graveurs d'Architecture.

UTILITÉ DE L'OUVRAGE.

D'après l'examen de l'ouvrage qui fait l'objet du présent rapport, la section se plaît à reconnaître que la plupart des édifices dont se compose le premier volume sont remarquables, soit par leur belle disposition, soit par une distribution convenable ou par un caractère bien approprié à leur destination. Elle considère ces heureux résultats comme le fruit de la bonne direction donnée à l'enseignement dans les écoles, et comme un témoignage satisfaisant de l'état de l'architecture en France. Aussi n'hésite-t-elle pas à reconnaître l'utilité d'un tel recueil; car, s'il est quelquefois nécessaire de laisser les élèves donner l'essor à leur imagination, il n'en saurait être de même lorsque des intérêts positifs leur sont confiés. Tout écart alors devient une faute grave; et ce n'est que guidés par l'expérience de ceux qui les ont précédés, que nos jeunes Architectes peuvent appliquer avec avantage les talents qu'ils ont acquis dans le cours de leurs études. Ces leçons de l'expérience, rien n'est plus propre à les leur donner que l'examen des ouvrages exécutés que présente le *Choix d'Édifices publics*. Ici, rien n'est idéal; tout au contraire est réel, positif. Ce sont des édifices dont l'usage a fait reconnaître les convenances, les avantages et même les inconvénients.

C'est donc principalement sous ce rapport que le recueil de ces édifices devient d'une grande utilité. Si les jeunes Architectes appelés par la confiance du Gouvernement à diriger des constructions, si les Architectes des départements, éloignés des ressources et des lumières que l'on peut aisément se procurer dans la Capitale et dont ils sont souvent privés, si tous ceux enfin qui sont appelés à l'érection d'édifices publics ne rencontrent pas toujours dans cet ouvrage des modèles à copier, ils y trouveront toujours du moins des programmes bien faits, accompagnés de figures; ils y trouveront les convenances et les besoins d'édifices exécutés et servant depuis longtemps à l'usage de celui de même genre dont ces Architectes pourraient être chargés; ils y verront qu'une sage économie n'exclut pas une bonne disposition, et que ces deux conditions ne sont pas incompatibles. Il ne peut donc qu'être très-avantageux pour tous de consulter cette collection.

CONCLUSION.

D'après tout ce qui vient d'être exposé, la section pense que l'ouvrage de MM. les Rapporteurs du Conseil des bâtiments mérite des éloges et de l'encouragement; qu'on doit leur savoir gré de la conscience qu'ils ont apportée à l'exécution d'un recueil essentiellement utile, et les engager à en poursuivre la publication avec le même zèle.

Signés à la minute : Percier, Fontaine, Huyot, Vaudoyer, Debret, Leclère, Guénepin, Le Bas, Rapporteur.

L'Académie adopte les conclusions du rapport.

Certifié conforme :

Le Secrétaire perpétuel,
QUATREMÈRE DE QUINCY.

PREMIÈRE SECTION.

ÉDIFICES RELIGIEUX.

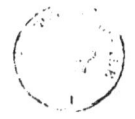

Au commencement de notre premier volume, nous exprimions le regret de ne pouvoir y placer une *Cathédrale*, aucune église de cette importance n'ayant été construite en France depuis le commencement de ce siècle. Un sinistre que nous étions loin de prévoir nous a donné lieu de placer ici une mention de la magnifique Cathédrale de Chartres, à propos de la couverture incombustible qui y a été établie. Nous donnons également l'importante Église de la Madeleine.

Nous comptons placer en tête de notre troisième volume la Cathédrale de Nantes, commencée au XVe siècle, mais dont la nef seule avait été exécutée, et dont le chœur et le rond-point s'exécutent en ce moment.

NOUVELLE TOITURE INCOMBUSTIBLE DE LA CATHÉDRALE DE CHARTRES,

(EURE-ET-LOIR);

Par M. BARON, architecte du département.

1837 à 1839.

2 planches numérotées 254 et 255.

Nous donnons un petit plan général de cette belle église dont la construction, commencée au Xe siècle, a principalement eu lieu dans le XIIe, et n'était pas terminée en 1260, époque de sa consécration. L'un des clochers, celui du nord, n'a été exécuté qu'au commencement du XVIe siècle ; et la clôture au pourtour du chœur n'a été terminée qu'au commencement du XVIIIe siècle.

Le comble (comme dans toutes nos anciennes cathédrales) était primitivement en bois, et sa couverture en plomb. Les fermes, placées à 3 pieds 9 pouces environ d'axe en axe, et au nombre de cent trente pour la nef, le rond-point et les deux bras de la croix, formaient une véritable *forêt*. La couverture, très-bien établie par zones verticales à dilatation libre, avait été enlevée en 1793 et transportée à Paris; la charpente et les voûtes restèrent ainsi exposées à toutes les intempéries jusqu'en 1797, époque à laquelle la ville obtint la restitution d'une partie des anciens plombs, et pourvut au rétablissement total de cette couverture. Malheureusement elle fut alors disposée par bandes horizontales et d'une manière si imparfaite qu'il fallut bientôt pourvoir successivement au remaniement des diverses parties, en même temps qu'à la consolidation de la charpente, moins altérée par sa longue durée que par le peu de temps qu'elle était restée à découvert. Cette série de restaurations n'était pas encore terminée lorsque, le 4 juin 1836, le comble fut entièrement détruit par un incendie, malgré les efforts courageux de la population, et de M. Gabriel Delessert, alors préfet d'Eure-et-Loir, maintenant préfet de police (1).

Grâce à ces efforts l'église fut sauvée; et, dès le 5 juillet 1836, une loi accordait, pour la reconstruction de ce comble en matériaux incombustibles, un crédit qui fut successivement augmenté par d'autres lois en date des 12 juillet 1837 et 10 août 1839.

(1) Une médaille, frappée par délibération du conseil municipal avec le métal même des cloches mises en fusion par l'incendie, a consacré la reconnaissance de la ville pour l'honorable énergie déployée par M. Delessert dans cette circonstance désastreuse.

Plusieurs systèmes furent successivement proposés pour cette reconstruction, notamment par MM. Émile Martin et Mignon et par MM. Leture et Roussel, entrepreneurs de serrurerie à Paris (1). Le système des premiers fut préféré et adopté conformément au projet de M. Baron, architecte du département; trois fermes d'essai furent d'abord exécutées et montées à Paris, ainsi que celles de l'abside et du transept; la totalité de cette charpente a été exécutée dans les ateliers de M. Mignon, à Paris; les parties en fonte ont été coulées à Fourchambault par les soins de M. Émile Martin.

Divers systèmes furent également proposés pour la couverture, soit en zinc, soit en cuivre. Cette dernière matière a été préférée, malgré le plus haut prix, comme plus monumentale et offrant plus de garantie d'une longue durée. Cette couverture a été exécutée par M. Quénéhen, chaudronnier à Paris.

Les dépenses se sont élevées à environ.... 1,114,000 fr. que l'on peut répartir à peu près ainsi qu'il suit :

Remplacement d'une assise calcinée dans tout le pourtour des murs et réparations aux pignons, clochers, balustrades, etc.	180,000
Construction du grand comble (2) en fer et fonte, et enrayure pour la consolidation des clochers, compris modèles, essais et montages partiels à Paris.	679,000
Peinture des fers.	8,000
Couverture en cuivre, compris petites lucarnes.	195,000
Plomberie pour chéneaux, etc.	20,500
Tuyaux de descente en fonte.	4,500
Figure d'ange (par M. Fauginet) placée au sommet de la flèche et tournant sur son axe, compris armature et échafaud.	12,000
Paratonnerres.	5,000
Passerelle sur les entraits du comble.	3,000
Travaux et frais divers.	7,000
Somme pareille.	1,114,000 fr.

(1) On trouvera l'indication comparée de ces différents systèmes dans le recueil de M. Eck, intitulé : *Traité de l'application du fer, de la tôle et de la fonte dans les constructions civiles*, etc. Paris, Carilian-Gœury, 1841.

(2) La totalité du comble même a employé environ :

En fonte. . .	338,078 kil.	à 0f.916, prix de soumission.	309,680f.48
En fer. . .	241,872	à 1 15.	idem. . . .	269,652 .80
		Modèles en bois et en fonte.	29,560 .00
		Frais de montages partiels à Paris.	17,366 .75
En tout.	580,950 kil.		616,200f.00

ÉGLISE PAROISSIALE DE LA MADELEINE,

A PARIS (SEINE);

Par feu **P. VIGNON**, architecte, et **M. HUVÉ**, membre de l'Institut

1808 à 1845.

4 planches numérotées 296, 297, 301 et 302

On sait, par d'anciens titres (1) ainsi que par d'anciens plans de Paris (notamment celui de Paris sous Charles V et ses successeurs, gravé d'après une ancienne tapisserie), qu'il existait dès le XIII° siècle, en dehors de l'enceinte de la capitale, et sous le nom de la Ville-l'Évesque (*Villa episcopi*), un domaine rural dépendant de l'évêché de Paris. Une chapelle et une communauté y furent fondées par Charles VIII et par sa femme Anne de Bretagne. Plus tard, une paroisse y fut établie, et sa circonscription ainsi que celle de la paroisse de Saint-Roch furent, au commencement du XVII° siècle, l'objet de démêlés et d'un arrêt du Parlement, qui décida que les limites en seraient déterminées par la clôture même de la ville.

L'ancienne église tombant en ruines, la première pierre d'une nouvelle église fut posée en 1659 par *Mademoiselle* de Montpensier, Anne-Marie-Louise d'Orléans. Ce dernier édifice existait encore à l'époque de la révolution entre les rues de la Ville-l'Évêque, de la Madeleine et d'Anjou.

Mais, vers le milieu du XVIII° siècle, l'accroissement de cette partie de la ville ayant fait reconnaître la nécessité d'une église paroissiale plus vaste, la construction en fut décidée sur l'emplacement actuel, et confiée à Contant d'Ivry, architecte du duc d'Orléans et élève de Vatteau; la première pierre en fut posée le 3 avril 1764, et les constructions étaient élevées à 15 pieds environ au-dessus du sol, lors de la mort de l'architecte arrivée en 1777. Les mémoires de Dulin, son élève, son gendre et son collaborateur (et qui, à ces divers titres, se croyait appelé à lui succéder et à achever cet édifice), attribuent à la mort de Contant à l'adjonction qui lui avait été faite de l'architecte Couture, et aux changements que celui-ci projetait dès lors et qu'il réalisa en effet lorsqu'il fut chargé seul de la direction des travaux. L'un des plus importants, et peut-être le plus heureux de ces changements était le remplacement d'un portail mesquin à quatre colonnes, par un large frontispice octostyle se retournant sur les faces latérales; disposition qui est à peu près tout ce qui a été conservé dans le projet définitivement exécuté. Au reste, Couture ne respecta pas plus ses propres idées que celles de ses prédécesseurs, et il avait fait, à plusieurs fois, démolir une partie des constructions anciennes ou nouvelles, lorsque la révolution vint interrompre entièrement cette opération. Presque toutes les colonnes isolées étaient alors élevées jusqu'à hauteur de l'astragale, ainsi que la plus grande partie des murs extérieurs.

Pendant la révolution et les premières années qui la suivirent, on proposa sans succès plusieurs emplois de ces constructions. En l'an IX, M. P. Vignon avait présenté un projet pour y établir le Tribunat, et, dans le cours de 1806, M. Champagny, ministre de l'intérieur, avait publié un programme pour y placer le musée. Mais, le 2 décembre de cette même année 1806, Napoléon rendait, du camp impérial de Posen, un décret qui ordonnait : *qu'il serait établi, sur l'emplacement de la Madeleine et aux frais de la couronne, un monument* portant sur son frontispice : L'EMPEREUR NAPOLÉON AUX SOLDATS DE LA GRANDE ARMÉE. *Il devait contenir* : *des tables de marbre portant les noms de tous ceux qui avaient assisté aux batailles d'Ulm, d'Austerlitz et d'Iéna; des tables d'or massif, retraçant les noms de ceux qui y étaient morts; des tables d'argent, offrant la récapitulation des soldats fournis par chaque département; des bas-reliefs représentant les colonels de chaque régiment groupés autour de leurs généraux; des statues élevées aux maréchaux, etc. Un concours devait être ouvert sans délai, sous la con-*

(1) *Histoire de Paris*, par Félibien; tomes 1 et 2, pages 251, 1356 et 1168.

dition de conserver la partie existante du bâtiment de la Madeleine et de ne pas excéder 3,000,000 *de dépenses; une commission de la classe des Beaux-Arts de l'Institut devait faire son rapport sur le concours avant le mois de mars 1807; les travaux devaient commencer le 1er mai et être terminés avant 1809; enfin 100,000 fr. d'inscriptions sur le grand-livre devaient être affectés à la dotation et à l'entretien de l'édifice ; et le grand conseil de la Légion d'honneur était spécialement chargé de sa garde et de sa conservation*, etc.

Dès le 20 du même mois, le ministre de l'intérieur adressait ce décret à tous les artistes de l'Europe, en y joignant quelques indications de détail et principalement celles qui suivent : *Il ne devait être admis que des dessins géométraux; la conservation d'un monument dépendant en grande partie de la couverture, les concurrents auraient à en rendre compte d'une manière particulière; tous ces projets devaient être adressés au secrétariat de l'Institut avant le 20 février 1807 ; enfin l'auteur du projet adopté devait être chargé de l'exécution, et ceux qui auraient obtenu les trois premiers accessits recevraient des indemnités*. A ce programme était annexé un plan qui représentait par moitié les constructions commencées par Contant et celles exécutées par Couture.

Quatre-vingt-deux concurrents répondirent à cet appel, et la commission chargée de prononcer sur les projets (1) réclama d'abord et obtint leur exposition publique. D'un avis unanime, elle réunit à vingt et un le nombre des projets qui lui parurent dignes d'être distingués, et elle les rangea ensuite dans l'ordre où ils avaient obtenu ses suffrages.

Elle plaça au premier rang le projet de M. Beaumont que, sauf quelques remarques, elle jugea seul susceptible d'être exécuté; elle désigna MM. P. Vignon, de Gisors et Peyre neveu pour obtenir les trois accessits qu'elle fixa à 6, 4 et 3,000 fr.; elle réclama également des indemnités de 2,000 fr. pour MM. Baltard, Brongniart, Vaudoyer, Courtépée, Cramail, Malary et Rohault (pour le même projet), et Guenoux ; enfin elle mentionna honorablement les auteurs des onze autres projets, MM. Rousseau, Grandjean, Mandar, Michault, Ducamp de Enssy, Dumonet, Baltard (pour un deuxième projet), Frary, et Coussin; le onzième était resté inconnu.

Mais (2) l'empereur, bien qu'occupé de ses opérations militaires en Prusse, s'était fait représenter avec le rapport de la commission les quatre projets qu'elle avait placés en première ligne ; et, accordant une récompense particulière de 12,000 fr. à M. Beaumont, il avait décidé que le projet de M. Vignon serait exécuté en raison du caractère de grandeur et de simplicité qu'il y trouvait, ayant d'ailleurs voulu *un temple et non pas une église*, et des considérations d'économie ne lui ayant pas paru déterminantes dans une pareille circonstance.

Les travaux furent immédiatement entrepris conformément à cette décision ; et l'on s'occupa, dès 1807, à démolir non-seulement les parties en élévation, mais même la presque totalité de celles au-dessous du sol. Les anciennes fondations étaient établies moyennement à 4 mètres 50 cent. au-dessous du pavé des voies publiques environnantes ; les nouvelles ont été poussées moyennement à 6 mètres; et le sol de l'édifice, qui ne devait être anciennement qu'à 1 mètre 50 cent. environ au-dessus du pavé, a été de beaucoup exhaussé. Il a eu outre été successivement apporté, aux dispositions intérieures du projet primitif de M. Vignon, les changements nécessités par le changement de destination même, et par les dispositions particulières que nous allons faire connaître.

Les événements de 1814 firent prendre à cet édifice le nom d'*Église royale*; et elle fut spécialement affectée, par ordonnances des 19 janvier et 14 février 1816, à recevoir des monuments à la mémoire de Louis XVI et de Louis XVII, de la reine Marie Antoinette et de la princesse Élisabeth, ainsi que sept

(1. Elle était composée de MM. Chalgrin, Dufourny, Gondoin, Heurtier et Raymond, architectes; Vincent, peintre; Chaudet et Moitte, statuaires; Bervic, graveur; et J. Lebreton, secrétaire perpétuel de la classe des Beaux-Arts. M. Peyre en faisait également partie, mais il se récusa, son neveu étant au nombre des concurrents. (Voir l'avis et le rapport de la commission aux Moniteurs des 4 avril et 29 juin 1807.
(2) Voir la lettre de M. Champagny, ministre de l'intérieur, au secrétaire perpétuel de la classe des Beaux-Arts ; Moniteur du 29 juin.

grands tableaux (1), de 40 à 50 pieds, qui devaient être exécutés par MM. Gérard, Girodet, Gros, Guérin, Meynier, Prudhon, et Vernet.

Ces dispositions étaient en grande partie réalisées à la mort de M. Vignon, arrivée le 1ᵉʳ mai 1828. En vertu d'une ordonnance royale du 5 juin suivant (2) son corps a été déposé, le 21 mai 1829, dans un caveau sous le portail principal ; son épitaphe fait connaître qu'à sa mort, *l'église était élevée jusqu'au-dessus du grand entablement intérieur et extérieur*.

Les travaux ont été achevés par M. Huvé, qui avait rempli, depuis l'origine, les fonctions d'inspecteur sous la direction de M. Vignon ; il a principalement fait exécuter comme architecte les coupoles, et en général la couverture de l'église et les ravalements, ainsi que les travaux de décoration intérieure qui, tous, ont été entièrement achevés aux frais de l'État. Une loi du 23 mars 1842 a transféré à la ville de Paris la propriété de l'édifice, qui a dès lors perdu le titre d'*Église royale*, et est devenue *Église paroissiale*; M. Huvé a fait exécuter depuis, aux frais de la ville, les travaux de mobilier tels que : autels, stalles, confessionnaux, chaire et banc d'œuvre, ainsi que le buffet d'orgue qui se termine en ce moment, et enfin l'appareil qui chauffe et ventile tout l'ensemble de l'édifice. L'orgue doit de plus être établi aux frais de la fabrique.

L'église a été consacrée, le 4 mai 1842 par monseigneur l'archevêque de Paris.

Nous allons indiquer succinctement le mode de construction et de décoration des principales parties de cet important édifice.

Les fondations sont composées d'un massif général régnant sous toute l'épaisseur des murs de face du péristyle et des murs de la cella. Ce massif repose sur un radier formé de deux assises en pierre et construit, dans le surplus de sa hauteur, également en pierre sous tous les points d'appui, et au surplus en moellons.

Le soubassement repose sur deux assises en pierre gréseuse de Louvres (à 6 lieues de Paris), et est construit au surplus en pierre de roche des plaines de Paris; les remplissages des murs et voûtes sont en moellon piqué.

Les colonnes extérieures sont construites en pierre de liais, dont près de moitié provient des colonnes de l'édifice primitif; les chapiteaux sont en pierre de Conflans.

Les parements extérieurs des murs sont en pierre dite du banc royal, et les parements intérieurs en liais, ainsi que les colonnes intérieures.

Les voûtes de l'Église sont en pierre de Conflans et de Paremain.

La charpente du comble est en fer, et la couverture en cuivre.

Le sol de l'église est dallé en marbre de diverses couleurs, la plupart provenant des carrières françaises des Pyrénées et de l'Isère, ainsi que les panneaux incrustés dans les murs de l'église, les balustrades du chœur et des chapelles sont en marbre blanc d'Italie. Les murs et voûtes intérieurs sont enrichis de dorures à la cire.

Nous donnerons également l'indication succincte qui suit, des œuvres d'art qui enrichissent cette église.

Façade principale.

Le fronton, représentant le *Pardon accordé à la Madeleine*, par M. Lemaire.

Les panneaux de la grande porte en bronze, représentant les *Commandements de l'Église*, par M. de Triqueti.

---

(1) Le roi Louis XVIII avait déterminé lui-même les sujets de ces tableaux, ainsi qu'il suit : la *Conversion de Clovis*; *l'arrivée de Louis XVI au séjour des élus*; *Saint Denis prêchant dans les Gaules*; *le Rachat des esclaves chrétiens*; *la Cérémonie de la couronne d'épines*; *Philippe-Auguste à Bouvines*; et *le Débarquement de saint Louis à Damiette*.

(2) Cette ordonnance a été rendue sous le ministère de M. de Martignac; on lui doit également celle du 25 février 1829, qui a autorisé le transfèrement, dans l'église souterraine de Sainte-Geneviève (le Panthéon), des restes de Soufflot, mort en 1780 et déposé alors provisoirement dans un caveau de l'ancienne abbaye Sainte-Geneviève.

Péristyles. Statues de saints et de saintes, par MM. Bra, Bosio neveu, Caillot, Caillouette, Caunois, Dantan aîné et jeune, Debay père et fils, Desbœufs, Desprez, Dumont, Duret, Dusseigneur, Feuchère, Grevenich, Gourdel, Huguenin, Husson, Jalay, Jechter, Jouffroy, Lanno, Lemaire, Maindron, Mercier, Molchnetz, Nanteuil, Raggi, Ramey, Théasse, Vacher.

Intérieur.

Chapelle des fonts baptismaux. *Groupe du baptême de J.-C.*, par M. Rude.

Chapelle des mariages. *Groupe du mariage de la Vierge*, par M. Pradier.

Chapelles à droite et à gauche de la nef. *Statues de saints et de saintes*, par MM. Bra, Barry, Duret, Etex, Raggi et Seurre.

Maître-Autel. *L'Exaltation de la Madeleine et deux Archanges*, par M. Marochetti.

Coupoles de la nef. *Les douze Apôtres*, par MM. Foyatier, Pradier, St.-Roman, Rude.

Grands tableaux demi-circulaires de la nef. A droite en entrant : *La Conversion de la Madeleine*, par M. Schnetz; *Les Saintes Femmes au pied de la croix*, par M. Bouchot; *la Madeleine au désert*, par M. Abel de Pujol. A gauche : la *Madeleine aux pieds du Christ*, par M. Couder; la *Madeleine au tombeau*, par M. Coignet; *Sa mort*, par M. Signol.

Hémicycle du fond.

Coupole. *L'Histoire et l'influence du christianisme*, par M. Ziegler.

Dans les entre-colonnements au-dessous *Figures de saints et de saintes*, par M. Ravcrat.

Le résumé approximatif qui suit de la totalité des dépenses par exercice, depuis le décret du 28 octobre 1806 qui a ordonné l'achèvement de l'édifice, fera ressortir les phases d'activité ou de ralentissement des travaux :

1807.............................	18,000 fr.
1808.............................	56,000
1809.............................	847,000
1810 et 1811 (environ 500,000 fr. par année).	1,035,000
1812.............................	231,000
1813.............................	144,000
1814.............................	99,000
1815.............................	12,000
1816.............................	162,000
1817, 1818, 1819 (envⁿ 260,000 fr. par an).	780,000
1820, 1821 (environ 175,000 fr. par année).	354,000
1822 à 1829 (près de 500,000 fr. par année).	3,958,000
1830.............................	703,000
1831 et 1832 (près de 400,000 fr. par année).	794,000
1833 à 1835 (près de 900,000 fr. par année).	2,720,000
1836 à 1838 (plus de 300,000 fr. par année).	991,000
1839 à 1842 (près de 120,000 fr. par année).	469,000
Il a, de plus, été payé sur les fonds des beaux-arts, pour sculptures monumentales.....................	880,000
Total des dépenses faites au compte de l'Etat.	14,253,000
Dépenses faites par la ville de Paris en 1843 et années suivantes, pour mobilier et appareil de chauffage, etc. (y compris l'orgue établi aux frais de la fabrique), environ.....................	500,000
Dépense totale, environ........	14,753,000

Parmi ces dépenses, on peut distinguer celles qui suivent :

Charpente du comble en fer et fonte (1), environ	175,000
Couverture en cuivre (2), environ	220,000
Sculpture d'ornement	927,000
Sculpture statuaire, environ	900,000
Peinture d'histoire	220,000
Dorures à la cire (exécutées par M. Vivet)	287,000
Fournitures de marbres (la plupart provenant des carrières françaises des Pyrénées et du département de l'Isère)	180,000
Travaux de marbrerie (dallage, balustrades, autels, etc.)	455,000
Appareil de chauffage (par M. Duvoir aîné), environ	36,000
Orgue (par M. Cavaillié Coll), environ	70,000

ÉGLISE PAROISSIALE DE SAINT-LAZARE.

A MARSEILLE (BOUCHES-DU-RHÔNE).

Par MM. COSTE et BARRAL, architectes.

1835 à 1837.

1 planche numérotée 266.

M. de Mazenod, évêque de Marseille, ayant fait vœu d'élever une église si cette ville échappait aux ravages du choléra, un concours fut ouvert à ce sujet, et la préférence fut donnée au projet de M. Coste, que nous reproduisons ici.

L'église a été placée dans le quartier de la place pentagone qui manquait d'édifices religieux.

Les travaux ont été exécutés par MM. Coste et Barral. La plus grande partie de la construction est en pierre ; le plafond est en bois, et orné de peintures et de quelques dorures ; les vitraux sont colorés et ornés d'attributs. Le porche et le clocher ont été ajournés.

La dépense s'est élevée (pour terrain, constructions et mobilier) à 301,000 fr. pour ce qui concerne l'église seule, et 401,000 fr. compris une chapelle provisoire transformée depuis en presbytère.

Sur cette somme, 63,000 fr. ont été acquittés au moyen de divers dons, quêtes et souscriptions ; le surplus a été acquitté par le prélat ou hypothéqué sur ses biens propres. Il vient de proposer de céder la propriété à la ville moyennant 168,000 fr. payables en dix annuités.

ÉGLISE PAROISSIALE,

A SAINT-JEAN-DE-BONNEVAL (AUBE).

Par M. GAUTHIER, architecte, membre de l'Institut.

1829.

1 planche numérotée 121.

Les colonnes et architraves de cette église sont toutes en un seul morceau de pierre dure ou espèce de marbre de Nod-sur-Seine (Côte-d'Or) ; au-dessus des architraves sont des décharges en briques, d'un sommier à l'autre. Le surplus des murs est en pierre et craie.

Cette église a coûté 150,000 fr.

(1) Adjugée au sieur Vareyre au prix commun de 1 fr. 31 c. le kilogramme, sur lequel il a été fait 28 pour 100 de rabais.
(2) Comprise dans la même adjudication au prix de 3 fr. 70 c. le kilogramme, en cuivre d'un millimètre d'épaisseur.

ÉGLISE PAROISSIALE,

A VINCENNES (SEINE).

Par M. LESUEUR, architecte.

1829 et 1830.

2 planches numérotées 181 et 182.

Cette église est construite, savoir : les soubassements en pierre dure ; les angles au-dessus et les assouchements du fronton en pierre tendre, et le surplus des murs en moellons.

La dépense, exécutée d'après une entreprise générale à forfait, s'est élevée à environ 125,000 fr.

ÉGLISE

A CHAINVILLIERS (VOSGES) ;

Par M. NATHEY fils, architecte.

1829 et 1830.

1 planche numérotée 85.

Les murs de cette petite église sont construits, savoir : les angles, les piliers et les dosserets et fermetures des portes et croisées en grès, et le surplus en moellons calcaires. Le plafond intérieur est en plâtre. Toute la charpente est en chêne, et la couverture en tuile creuse.

La dépense s'est élevée à 32,000 fr.

ÉGLISE

A LA BAGUENIÈRE (MAINE-ET-LOIRE) ;

Par M. FRANÇOIS, architecte.

1828.

1 planche numérotée 49.

Nous donnons principalement cette église en raison de la composition de sa charpente, qui est de nature à obtenir, avec solidité et à peu de frais, une disposition assez généralement désirée dans les campagnes, mais rarement exécutée de façon à satisfaire aux données d'une bonne construction.

CHAPELLE

A L'ILE SAINT-DENIS (SEINE) ;

Par feu M. GUENEPIN, architecte, membre de l'Institut.

1830 à 1832.

1 planche numérotée 278.

Ce petit édifice a été exécuté, en grande partie, avec les matériaux provenant de la démolition d'une ancienne chapelle. Les pilastres et quelques autres parties sont en pierre, et le surplus en moellons.

La dépense ne s'est élevée qu'à environ 15,000 fr.

SÉMINAIRE

A PARIS (SEINE);

Par **M. GODDE**, architecte.

1820 à 1838.

3 planches numérotées 236, 237 et 238.

L'ancien séminaire Saint-Sulpice avait été établi vers le milieu du 17ᵉ siècle dans de vastes bâtiments construits à cet effet et qui occupaient l'emplacement actuel de la place au devant de l'église (1). Ce séminaire partagea, en 1792, le sort de tous les établissements religieux ; et dans les premières années de ce siècle, la presque totalité des bâtiments qu'il occupait fut démolie pour former une place convenable au devant du beau portail de Servandoni. Vers la même époque, le séminaire fut de nouveau établi dans ce qui restait de ces bâtiments, où il était beaucoup trop à l'étroit ; et vers 1819, on conçut pour sa reconstruction un projet qui, avec les dépendances et les jardins, devait embrasser tout l'îlot compris entre la place et les rues du Pot-de-Fer, de Vaugirard et Férou ; mais l'acquisition des propriétés qui couvraient cet espace aurait exigé des dépenses exorbitantes, et l'on a restreint le projet aux dispositions, encore très-importantes, indiquées par nos planches, et qui comprennent, 1° la construction à neuf d'un grand corps de bâtiment formant les quatre faces d'une cour centrale, et d'une chapelle ; 2° la restauration d'un ancien bâtiment à usage d'infirmerie ; 3° et la plantation de trois promenoirs.

Les fondations et les caves des bâtiments du séminaire ont été construites en moellons avec chaînes en pierre ; les socles et les piliers des arcades et autres points d'appui en pierre dure ; le surplus des murs de face en pierre tendre, et les murs de refend en moellons. Tous les tuyaux de cheminées sont en fonte.

La chapelle a été presque entièrement construite en matériaux provenant de la démolition des anciens bâtiments, savoir : le soubassement en pierre dure, et les murs au-dessus en moellons, enduits en plâtre à l'extérieur, et en stuc à l'intérieur.

Toutes les couvertures sont en ardoise, avec chéneaux en plomb.

La dépense s'est élevée à près de 3,200,000 fr. dont, environ : 900,000 fr. pour acquisition, frais d'actes, indemnités et intérêts ; et 2,300,000 fr. pour constructions.

Sur ces sommes, la ville de Paris a payé 600,000, et l'État le surplus.

Il est question en ce moment de prolonger le bâtiment en aile à droite pour y établir une infirmerie définitive, et de démolir le bâtiment qui avait provisoirement été affecté à ce service. (Marqué e sur notre plan général.)

Il est question aussi de placer un plus grand nombre d'autels dans la chapelle, en raison du nombre des prêtres attachés au séminaire.

(1) On en trouve les dessins et la description dans l'architecture française de Blondel, t. II. Ils ne devaient avoir rien de remarquable, si ce n'est la chapelle peinte par Lebrun, et que Blondel cite comme un de ses chefs-d'œuvre.

PRESBYTÈRE DE LA PAROISSE SAINT-SEVERIN.

A PARIS (SEINE);

Par **M. GAU**, architecte.

1832.

1 planche numérotée 51.

On a utilisé, pour ce presbytère, un terrain compris entre l'église Saint-Severin, et d'autres bâtiments en partie occupés par des écoles gratuites.

Les fondations, établies dans un terrain humide, ont été assises sur des plates-formes en chêne, et construites en moellon. A fleur du sol est un socle en pierre de roche, et les murs au-dessus sont également construits en moellon.

La dépense s'est élevée à environ 62,000 fr.

TEMPLE PROTESTANT

A ORLÉANS (LOIRET);

Par **M. PAGOT**, architecte du département.

1836.

1 planche numérotée 279.

Ce temple a été élevé sur l'emplacement d'une ancienne église sous l'invocation de saint Pierre-Empont, qui remontait au 11ᵉ siècle ; en exécutant les fouilles du nouvel édifice, on a trouvé des constructions romaines.

La plus grande économie ayant dû être apportée dans l'exécution de cet édifice, le mur circulaire du temple a été construit en moellon avec arases de trois rangs de grosses briques de 2 en 2 mètres de hauteur ; le tout recouvert d'un enduit en mortier sur lequel sont figurées des assises d'appareil ; la voûte est établie suivant le système de Philibert Delorme ; les colonnettes qui supportent la tribune sont en fonte.

La dépense pour le temple, la clôture et le bâtiment d'habitation, s'est élevée à environ 54,000 fr.

Le temple peut recevoir 400 assistants.

SYNAGOGUE

A STRASBOURG (BAS-RHIN);

Par **M. FRIES**, architecte de la ville.

1835.

1 planche numérotée 280.

Cette synagogue a été établie dans une ancienne église de capucins, qui avait été aliénée lors de la révolution, et qui a été rachetée à cet effet par le consistoire israélite ; les travaux d'appropriation ont également eu lieu à ses frais.

Il avait été demandé à l'architecte de n'établir aucun point d'appui direct pour les tribunes des femmes ; c'est ce qui motive les voussures qui supportent ces tribunes.

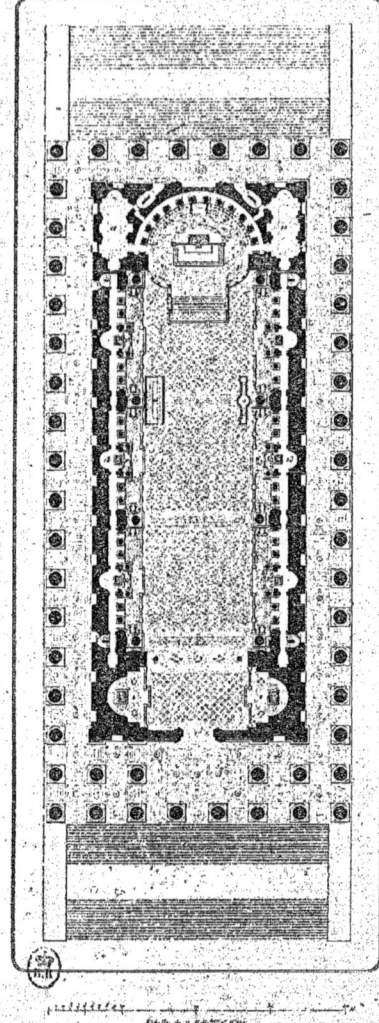

Église Paroissiale de la Madeleine, construite à Paris. (1806 à 1843)

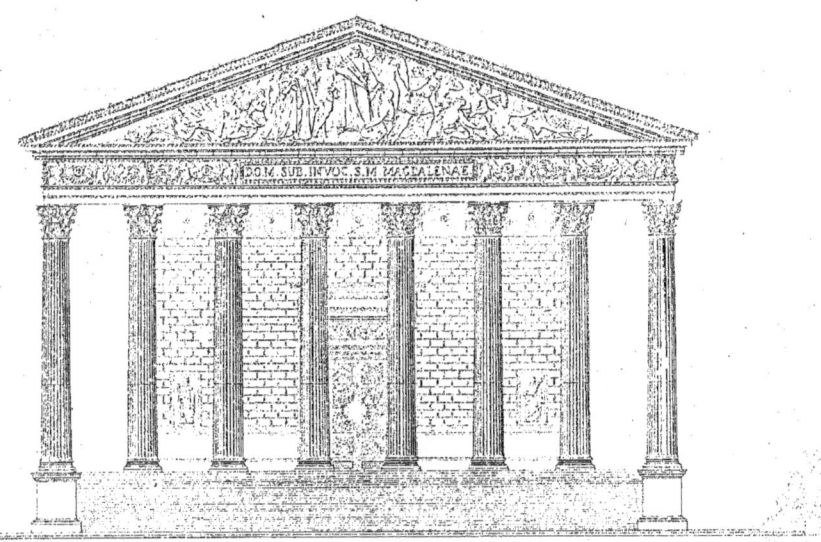

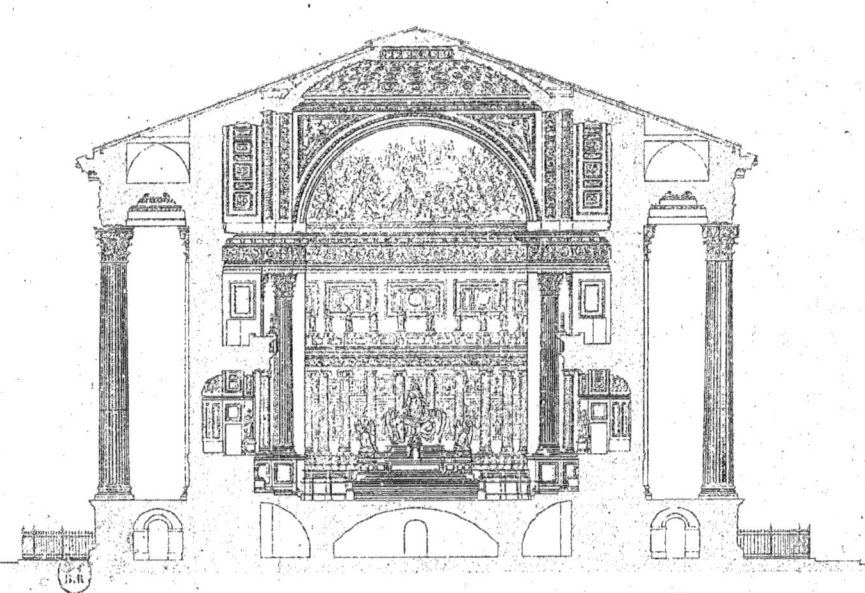

Église Paroissiale de la Madeleine, construite à Paris.

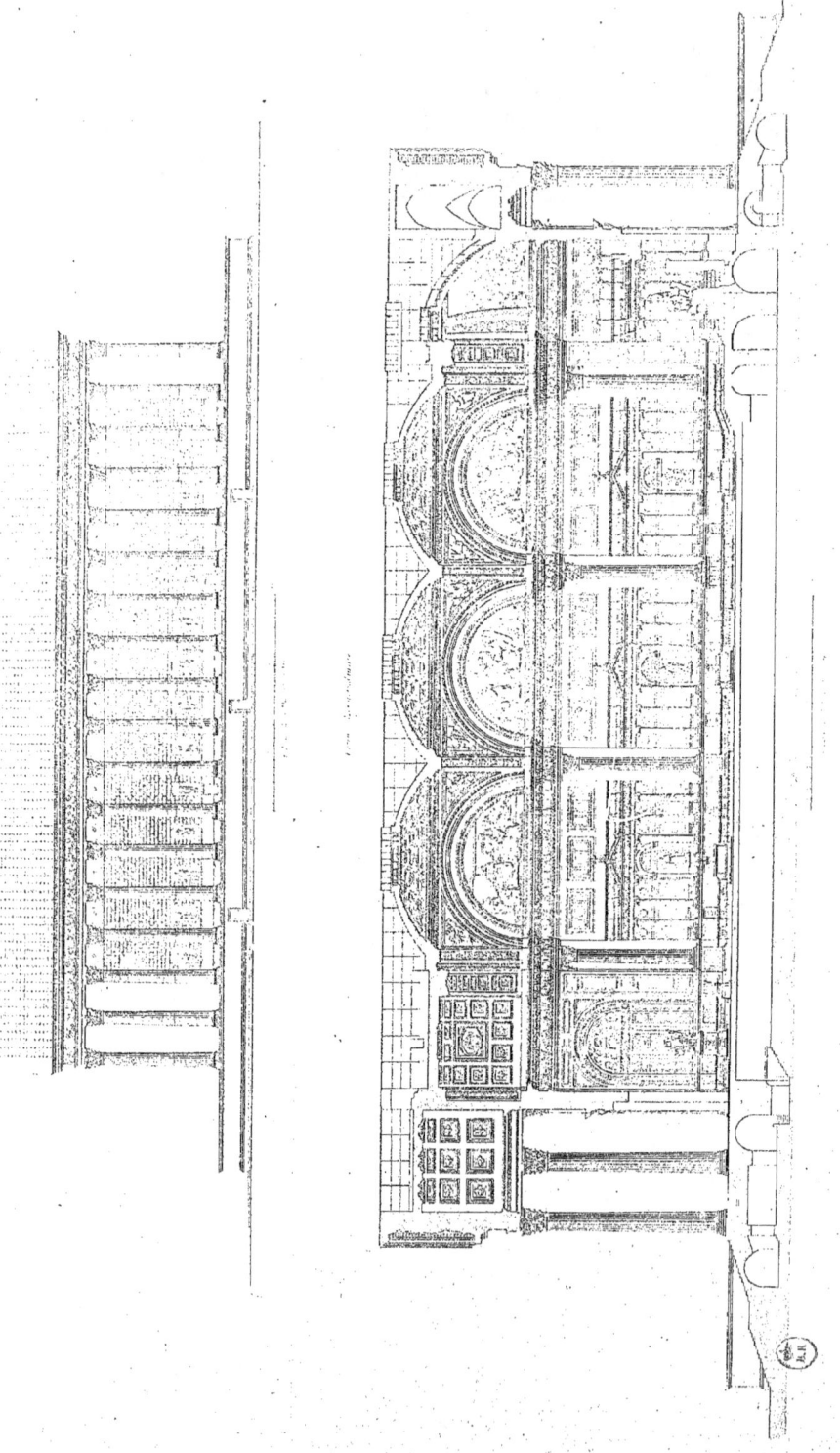

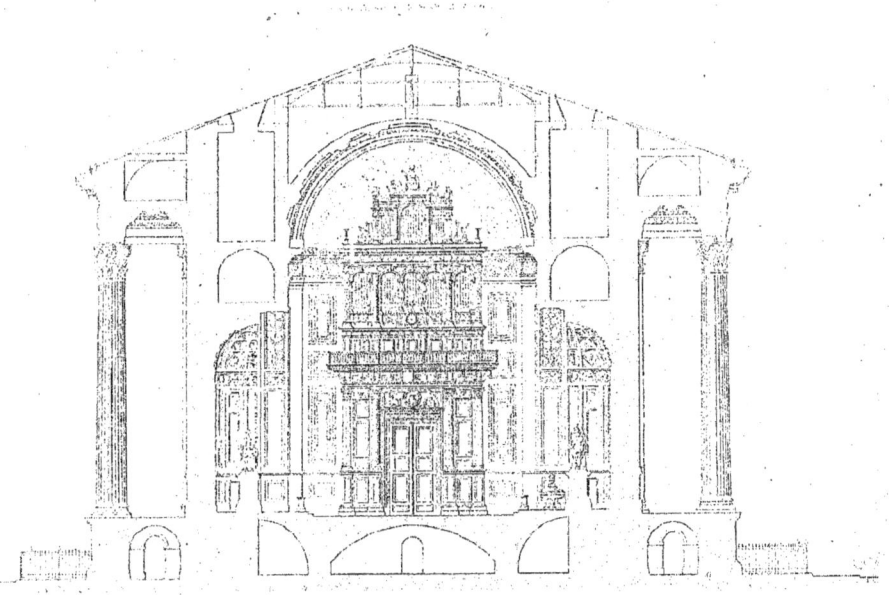

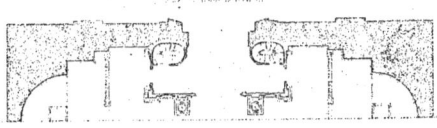

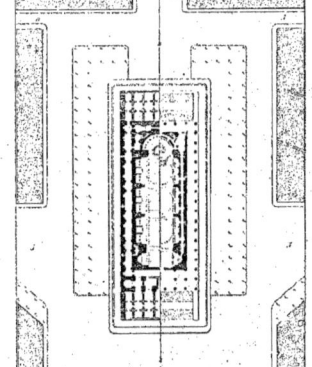

Église Cathédrale de la Madeleine, construite à Paris (1808 à 1843)

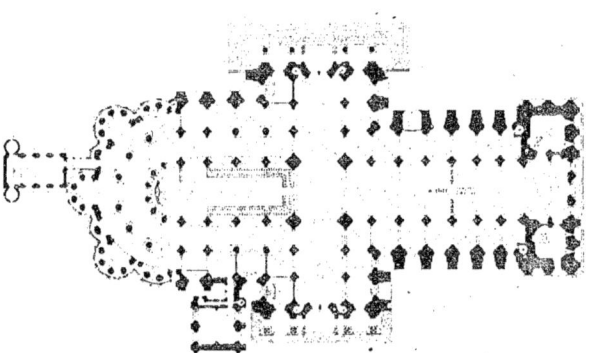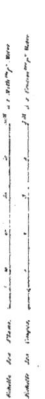

Nouvelle Toiture incombustible de la Cathédrale de Chartres (Eure-et-Loir), 1837 à 1841.

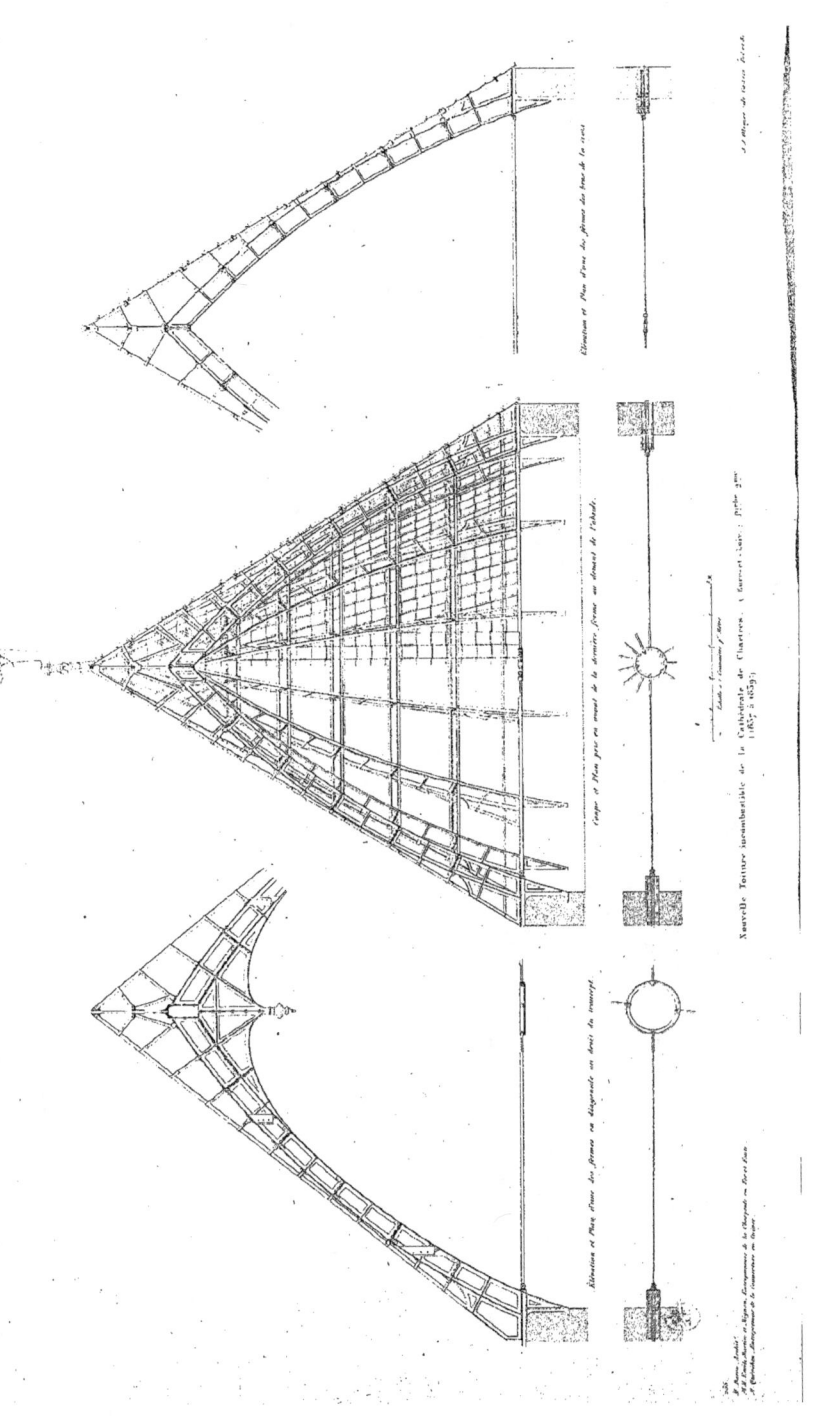

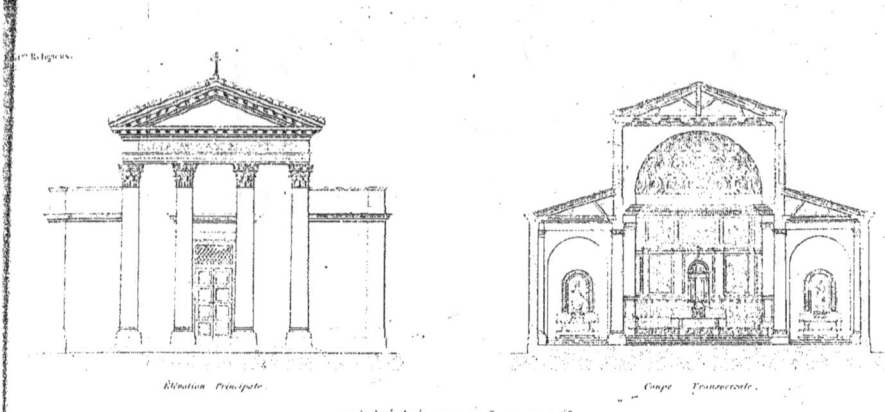

Élévation Principale. — *Coupe Transversale.*

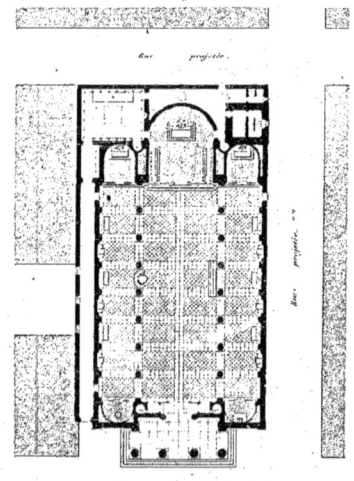

Coupe Longitudinale.

Église St. Lazare, construite à Marseille. (Bouches-du-Rhône.)
(1837.)

Édifices Religieux

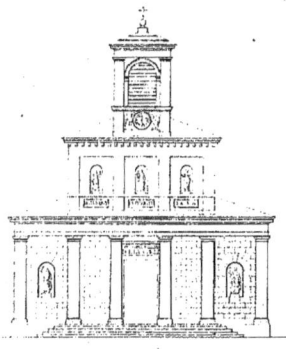
Élévation.

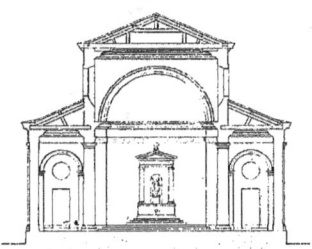
Coupe Transversale.

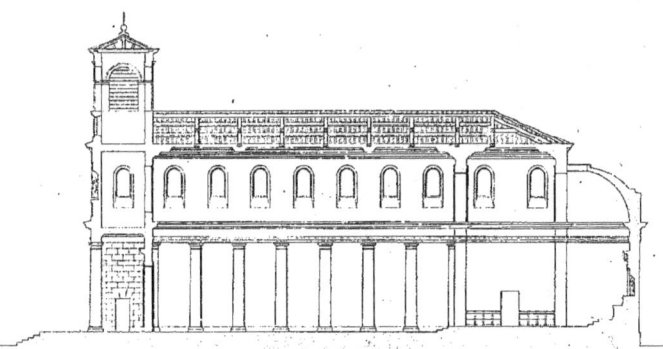
Coupe Longitudinale.

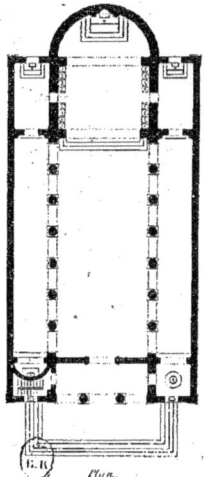
Plan.

Église construite à St Jean de Bonneval. (Aube.)
(1829.)

Edifices Religieux.

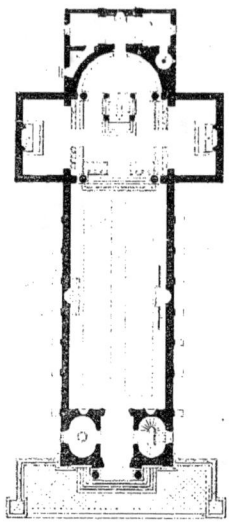

Plan.

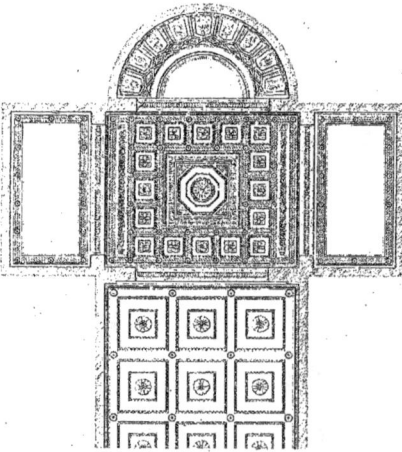

Détails du Plafond.

Église construite à Vincennes. (Seine.) Planche 1ère
(183.)

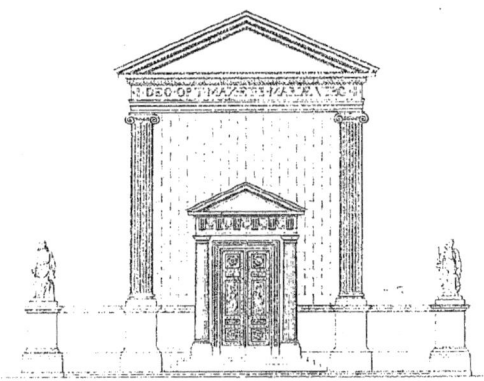

Élévation.

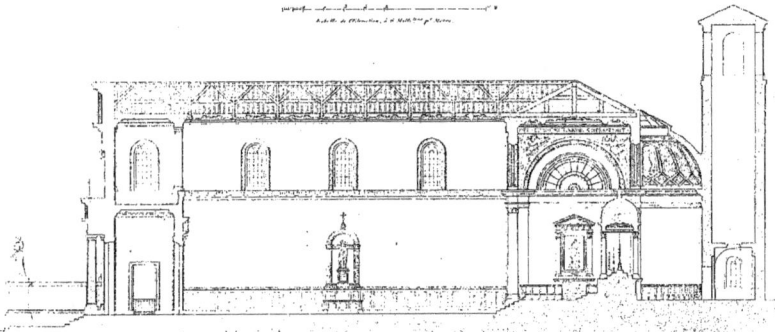

Coupe Longitudinale.

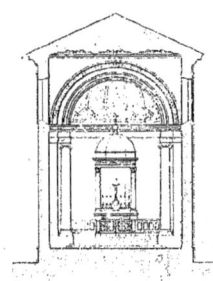

Coupe Transversale du côté du Chœur.

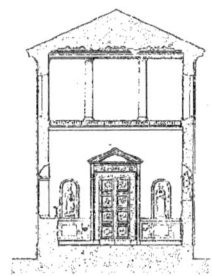

Coupe Transversale du côté de l'Entrée.

Église construite à Vincennes (Seine) Planche 2me
1854

Église exécutée à Crainvilliers (Vosges)
(1856)

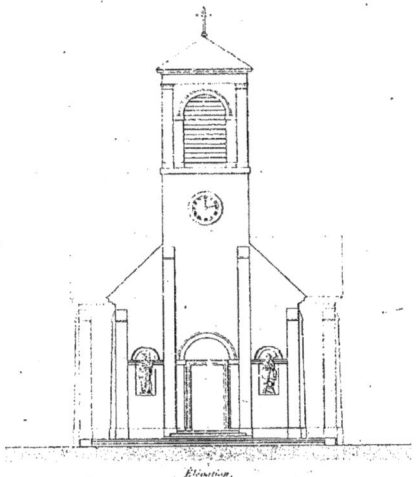

Élévation.

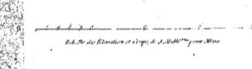

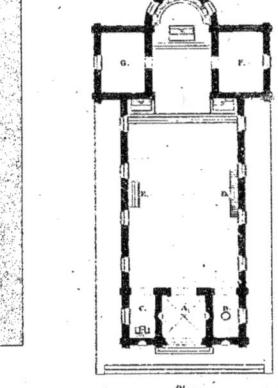

Plan.

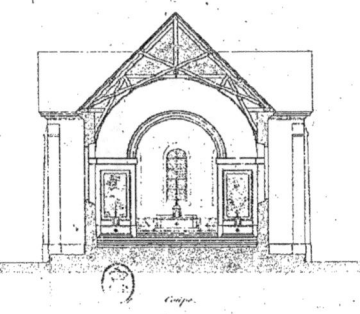

Coupe.

Église construite à La Daguenière (Maine-et-Loire).
(1823.)

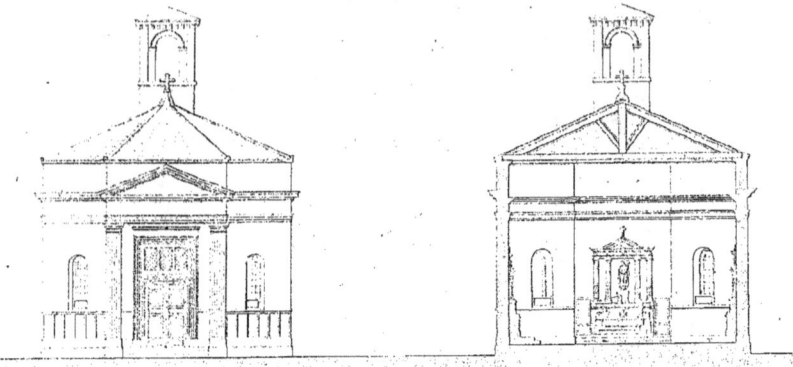

Élévation.   Coupe Transversale.

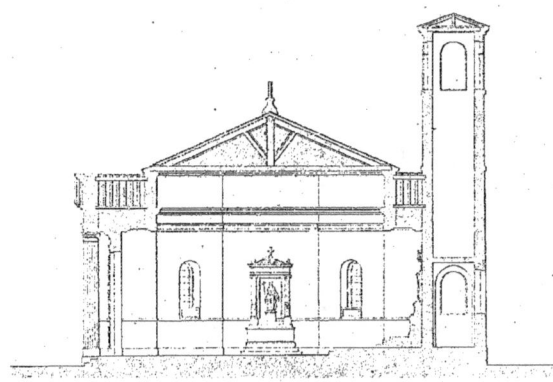

Coupe Longitudinale.

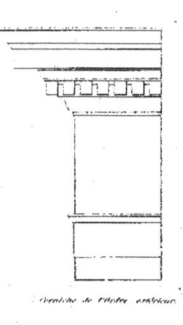 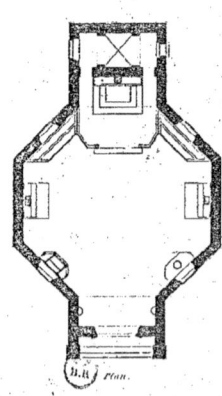 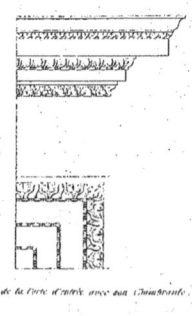

Chapelle construite dans l'Ile St-Denis. (Seine.)
(1855.)

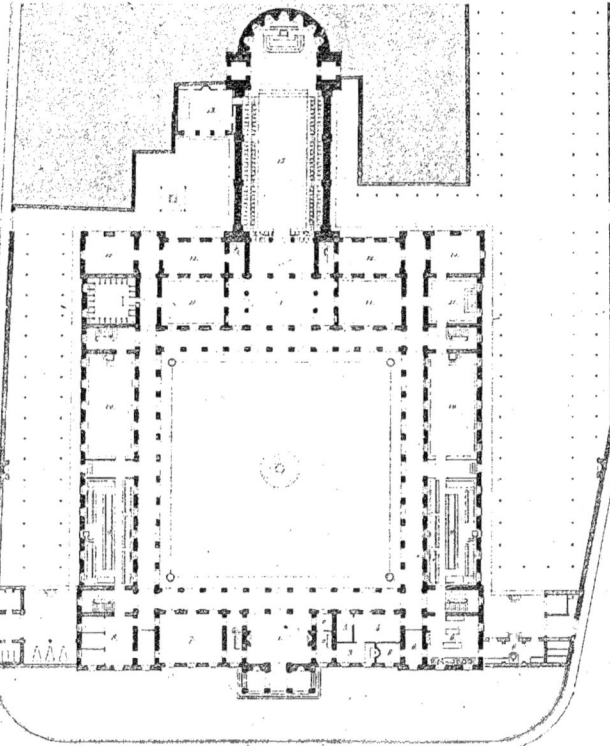

Plan du Rez-de-Chaussée

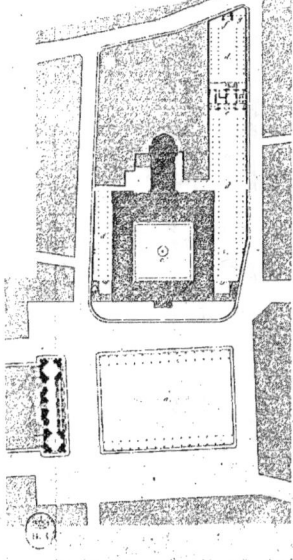

Plan Général.

Séminaire, construit à Paris, (Seine.) Pl. 6e. 1860
(1820 à 1838.)

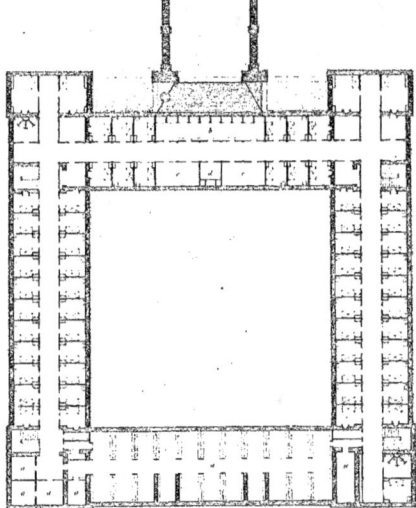

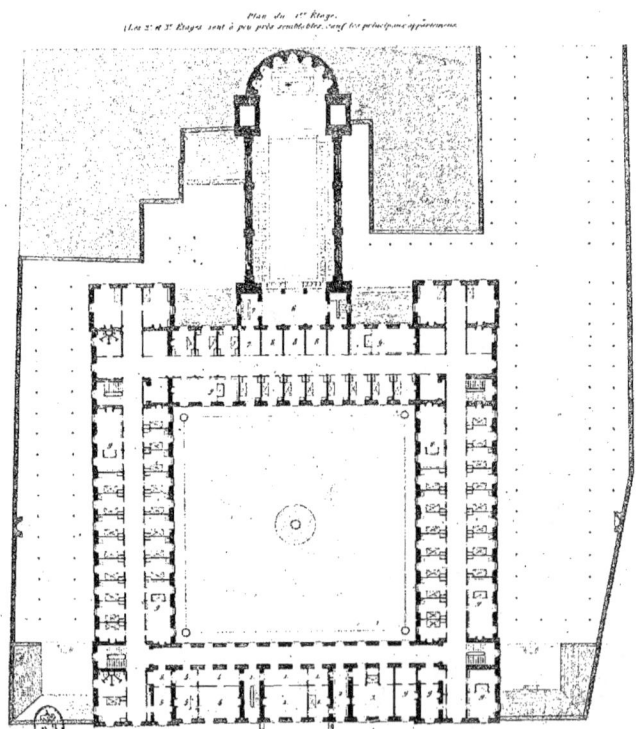

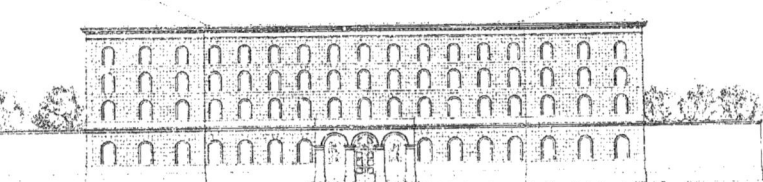

Élévation Principale

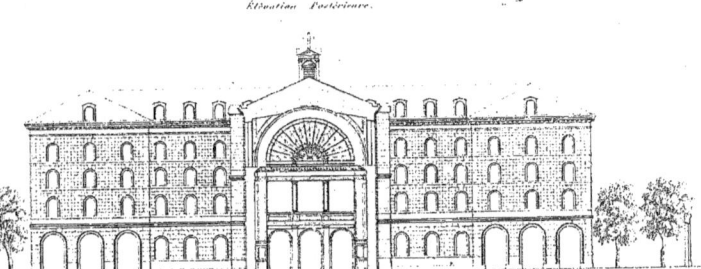

Élévation Postérieure

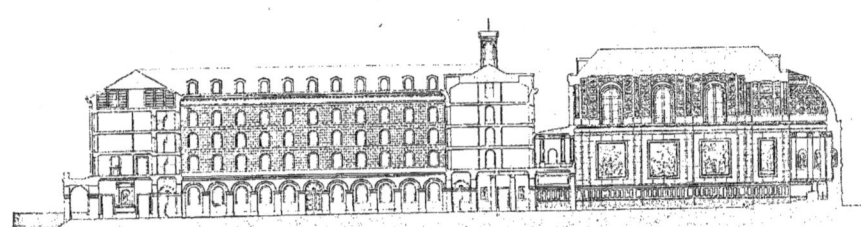

Coupe Longitudinale

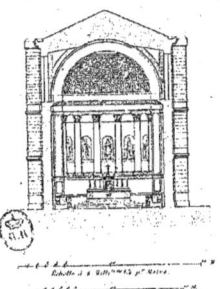

Coupe de la Chapelle

Séminaire construit à Paris. (Seine.)
(1800 à 1858.)

Presbytère de la Paroisse St. Séverin, construit à Paris (Seine) (1857).

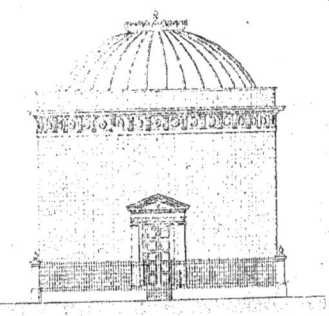

Élévation.   Coupe Transversale.

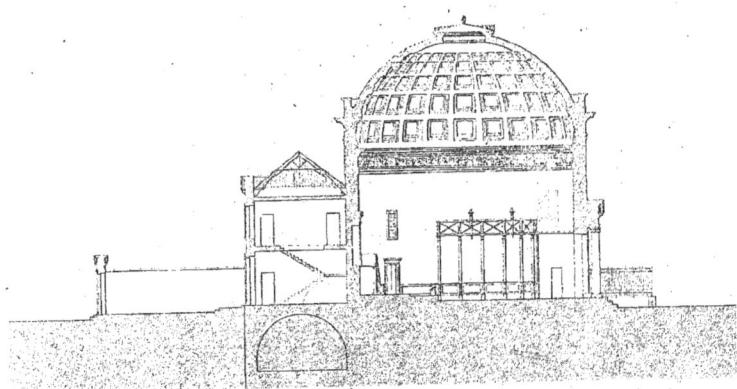

Coupe Longitudinale.

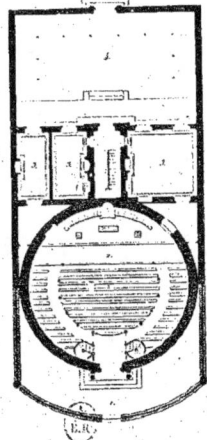

Temple Protestant construit à Orléans. (Loiret.)
(1856.)

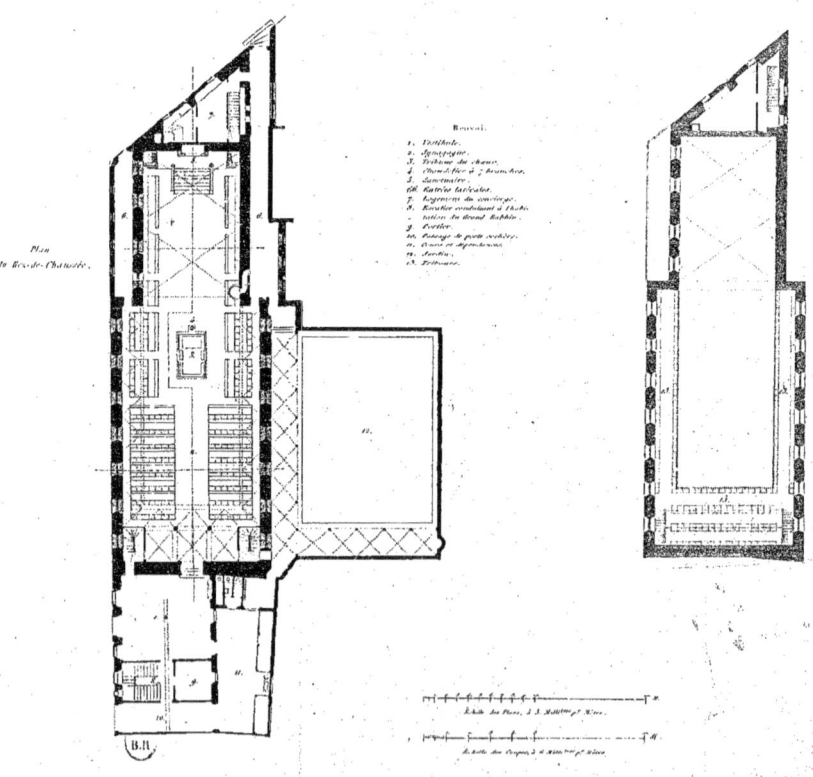

Synagogue établie à Strasbourg (Bas-Rhin) dans une ancienne église de Capucins.

DEUXIÈME SECTION.

ÉDIFICES ADMINISTRATIFS.

Ainsi que nous l'annoncions dans la section correspondante de notre premier volume, nous donnons ici le palais de la *Chambre des Pairs* (l'ancien palais du Luxembourg).
Nous renvoyons à notre troisième volume le palais du *Conseil d'État* et de la *Cour des Comptes* (sur le quai d'Orsay).
Nous espérons y donner également l'*Hôtel-de-Ville* de Paris dont l'agrandissement est fort avancé.

PALAIS DE LA CHAMBRE DES PAIRS

(ANCIEN PALAIS DU LUXEMBOURG),

A PARIS (SEINE).

M. A. DE GISORS, architecte.

6 planches numérotées 212, 213, 272, 273, 274 et 275.

Le palais du Luxembourg (1), bâti par Desbrosses pour Marie de Médicis, avait été donné en dernier lieu par Louis XVI à son frère Monsieur (depuis Louis XVIII) comme apanage lors de son mariage en 1779.

Après avoir servi de prison pendant les premières années de la Révolution, ce palais devint successivement la résidence du Directoire pendant toute son existence, du consulat pendant ses premiers moments seulement, puis du sénat conservateur, et par suite de la chambre des pairs.

Dès l'année 1800, feu M. Chalgrin, qui était architecte de ce palais depuis trente ans, y fit exécuter des réparations considérables et des travaux importants, notamment : la suppression de l'espèce de terrasse que formait la partie du fond de la cour d'honneur entre les deux pavillons ; la construction du vestibule à la place du grand escalier qui existait au centre du bâtiment principal ; celle de la salle des séances au-dessus et du nouvel escalier d'honneur dans l'aile à droite, dont le premier étage formait autrefois la galerie de Rubens ; l'établissement d'un musée, l'agrandissement des jardins par suite de l'adjonction de l'emplacement des anciens Chartreux, etc.

D'autres travaux ont été successivement effectués, tant par M. Baraguey, successeur de M. Chalgrin, que par M. Provost qui remplaça M. Baraguey, et prit lui-même sa retraite en 1836.

Mais déjà sous la restauration, on avait reconnu la nécessité d'une salle de séances plus vaste et de dépendances plus étendues ; et cette nécessité devint plus impérieuse encore après 1830. Les événements de 1834 exigèrent la construction d'une *salle provisoire des séances judiciaires* qui fait l'objet de nos deux

(1) On sait que ce nom provient de celui d'un hôtel du duc de Piney-Luxembourg, qui existait sur cet emplacement, et qui fut acheté et démoli par Marie de Médicis.

premières planches (212 et 213). Commencée le 1er février 1835, elle fut achevée en moins de trois mois et a servi principalement pour les procès d'Avril et de Fieschi. Elle a coûté environ 300,000 francs ; 60,000 francs ont été employés à l'établissement d'une prison provisoire dans les dépendances du palais.

Le projet de la salle définitive et de ses dépendances (planches 273 et 274), adopté et commencé en 1836, devait être exécuté en quatre ans ; mais le procès du 12 mai et celui de Boulogne forcèrent successivement à suspendre les travaux et à livrer la salle inachevée pour le service de la cour des pairs. La même chose eut lieu pour la session législative de 1840, et les travaux n'ont été entièrement terminés qu'à la fin de 1841.

Les constructions ont coûté. . . . . 3,000,000 fr.
Et les travaux d'art (peinture et sculpture). . 800,000

Ensemble 3,800,000 fr.

Des travaux importants ont également été exécutés à cette époque dans les jardins (1), et ont coûté. . . . . . 333,000 fr.

L'orangerie, représentée sur notre planche 275, a été exécutée sur les fonds particuliers de la chambre des pairs ; elle est construite tant en pierres qu'en briques et a coûté environ. . . . . 106,000 fr.

On va exécuter en ce moment (1844) d'autres travaux qui ont pour objet 1° d'élargir la partie de la rue de Vaugirard à la suite de l'hôtel de la chancellerie et de la prison de la cour des pairs ; 2° et de mettre le jardin en communication directe avec la place du Panthéon.

M. A. de Gisors, architecte de la chambre des pairs, prépare une publication détaillée sur cet important édifice.

(1) Ces derniers travaux ainsi que ceux qui avaient été exécutés antérieurement dans ces jardins, et plus anciennement, les fouilles faites pour la construction du palais même, ont fourni de nombreuses preuves de l'existence, en cet endroit, de plusieurs établissements romains et notamment d'un camp et d'une fabrication de poteries. Il existe à ce sujet un ouvrage aussi intéressant que peu connu, intitulé : *Antiquités gauloises et romaines, recueillies dans le jardin du palais du sénat, précédées de Recherches sur la Capitale*, par Grivaud de Vincelle, sous-chef de la trésorerie du sénat ; un volume de texte in-4°, et un atlas in-folio. Paris, Buisson, 1807.

MINISTÈRE DE L'INSTRUCTION PUBLIQUE,

A PARIS (SEINE).

TRAVAUX D'APPROPRIATION ET CONSTRUCTIONS NOUVELLES;

Par M. A DE GISORS architecte.

1840.

1 planche numérotée 260.

Dans ces dernières années, l'administration supérieure s'est attachée à réunir dans le même local les diverses branches de service dépendant d'un même ministère, qui précédemment étaient souvent disséminées dans des localités différentes.

Ainsi, l'hôtel du ministre de l'instruction publique se composait presque uniquement du corps de logis qui occupe le fond de la cour principale dans la planche que nous donnons ici ; le bâtiment attenant n'existait pas alors ; ceux sur la rue de Grenelle formaient des propriétés particulières, et la presque totalité des bureaux du ministère était placée en d'autres endroits plus ou moins éloignés.

Pour faire cesser les inconvénients qui résultaient de cet état de choses, les bâtiments sur la rue de Grenelle ont été acquis et appropriés à l'usage des bureaux, et l'on a construit les divers bâtiments indiqués par une teinte moins foncée.

La dépense s'est élevée à environ 1,000,000 fr., dont moitié pour acquisitions et moitié pour travaux.

HOTEL DE PRÉFECTURE,

A ANGOULÊME (CHARENTE);

Par M. ABADIE, architecte du département.

1838.

2 planches numérotées 103 et 104.

La construction de cet édifice a eu lieu en pierres de taille calcaires des environs, la charpente en bois de chêne, la menuiserie en sapin du nord.

La dépense s'est élevée à environ 142,000 francs dont près de 4,000 pour formation du jardin, déblais de rochers, remblais et plantations.

HOTEL DE PRÉFECTURE,

AU PUY (HAUTE-LOIRE).

1822 à 1828

2 planches numérotées 82 et 83.

Par M. MACQUET, architecte.

Cet édifice a été élevé au milieu d'une prairie qui sépare les deux quartiers dont se compose la ville basse.

Le sol est un banc marneux, inégal, sur lequel, après les épuisements nécessaires, il a été établi, à environ deux mètres et demi de profondeur, un grillage en chêne vert recouvert d'une forte plate-forme de béton en chaux, pouzzolane et basaltes prismatiques.

Le surplus des fondations et les murs de cave ont été également montés en basalte et mêmes mortiers, avec dosserets de porte en pierres de Denise (*brèches volcaniques*) ; les voûtes ont été exécutées en laves boursouflées ou scories vulgairement appelées *triffons*.

Quant aux élévations, les angles, corniches, bandeaux et encadrements de baies sont en pierre de Blavoisy (*psammite granitoïde*) ; et l'avant-corps au milieu de la façade principale, en pierre de la Pradette (*trachyte porphyroïde*), ainsi que les escaliers, seuils et carrelages ; le surplus des murs est en moellons basaltiques. La charpente est en bois de pin, et les menuiseries en chêne, pin et sapin.

La totalité des constructions a coûté environ 272,500 fr.

HOTEL DE SOUS-PRÉFECTURE,

A AVRANCHES (MANCHE).

1842.

2 planches numérotées 236 et 237.

Par M. DOISNARD, architecte du département.

Le socle de ce bâtiment est construit en granit, et le surplus des murs partie en pierres de taille provenant des environs de Caen, et partie en moellons granitiques du pays.

La dépense s'est élevée, y compris les abords, clôtures et dépendances, à environ 70,000 francs.

HOTEL-DE-VILLE,

A SAINT-ÉTIENNE (LOIRE);

Par M. DALGABIO, architecte.

1821 à 1828.

3 planches numérotées 52, 53 et 54.

Ce grand édifice renferme, outre tout ce qui concerne le service municipal proprement dit, le commissariat, le tribunal de police, deux justices de paix (pour l'ouest et pour l'est de la ville); le tribunal des prud'hommes et ses dépendances ; un conservatoire des arts et métiers, une bibliothèque publique et musée, une école gratuite de dessin, un grand appartement d'honneur et une salle de bal et de concerts.

Les fondations ont été établies en partie sur le roc, en partie sur une couche compacte de houille ; tous les murs sont construits en grès du pays, sauf les parties saillantes des façades qui, en raison de la gélivité de ce grès, ont été établies en pierres de Villebois (Ain). Le soubassement est voûté en briques de 8 centimètres posant à plat ; l'étage au-dessus, en briques de 54 millimètres posées de champ, et le remplissage des reins est formé par des lunettes en briques de 27 millimètres ; le plancher de l'étage supérieur est en madriers de 35 centimètres de hauteur sur 5 centimètres d'épaisseur ; le comble est en sapin et couvert en tuiles creuses.

La dépense s'est élevée à environ 800,000 francs.

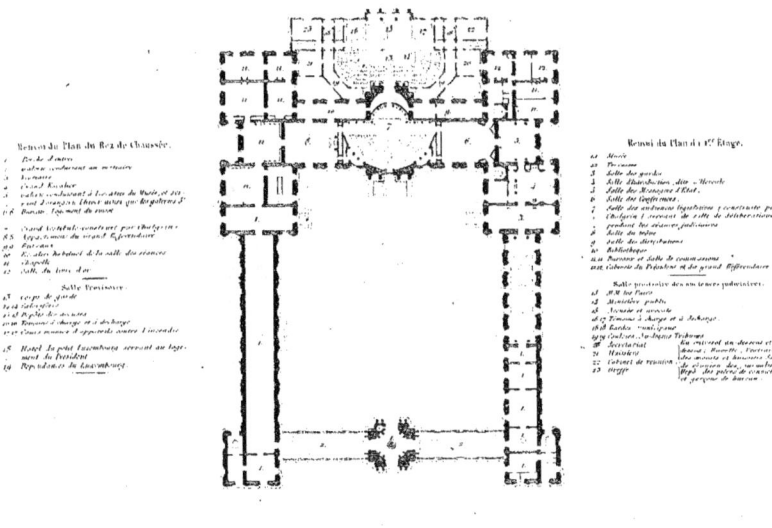

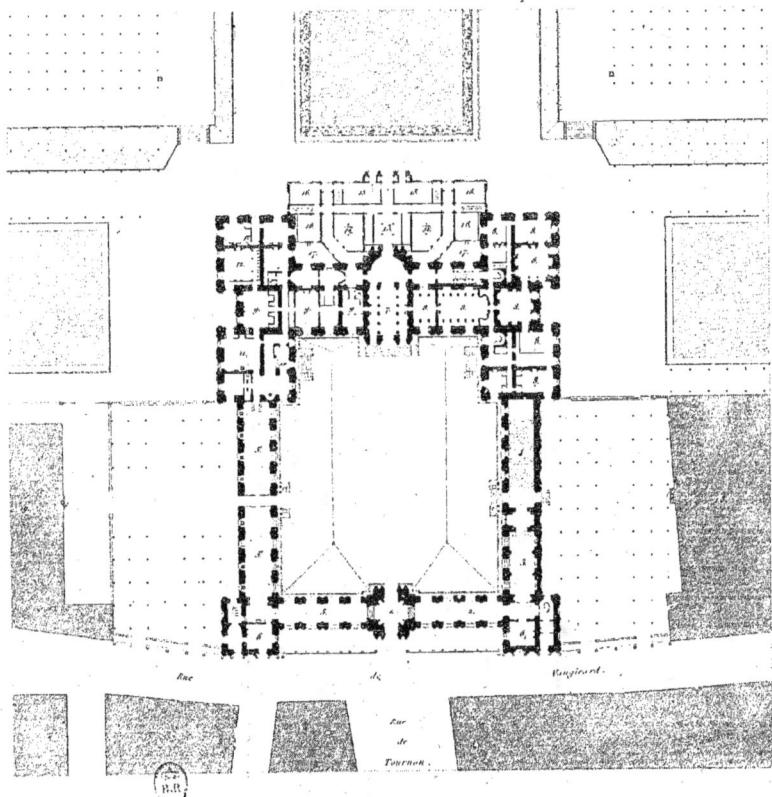

Palais de la Chambre des Pairs (anc^{en} Palais du Luxembourg), et Salle provisoire des séances judiciaires; à Paris. (Seine)

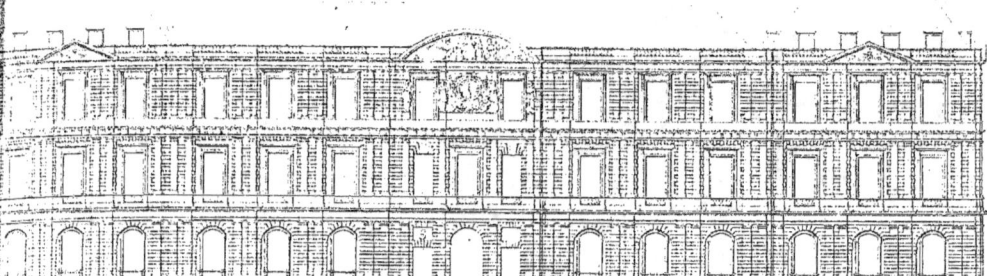

Élévation sur le Jardin.

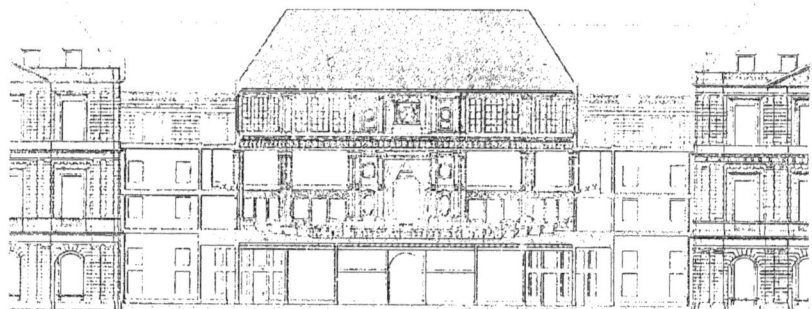

Coupe Longitudinale.

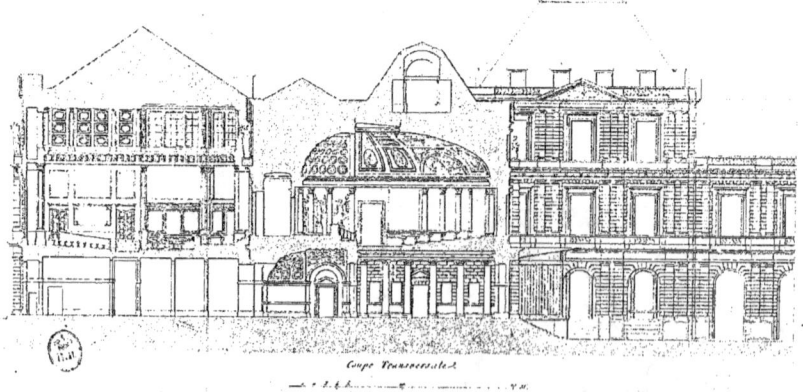

Coupe Transversale.

Palais de la Chambre des Pairs (ancien Palais du Luxembourg) et Salle provisoire des séances judiciaires, à Paris (Seine). (1855.)

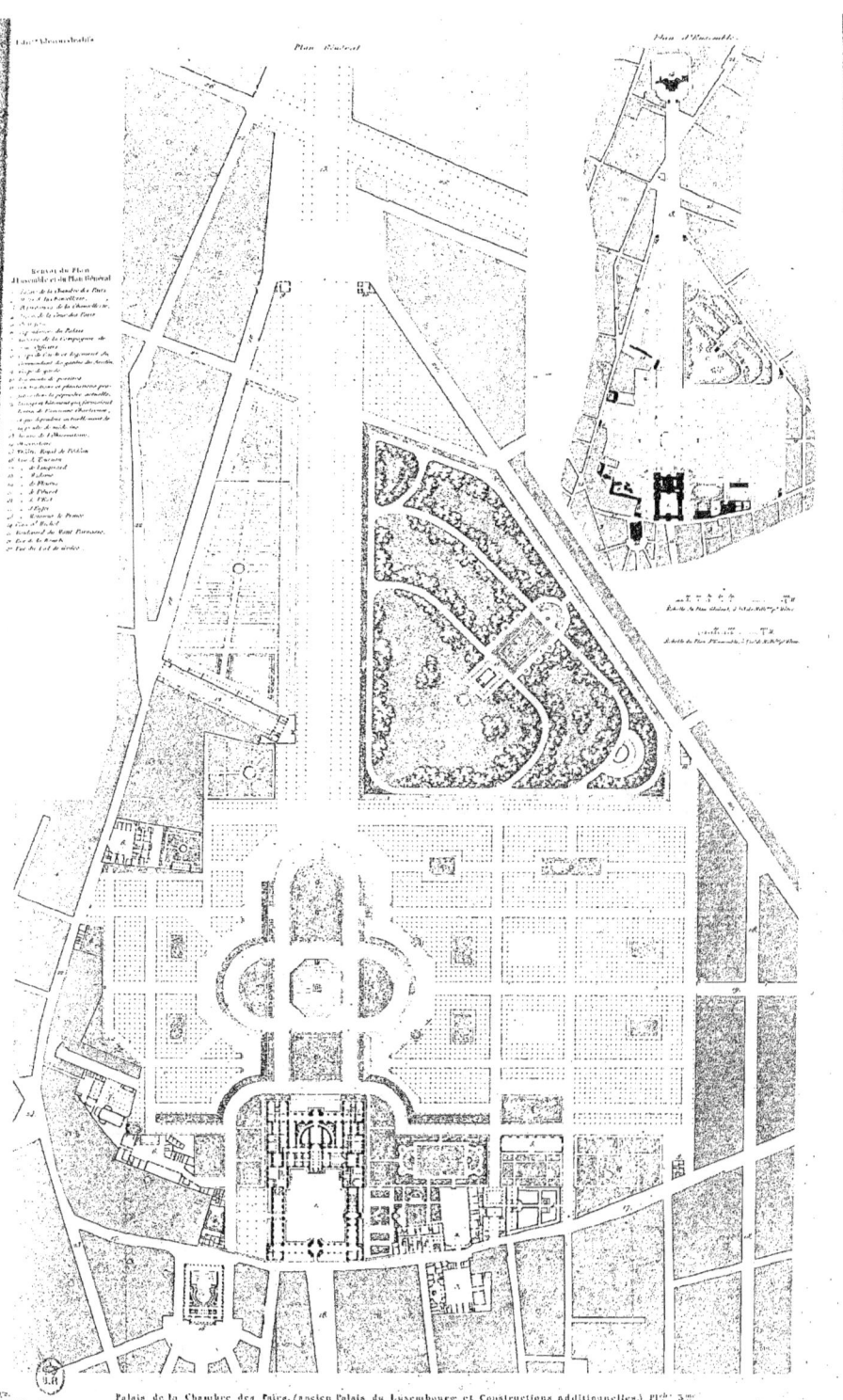

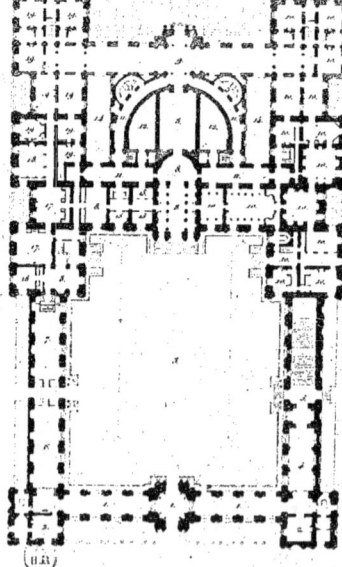

Palais de la Chambre des Pairs, (ancien Palais du Luxembourg et Constructions additionnelles) Plche 4me.
(1836 à 1842.)

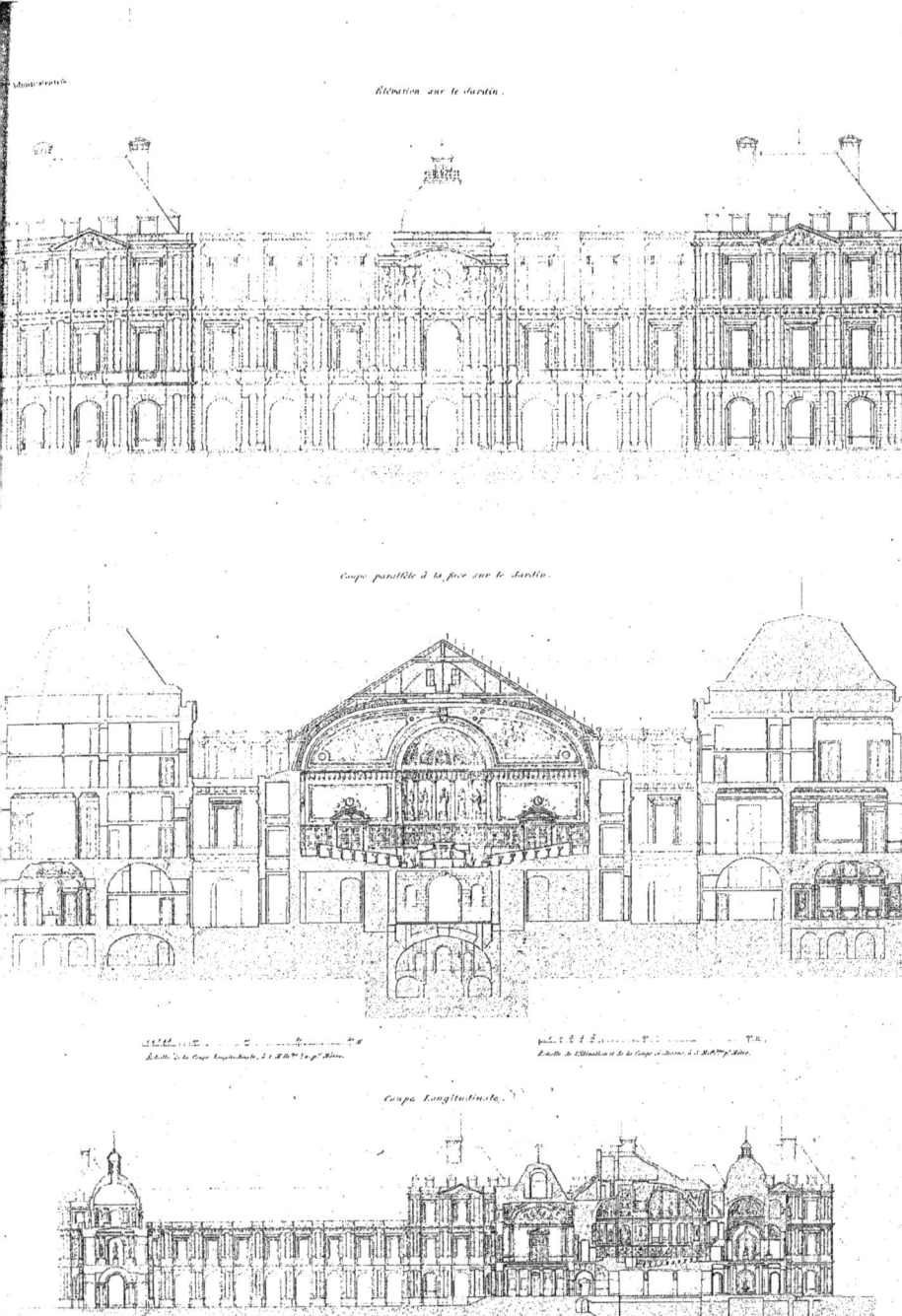

Élévation Principale.

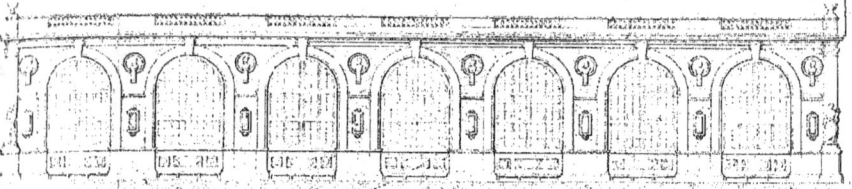

Coupe.

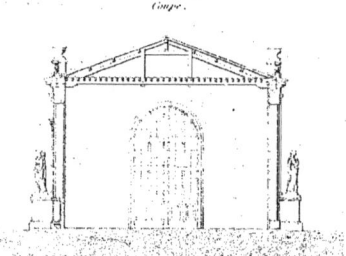

Élévation Latérale.

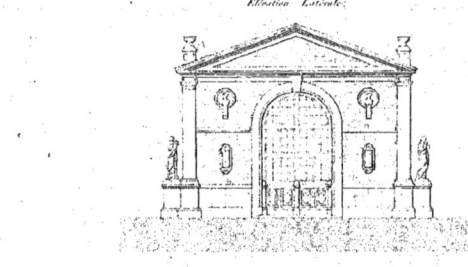

Plan.

Chambre des Pairs, (Ancien Palais du Luxembourg) Paris, (Seine.)
Orangerie construite dans le Jardin.
(1810)

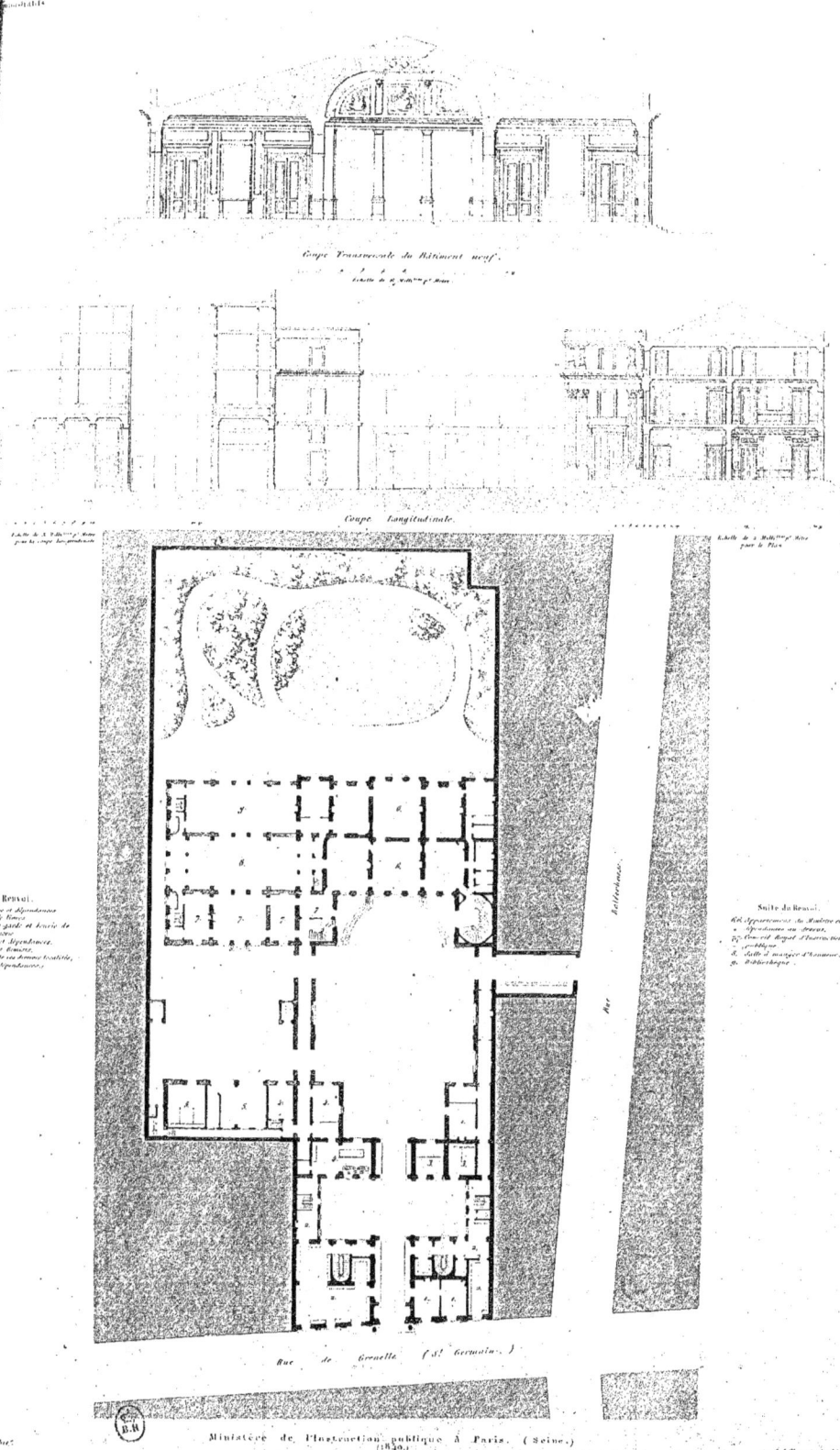

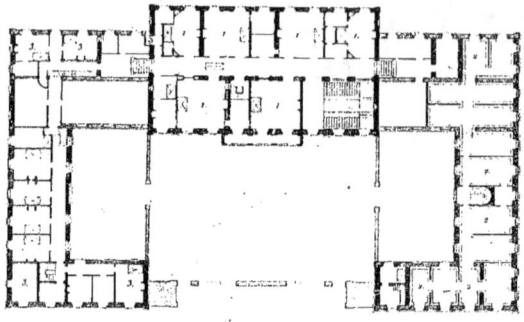

Plan du 1.er Étage.

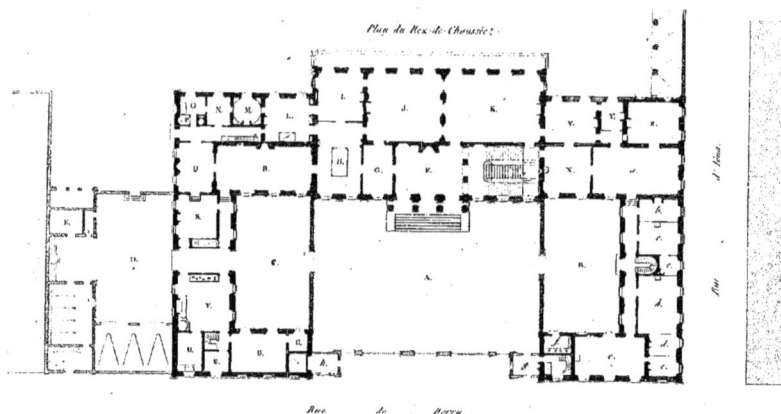

Plan du Rez-de-Chaussée.

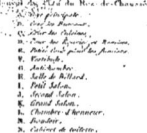

Plan Général.

Hôtel de Préfecture, construit à Angoulême. (Charente.)
(1828.)

Édifices Administratifs.

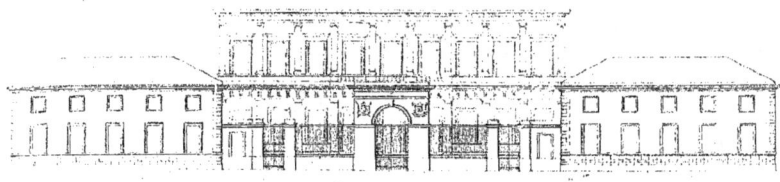

Élévation Principale.

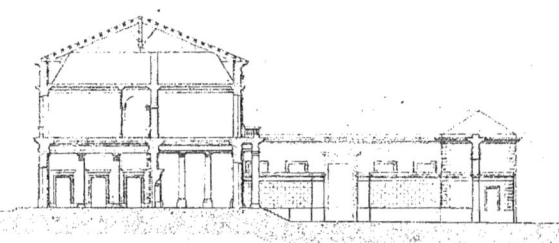

Coupe Transversale.

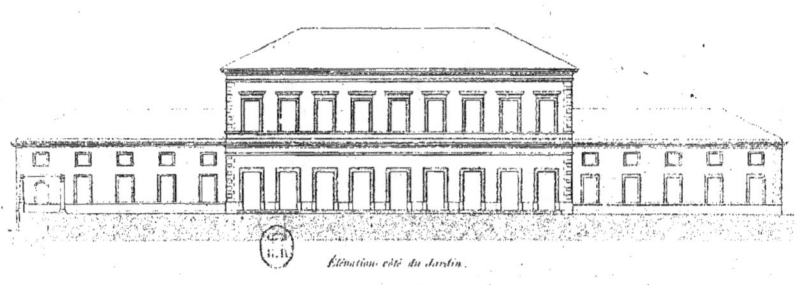

Élévation côté du Jardin.

Hôtel de Préfecture construit à Angoulême (Charente) Pl.ᵉ 9ᵐᵉ
(1828)

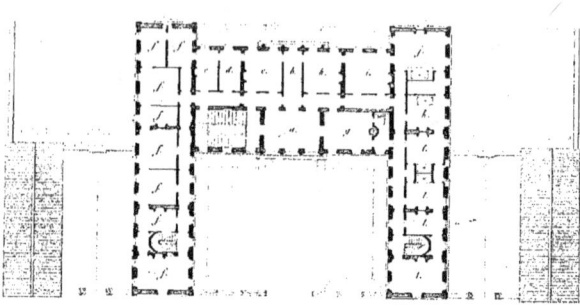

Plan du 1.er Étage.

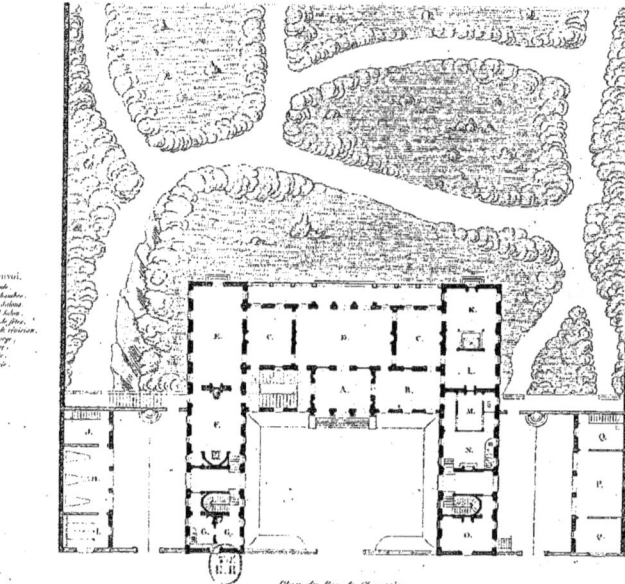

Plan du Rez de Chaussée.

Hôtel de Préfecture construit au Puy (Haute-Loire)
(1805)

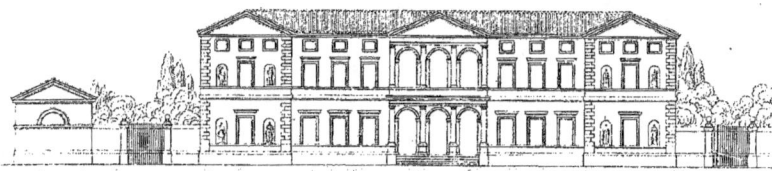

Élévation Principale.

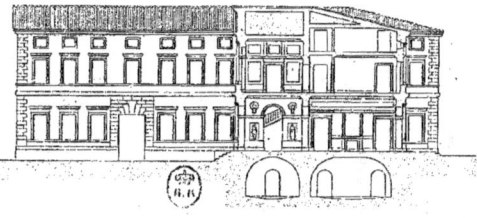

Coupe Longitudinale.

Hôtel de Préfecture construit au Puy, (Haute-Loire)
(1825.)

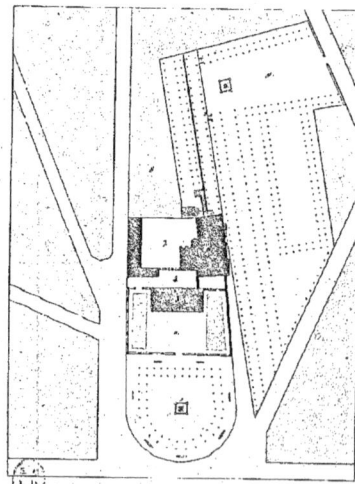

Hôtel de Sous-Préfecture construit à Avranches (Manche).

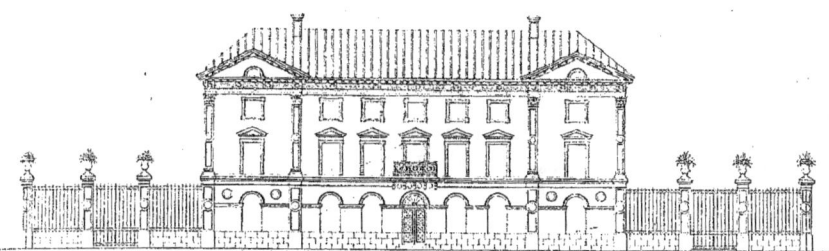

Élévation Principale.

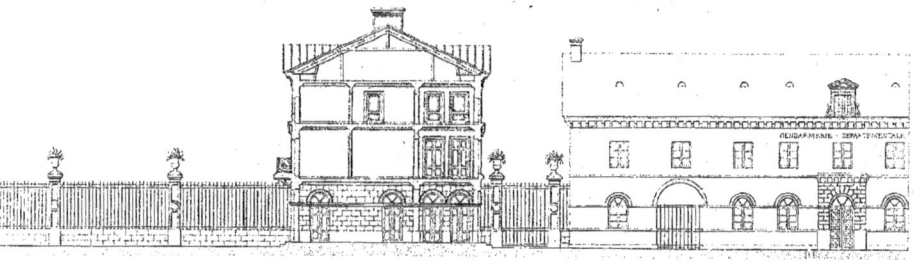

Coupe Longitudinale.

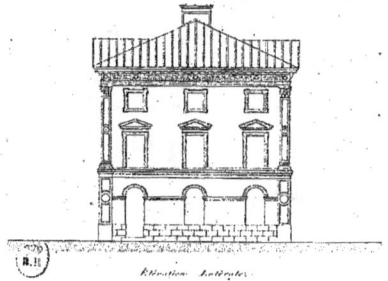

Élévation Latérale.

Hôtel de Sous-Préfecture, construit à Avranches, (Manche.)
(1840.)

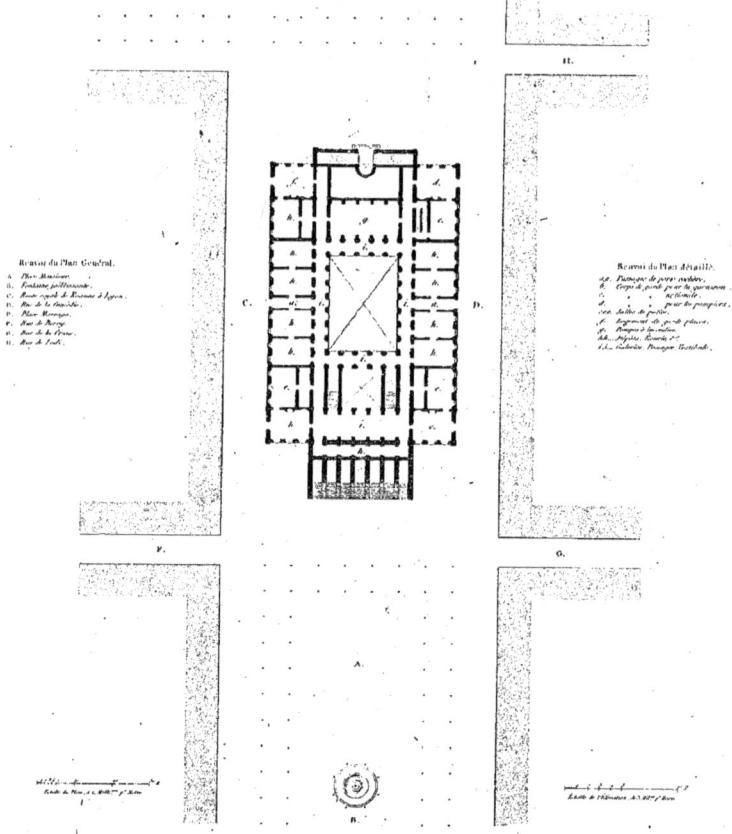

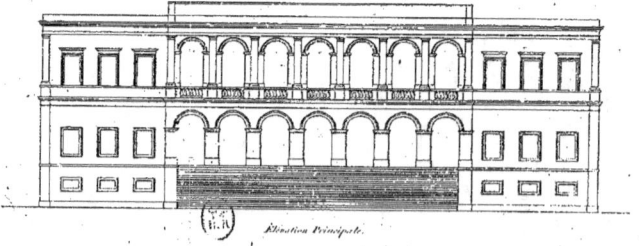

Hôtel-de-Ville exécuté à St Étienne (Loire) Ph.br. pr.
(1821)

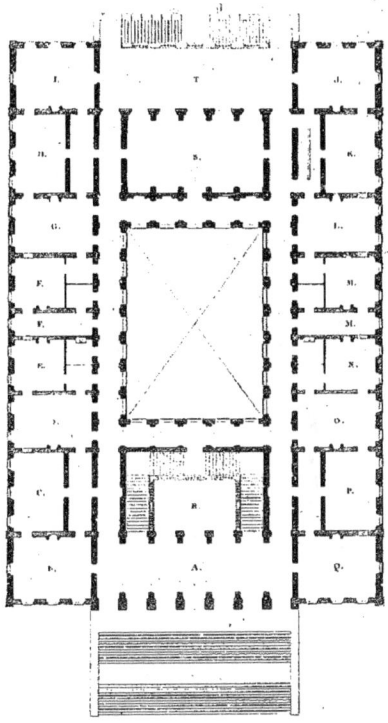

Plan du 1er Étage.

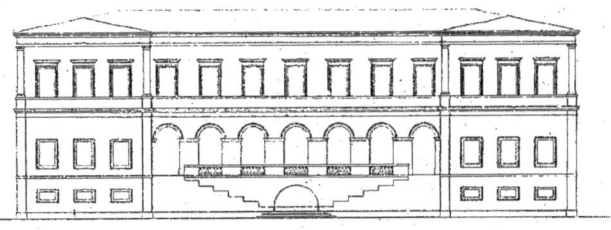

Élévation Postérieure.

Hôtel-de-Ville exécuté à St Étienne (Loire)
(1821.)

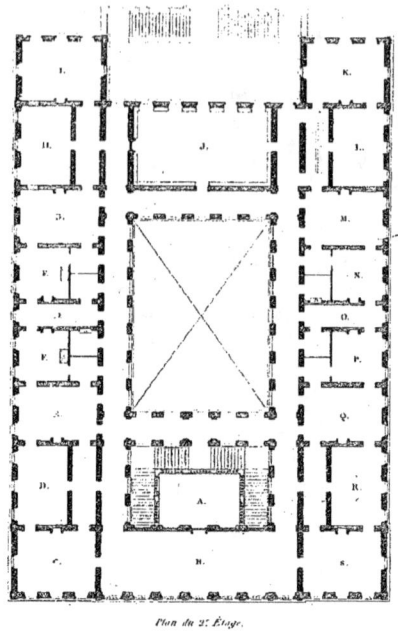

Plan du 2.e Étage.

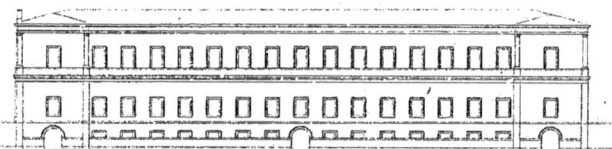

Élévation Latérale.

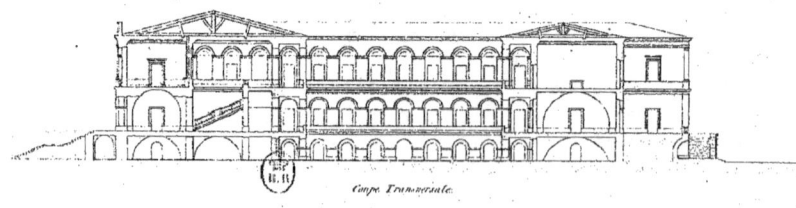

Coupe Transversale.

Hôtel-de-Ville exécuté à St. Étienne (Loire) Pl.he 3.me
(1821)

TROISIÈME SECTION.

ÉDIFICES JUDICIAIRES.

Nous annoncions, dans notre premier volume, qu'on s'occupait du projet d'agrandissement du *Palais de Justice* de Paris. La mort est venue frapper M. Huyot, membre de l'Institut, au moment où il étudiait ce projet important, qui a été depuis confié à MM. Duc et Dommey.

M. Baltard père, achève actuellement le *Palais de Justice* de Lyon, que nous espérons donner dans notre troisième volume.

COUR D'ASSISES ET TRIBUNAL CIVIL,

À ANGOULÊME (CHARENTE);

Par M. **ABADIE**, architecte du département.

1825.

3 planches numérotées 79, 80 et 81.

Le mode de construction de cet édifice est le même que pour la préfecture d'Angoulême. (Voir aux *Édifices administratifs*, page 12 de ce volume.)

La dépense s'est élevée à environ 350,000 fr.

COUR D'ASSISES ET TRIBUNAL CIVIL,

À PRIVAS (ARDÈCHE);

Par M. **MACQUET**, architecte.

1826.

1 planche numérotée 86.

L'exécution des travaux a eu lieu sous la conduite de M. Nègre. La dépense s'est élevée à 97,000 fr., compris honoraires et frais de voyage de l'architecte.

TRIBUNAL CIVIL,

À VALOGNES (MANCHE);

Par M. Henri **VAN CLÉEMPUTTE**, actuellement architecte du département de l'Aisne.

1821 A 1825.

2 planches numérotées 196 et 197.

Cette construction a été exécutée partie en pierre provenant de l'excavation même du terrain pour les substructions de l'édifice, ou de carrières voisines; et partie en moellon piqué. La couverture est tant en ardoise qu'en tuile.

Elle a coûté environ 150,000 fr.

Palais de Justice construit à Angoulême (Charente) 1826

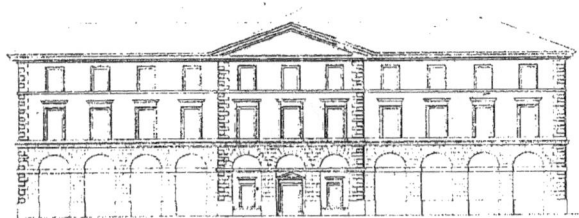

Élévation Postérieure.

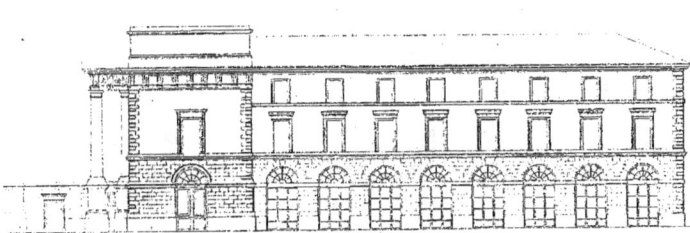

Élévation Latérale.

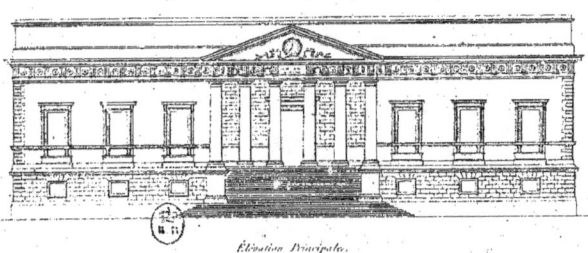

Élévation Principale.

Palais de Justice construit à Angoulême. (Charente.)

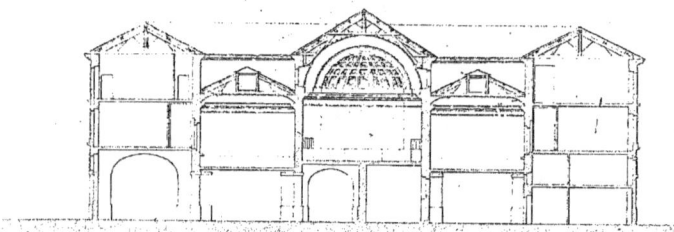

Coupe Transversale au droit des Salles d'audiences.

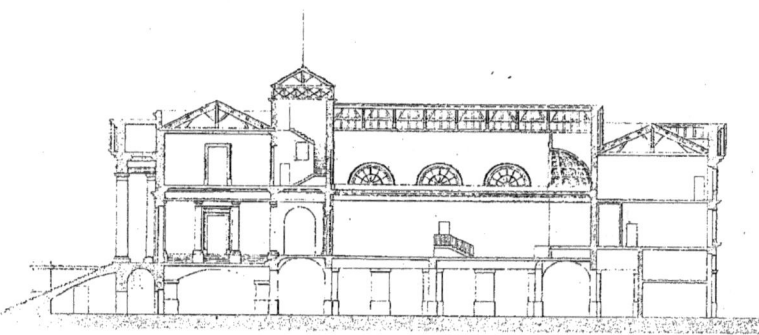

Coupe Longitudinale.

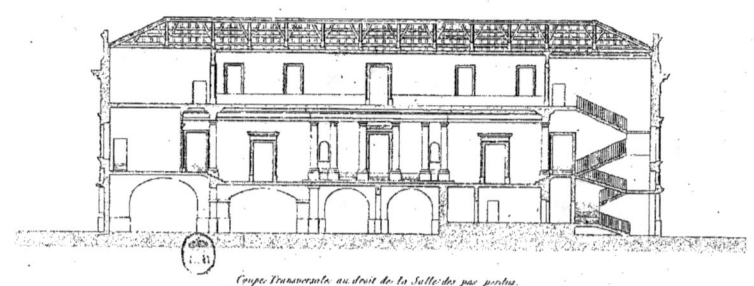

Coupe Transversale au droit de la Salle des pas perdus.

Palais de Justice construit à Angoulême, (Charente).

Édif.ᵗˢ Judiciaires.

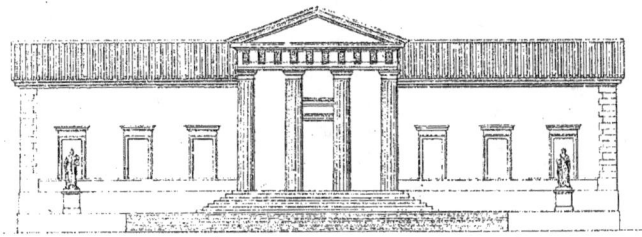

Élévation.

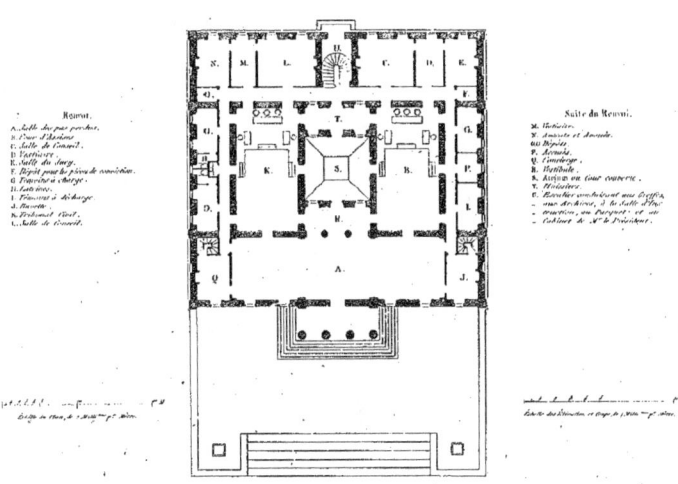

Plan.

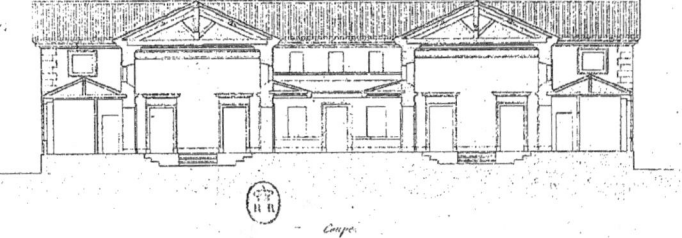

Coupe.

Palais de Justice exécuté à Privas (Ardèche).
(1846.)

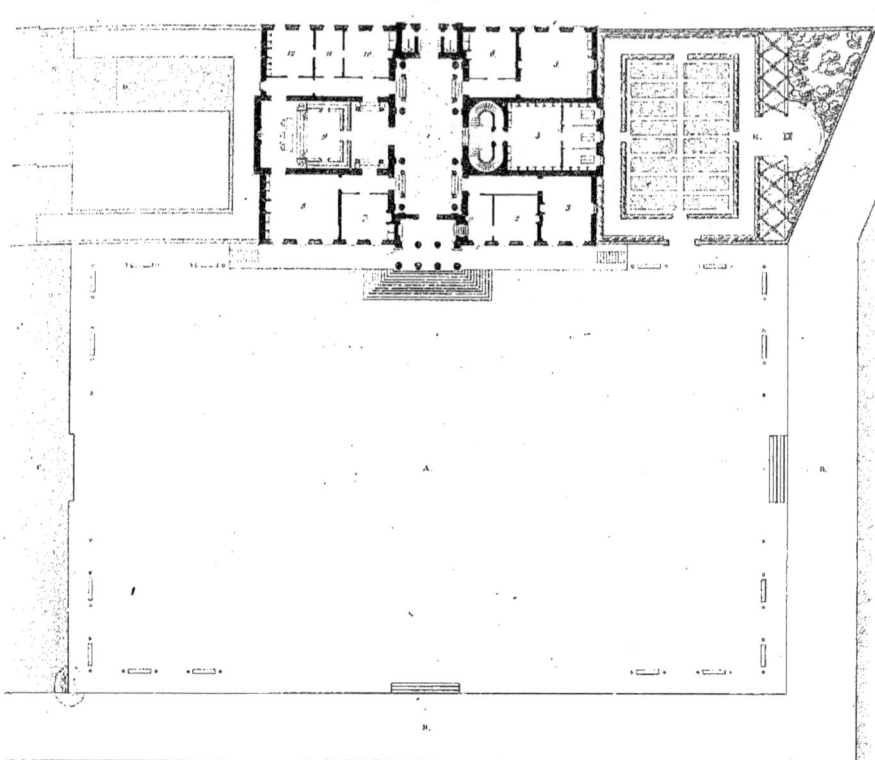

Plan.

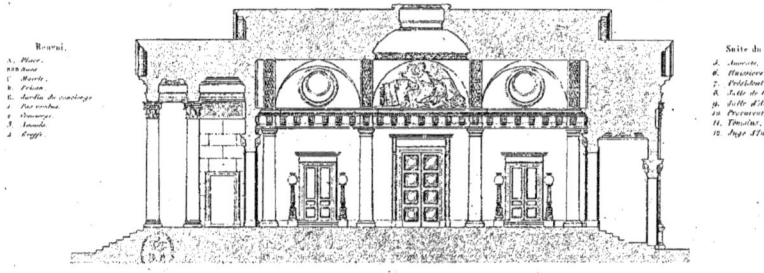

Coupe Longitudinale.

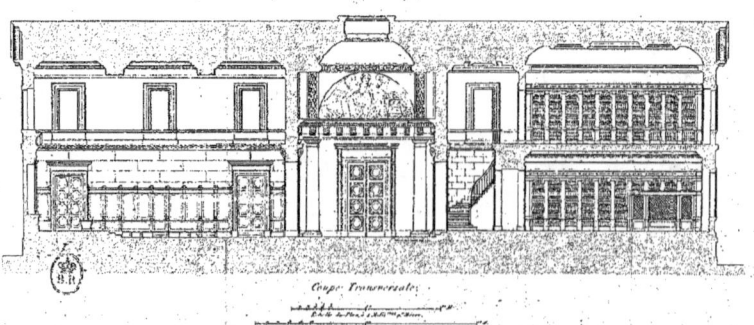

Coupe Transversale.

Tribunal Civil construit à Valognes. (Manche.) Planche 1.

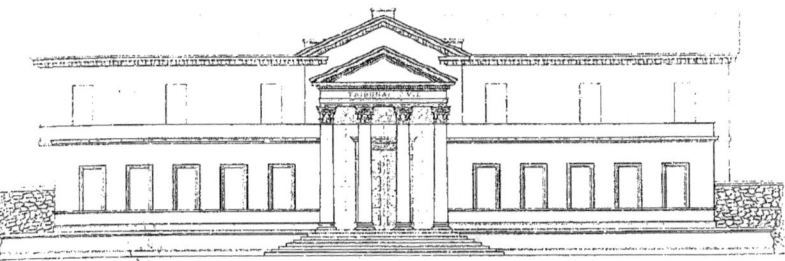

Élévation Principale.

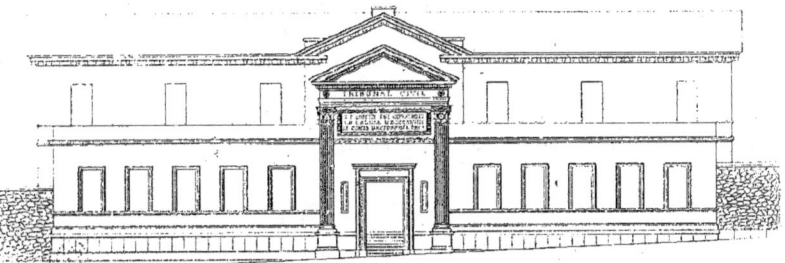

Élévation Postérieure.

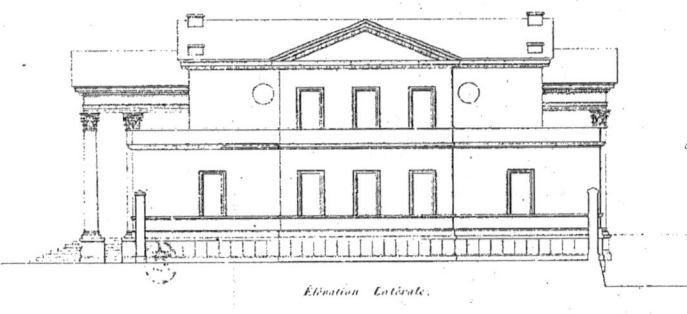

Élévation Latérale.

Tribunal Civil construit à Valognes. (Mouchel Pl.che aîné)
(1825.)

QUATRIÈME SECTION.

ÉDIFICES CONSACRÉS A L'INSTRUCTION PUBLIQUE.

L'agrandissement du *Collége de France* a été presque complété dans ces dernières années; néanmoins, quelques dispositions qui restent à y exécuter nous forcent à en renvoyer la publication à notre troisième volume. Il en est de même pour l'*École royale des beaux-arts*, en raison du parti qui reste à prendre pour achever la cour d'entrée, et pour le *Muséum d'histoire naturelle*, où des travaux importants restent encore à exécuter.

COLLÉGE ROYAL,

A REMIREMONT (VOSGES);

Par **M. GARON**, architecte de la ville d'Épinal.

1836 à 1842.

2 planches numérotées 290 et 291.

Les murs de face sont construits tant en pierre qu'en moellon, et la couverture en plaquettes de pierre dites *laves*.
La dépense s'est élevée à environ 147,000 fr., non compris quelques dépendances qui ont été ajournées.
L'école élémentaire, qui avait été projetée à proximité du collége ainsi que nous l'indiquons sur le plan, a aussi été ajournée.

ÉCOLE NORMALE PRIMAIRE
ET ÉCOLE SUPÉRIEURE ANNEXE,

A BOURBON-VENDÉE (VENDÉE);

Par **M. BOUILLON**, actuellement architecte du département de la Dordogne.

1836 et 1837.

1 planche numérotée 224.

Les socles et une partie des bandeaux inférieurs sont en granit gris du pays; les autres bandeaux, les corniches et les encadrements des portes et croisées en pierre calcaire; le surplus des murs en moellon schisteux; les cloisons de distribution en briques; la charpente des planchers en chêne, celle des combles en sapin du Nord, et les couvertures en tuiles creuses.
La dépense des constructions s'est élevée à environ 53,000 fr., y compris quelques travaux exécutés après coup.

ÉCOLE CHRÉTIENNE,

A PARIS (SEINE);

Par **M. GAUTHIER**, architecte, membre de l'Institut.

1835.

1 planche numérotée 78.

Les trois classes sont disposées de façon à ce que, de leur chaire, les trois frères enseignants soient en vue l'un de l'autre.
Les façades sont construites en pierre jusqu'au premier étage, et en moellons dans le surplus de la hauteur.
Cette construction a coûté environ 150,000 fr.

ÉCOLE ROYALE VÉTÉRINAIRE,

A TOULOUSE (HAUTE-GARONNE);

Par **M. LAFFON**, architecte du département.

1833 à 1834.

3 planches numérotées 239, 240 et 241.

Cette école occupe au nord-est de la ville, et un peu au delà du canal du Midi, un emplacement d'une étendue de plus de 4 hectares, y compris l'avenue qui y conduit, le chemin de ronde au pourtour de l'école, et le jardin de botanique qui y est joint.
Elle peut recevoir 200 élèves, et contient, outre toutes les localités nécessaires à l'enseignement, des logements pour tous les membres du corps enseignant et leurs familles, ainsi que pour tous les employés.
Le projet, approuvé par M. le Ministre du commerce et des travaux publics à la fin de 1831, fut aussitôt mis en adjudication; la première pierre fut posée le 8 février 1832, et les élèves furent installés dans l'école à la fin de 1833, époque à laquelle il ne restait plus à exécuter que les bâtiments destinés au corps enseignant. Ces derniers furent achevés en 1834.
Le mode de construction est, en général, celui employé à Toulouse, savoir :
Les fondations (établies sur un sol sablonneux que l'on rencontre en cet endroit à 1 mètre 50 c. de profondeur) en briques et cailloux maçonnés à bain de mortier; les murs de caves en briques et moellons; les murs de face en briques, apparentes à l'extérieur, et formant les cordons, corniches, chambranles et couronnements de portes et croisées, etc. Les murs de refend, les cloisons de division et les cheminées, sont également en briques; les plafonds en plâtre, etc.
La charpente est généralement en sapin des vallées d'Aran et d'Aure, à l'exception de quelques pièces en chêne pour poinçons, jambes de force, lanternons, lucarnes, etc.
Toute la menuiserie extérieure est en chêne et celle intérieure en chêne, sapin et châtaignier, etc.
La couverture est en tuiles creuses.
Les dépenses, supportées moitié par le département et moitié par la ville, se sont élevées :

Pour acquisition de terrains, à.............	33,000 fr.
Pour constructions, à.....................	695,000
Et pour mobilier, à.......................	55,000
Somme totale......	783,000

JARDIN DE BOTANIQUE,

A ORLÉANS (LOIRET);

Par M. PAGOT, architecte du département.

1836 à 1841.

1 planche numérotée 281.

La façade de l'orangerie et des serres a été placée au *sud-est*, exposition regardée comme préférable à celle du *sud*. A l'extrémité *est*, est une *serre tempérée*, et à l'extrémité *ouest*, une *serre chaude*, chacune avec bassin au centre pour les plantes aquatiques. Tout cet ensemble est chauffé par un calorifère établi au centre.

Les soubassements sont construits en pierre de Château-Landon, et les murs, piliers et corniches en pierre de Molveau et de Bourée. Toute la charpente des serres est en fer fondu; les châssis verticaux des façades ouvrent en bascule sur des pivots placés au milieu de leur hauteur.

L'orangerie a coûté environ.................. 18,000 fr.
La serre chaude............................ 33,000
Et la serre tempérée........................ 24,000

OBSERVATOIRE ROYAL,

A PARIS (SEINE);

Par CLAUDE PERRAULT;

1667 à 1671.

CABINETS D'OBSERVATIONS,

Par M. BIET, architecte, maintenant inspecteur général, membre du conseil;

1832 à 1834.

AMPHITHÉATRE,

Par M. A. DE GISORS, architecte;

1838 à 1840.

3 planches numérotées 256, 257 et 258.

On trouve sur la disposition primitive de ce grand édifice, et sur quelques modifications qui y ont été apportées, des détails intéressants et généralement peu connus, dans la *Vie de J.-D. Cassini* (1), écrite par lui-même, et publiée par son arrière-petit-fils, *J.-D. Cassini*, avec des *Mémoires* de ce dernier, *pour servir à l'histoire des Sciences et à celle de l'Observatoire royal de Paris* (2).

Bien que spécialement destiné aux observations astronomiques, l'édifice devait en même temps renfermer des salles pour les séances de l'Académie des sciences et pour des cours publics, des laboratoires de physique et de chimie, etc. Cette destination multiple a dû n'être pas sans influence sur la disposition générale et sur les inconvénients qu'on y a reconnus. Il est juste aussi de ne pas perdre de vue que les instruments dont on se servait alors étaient généralement de dimensions beaucoup plus grandes que ceux dont on s'est servi depuis.

Les principaux membres de l'Académie déterminèrent eux-

(1) Le premier des quatre savants de ce nom auxquels la direction de l'Observatoire a été successivement confiée.
(2) Paris, Bleuet, 1810.

— 20 —

mêmes, par des observations faites sur le terrain, l'orientement de l'édifice; les fondations, poussées à une profondeur considérable (J. Cassini prétend, mais à ce qu'il paraît à tort, qu'elle égale la hauteur de l'édifice au-dessus du sol), furent exécutées, ainsi que toutes les parties en élévation (3), entièrement en pierre de taille mise en œuvre avec le plus grand soin, ce qui n'empêcha pas des effets qui nécessitèrent la reconstruction de quelques parties.

Perrault a donné lui-même, dans sa traduction de Vitruve, le plan et la coupe suivant l'exécution primitive, ainsi que les élévations; et J.-F. Blondel a reproduit ces planches dans son *Architecture française*, t. 2, en y ajoutant un plan des excavations de carrières qui règnent au-dessous de l'édifice et de son enceinte, et qui servent à diverses expériences.

Les dépenses s'élevèrent alors à près de 2 millions, qui correspondent à près du double (4) en monnaie de notre temps.

Dès 1731, on avait été forcé de construire extérieurement des cabinets d'observations plus convenablement disposés que le grand bâtiment. Ces cabinets, ainsi que le bâtiment même, ayant été entièrement négligés pendant les dernières années du règne de Louis XV, et exigeant de fortes réparations, il avait été proposé à M. d'Angevilliers, ministre de Louis XVI, de déraser toute la partie supérieure de l'édifice, et d'établir des dispositions plus favorables à la pratique de l'astronomie. Ce ministre objecta avec raison que l'*Observatoire* n'était pas seulement un bâtiment consacré à l'astronomie, mais aussi un des monuments les plus recommandables du siècle de Louis XIV, et, à ce titre, digne d'un respect religieux qui ne permettait ni de le détruire, ni de le changer. Les architectes Brébion et Renard remplacèrent alors : 1° la grande voûte qui recouvrait toute la partie centrale de l'étage supérieur du côté du midi, par une voûte en trois berceaux; 2° et la plate-forme massive qui existait sous toute l'étendue de la terrasse, par une voûte en briques recouverte d'un dallage à recouvrement.

M. Vaudoyer père, architecte de l'Observatoire depuis 1800 jusqu'en 1825 et actuellement membre de l'Institut, a principalement fait exécuter la grille et les pavillons d'entrée, les clôtures de l'avant-cour, et une pyramide servant de point de mire, dans la plaine de Montrouge.

Les murs des cabinets d'observation actuels, construits par M. Biet, sont exécutés entièrement en pierre, et la plate-forme est en fermes de fer, hourdées en poteries, et recouvertes en zinc. Trois parties intermédiaires s'ouvrent dans toute la hauteur des deux façades, et dans la largeur de la plate-forme, de façon à ce que les observations puissent se faire sans aucun obstacle. Ces constructions ont coûté environ 254,000 fr. dont à peu près 67,000 fr. pour serrurerie relative aux fermes et croisées en fer et au mécanisme.

L'amphithéâtre a été construit par M. A. de Gisors d'une manière analogue. Il a coûté environ 360,000 fr., dont 38,000 fr. pour charpente et croisées en fer, 13,000 fr. pour calorifère, 18,000 fr. pour décoration intérieure en stuc et peintures, etc.

(3) On prétend généralement qu'il n'est entré aucun morceau de fer dans toute cette construction. Cependant M. Vaudoyer père, qui en a été architecte dans les premières années de ce siècle, y a rencontré un tirant de fer en faisant élargir une baie de porte.
(4) M. de Clarac, dans son *Musée de sculpture* (2° série, page 657), évalue la livre tournois de ce temps à 1 fr. 93 c.

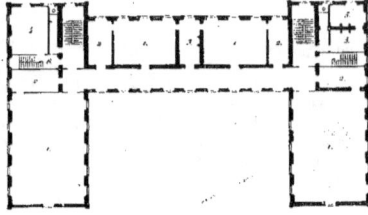

Plan du 2.e Étage.

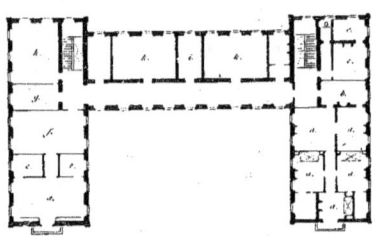

Plan du 1.er Étage.

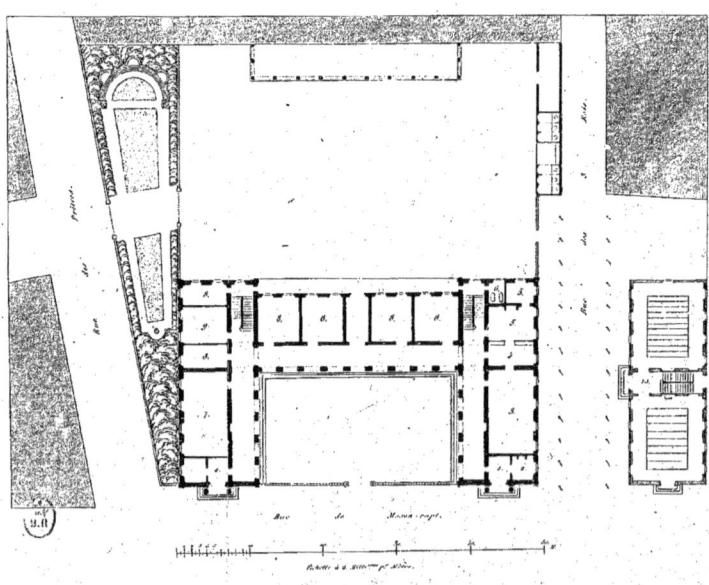

Plan du Rez-de-Chaussée.

Collège Communal à Remiremont (Vosges) Pl.

Élévation Principale.

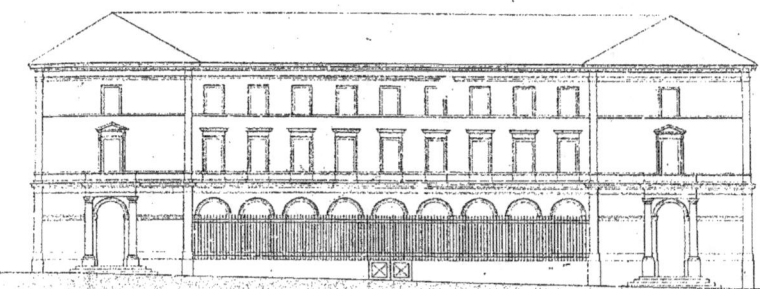

Coupe.

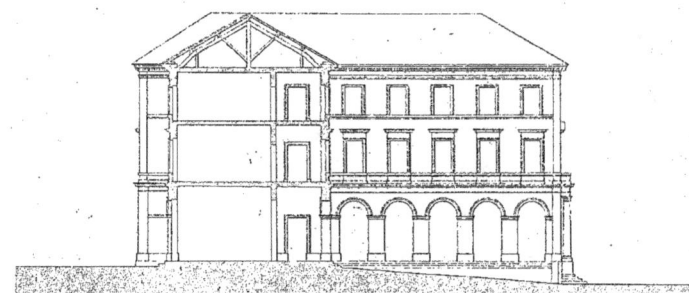

Élévation Postérieure.

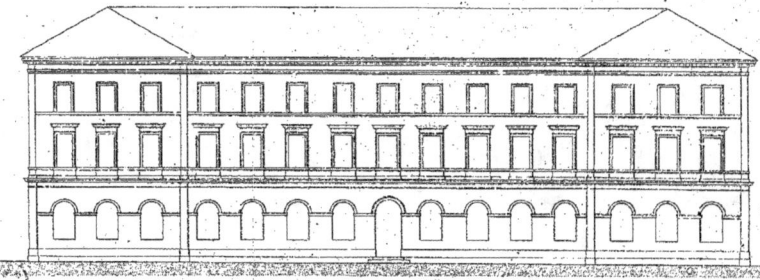

Collège Communal à Remiremont. (Vosges.)
(1842)

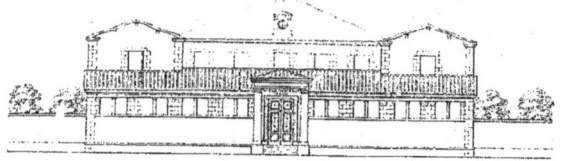

Élévation Principale.

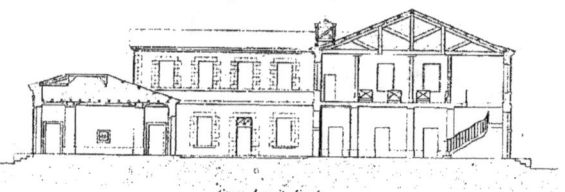

Coupe Longitudinale.

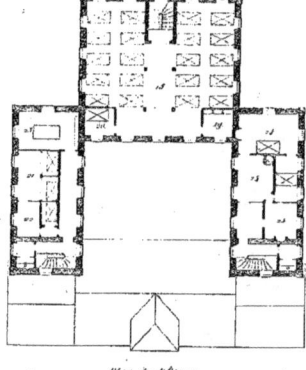

Plan de l'Étage.

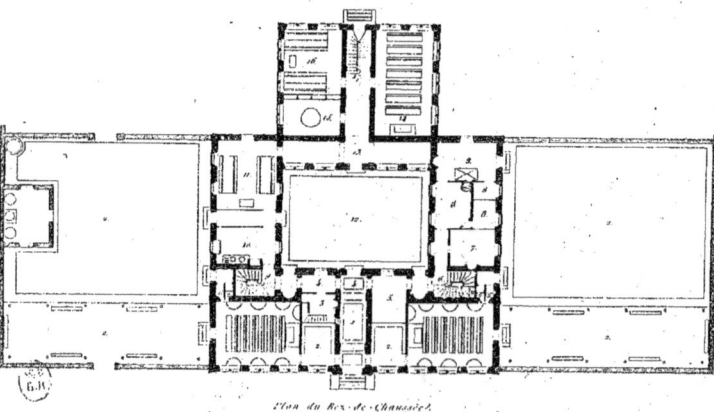

Plan du Rez-de-Chaussée.

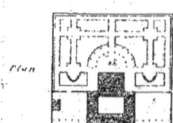

Plan Général.

École Normale Primaire avec École Supérieure annexe, à Bourbon-Vendée, (Vendée).
(1836.)

Édifices consacrés à l'Instruction Publique.

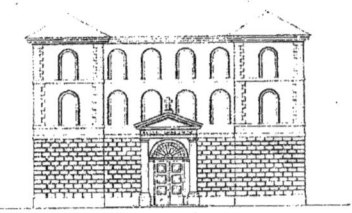

Élévation.

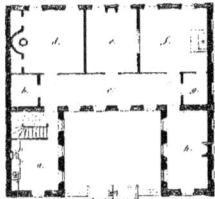

Plan du 1.er Étage.

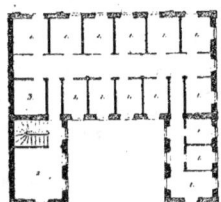

Plan du 2.me Étage.

Renvoi.
Rez-de-Chaussée
{ a. Classes
  b. Parloir
  c. Bûcher
  d. Latrines
  e. Couloir

1.er Étage
{ a. Cuisine
  b. Office
  c. Souillée
  d. Infirmerie
  e. Réfectoire
  f. Chapelle
  g. Ouvroirs
  h. Salle d'exercice

Suite du Renvoi.
2.e Étage { 1. Cellules
            2. Lingerie
            3. Dépôt

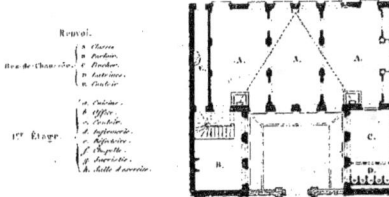
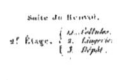

Plan du Rez-de-Chaussée.

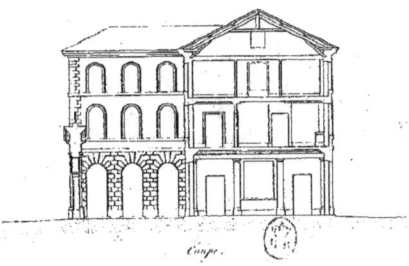

Coupe.

École Chrétienne exécutée à Paris (Seine) Rue de Fleurus.
(1803)

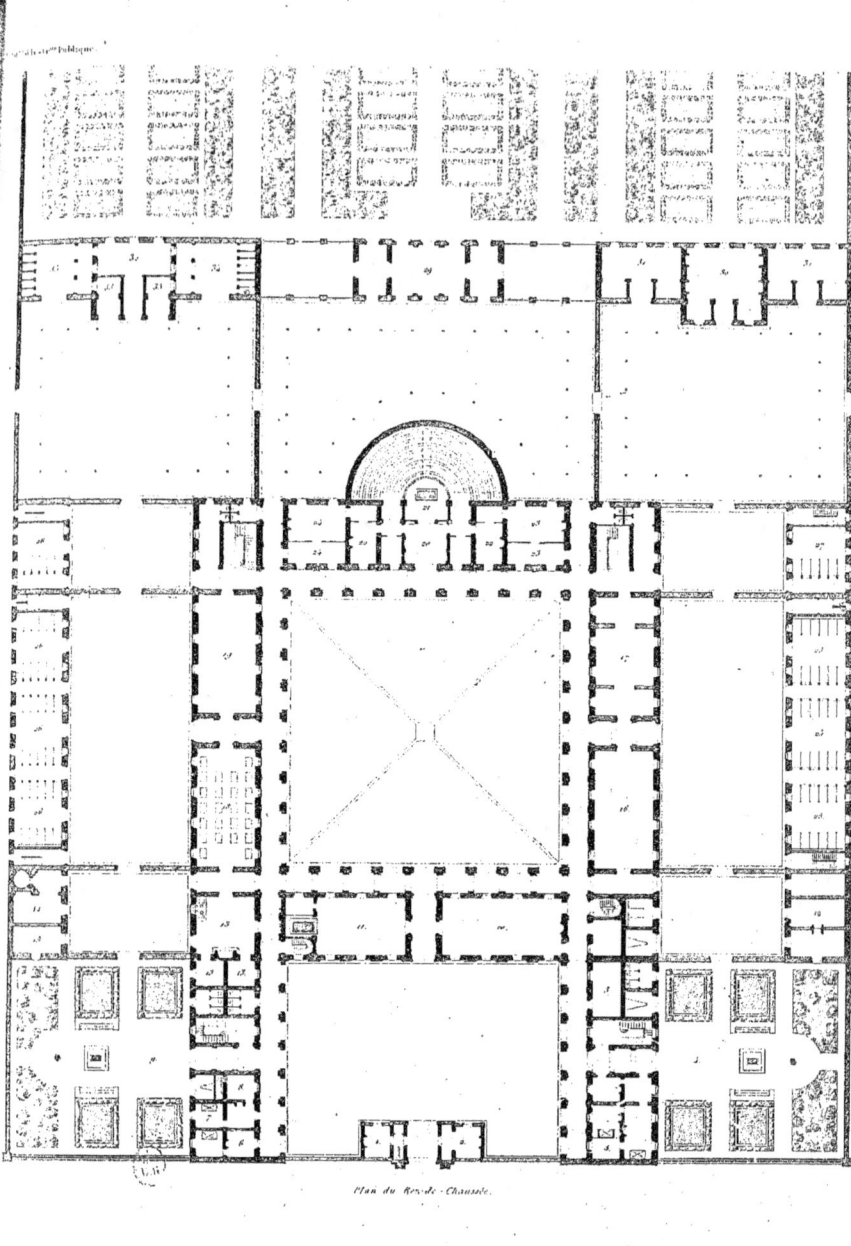

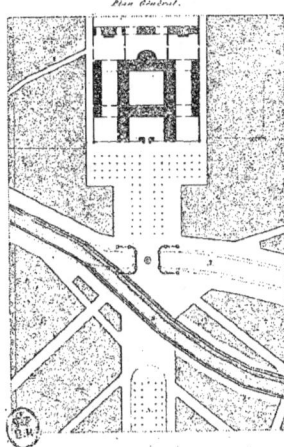

École Vétérinaire construite à Toulouse (Haute-Garonne). Pl. 2.
(1834)

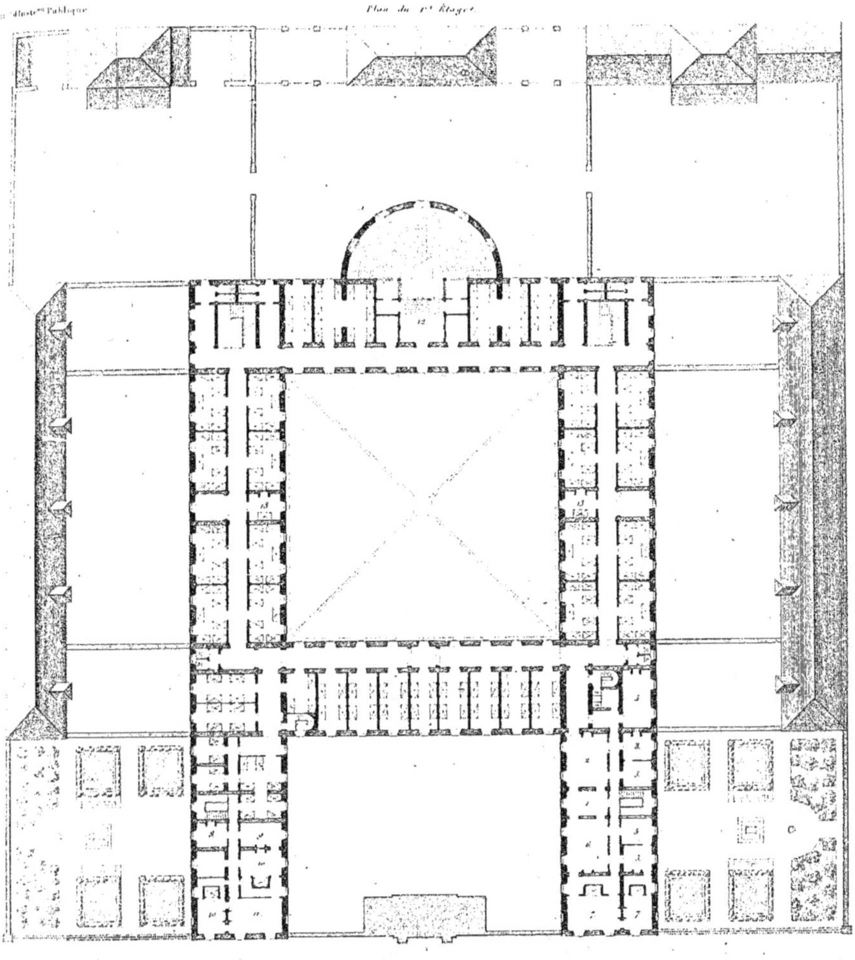

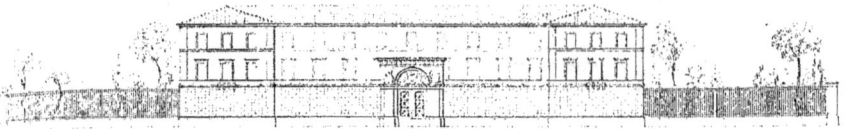

Élévation Principale

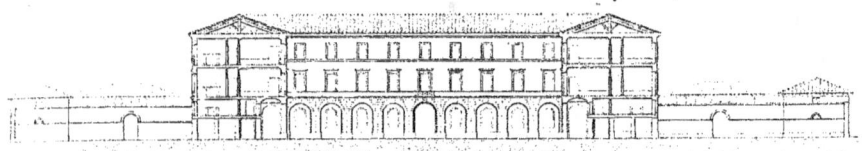

Coupe Transversale

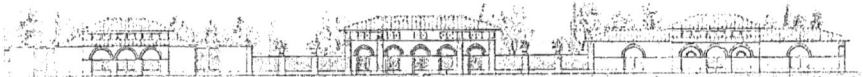

Élévation des Bâtiments du fond.

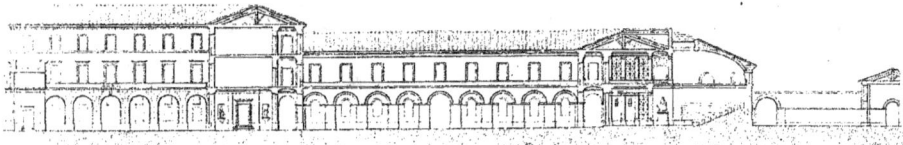

Coupe Longitudinale.

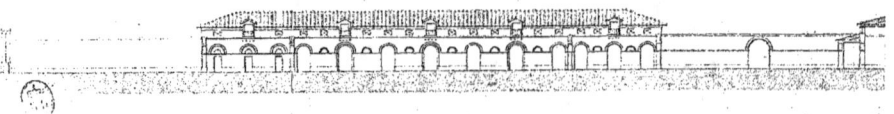

Élévation des Bâtiments en aile des Cours latérales.

École Vétérinaire construite à Toulouse. (Haute-Garonne.) Pl.ᶜʰᵉ 3ᵐᵉ (1834.)

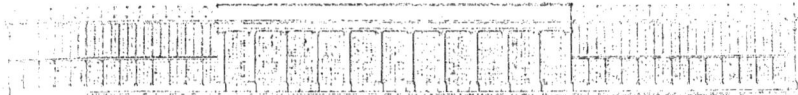

Élévation des Serres, du côté du Jardin.

Élévation du Logement du Concierge.   Coupe Transversale des Serres.

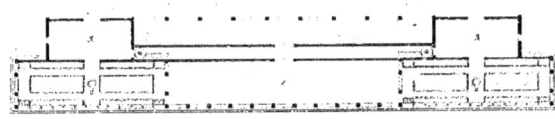

Plan des Serres.

Renvoi du Plan Général
A. Boulevard.
B. Entrée et Logt. du Concierge.
C. Serres.

Renvoi du Plan des Serres.
1. Orangerie.
2.2. Serres chaudes.
3.3. Magasins.

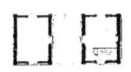

Plan du Logement du Concierge.

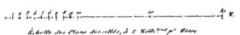 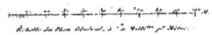 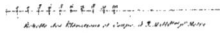

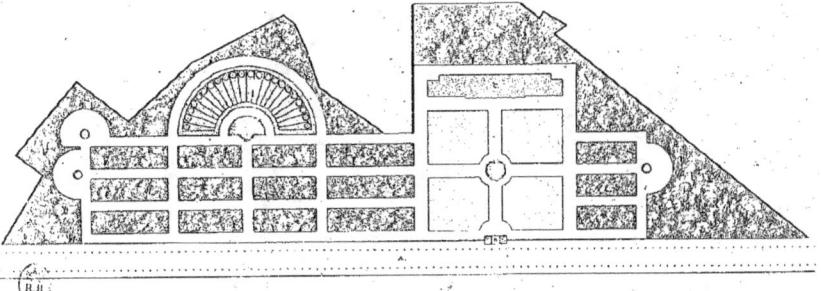

Plan Général.

Jardin de Botanique établi à Orléans. (Loiret.)
(1840.)

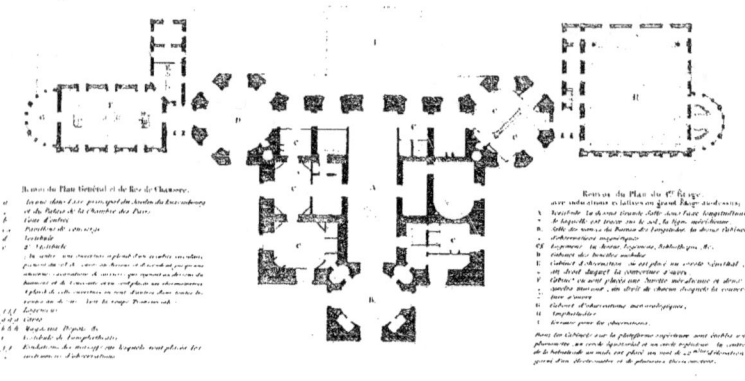

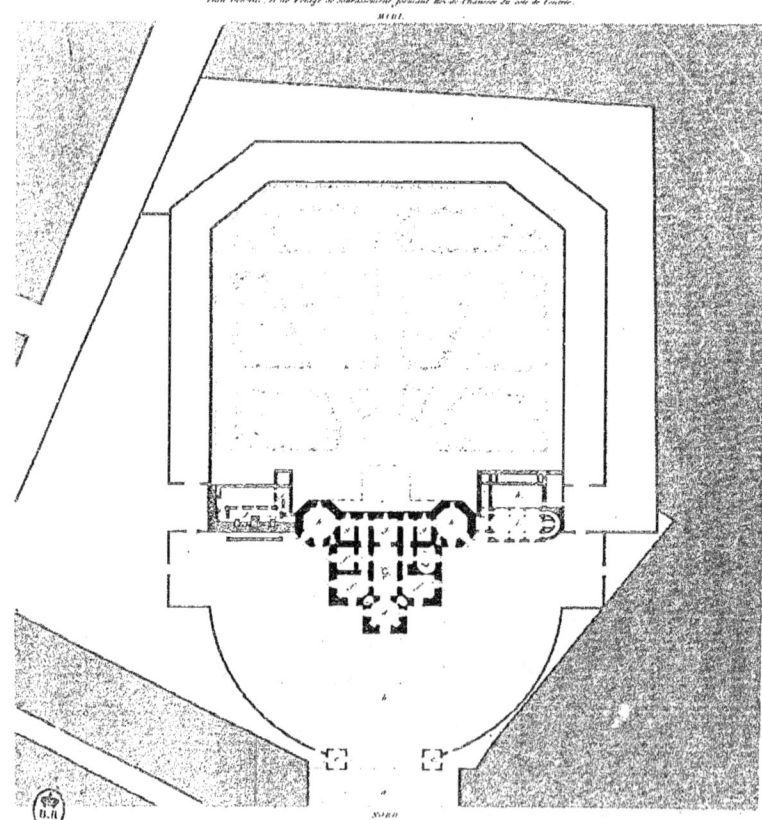

Observatoire Royal à Paris. (Seine.)

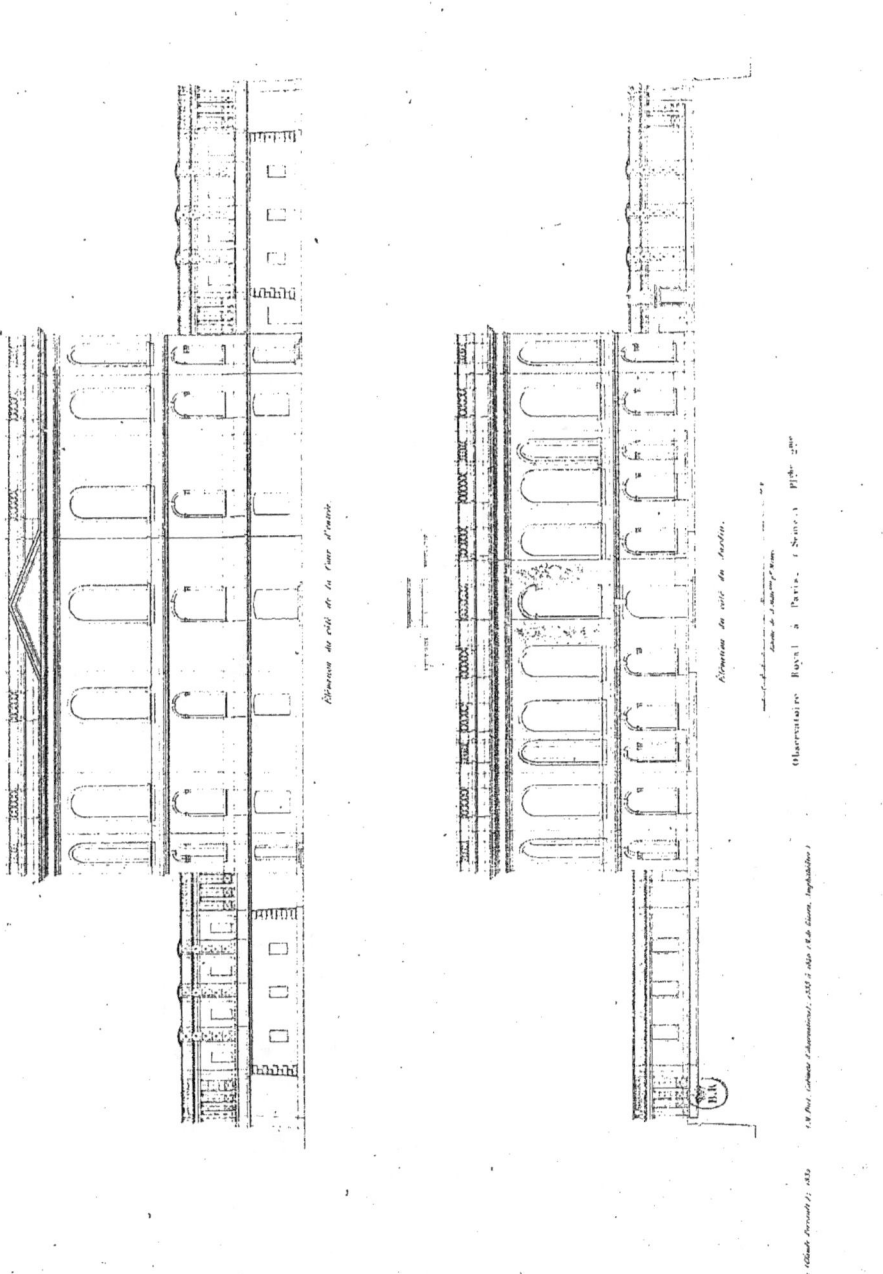

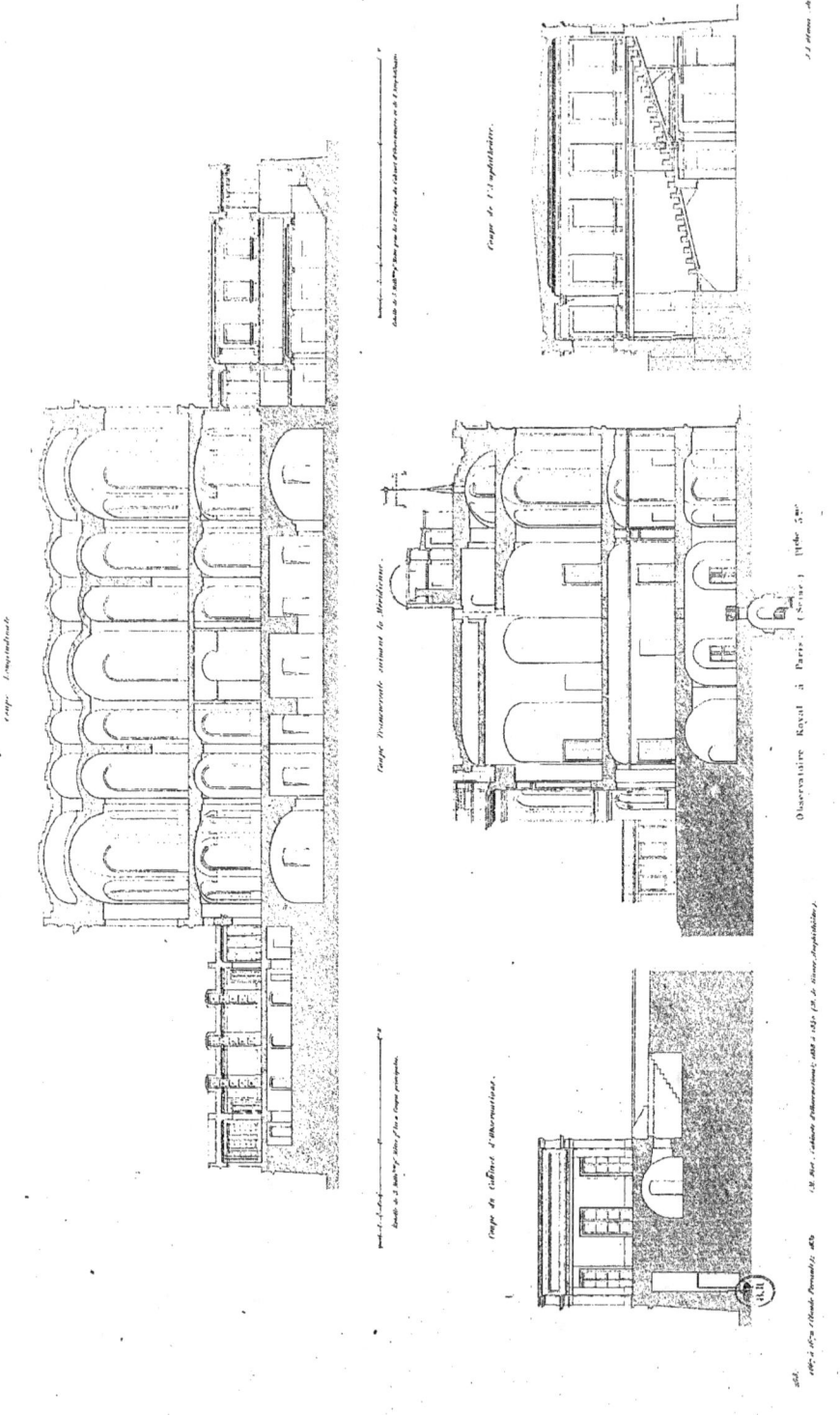

CINQUIÈME SECTION.

ÉDIFICES SANITAIRES.

Nota. Dans notre premier volume, nous avons donné l'*Hospice Saint-Michel*, construit à *Saint-Mandé* (Seine), au moyen d'un legs fait aux établissements de charité de Paris par M. Boulard; et, dans la notice qui y est relative (page 23), nous disions : « Dans ce testament et ses divers codiciles, il annonce avoir fait préparer les plans de l'hospice par M. Perrier (décédé depuis), et il désigne M. Destailleur comme devant être chargé de l'exécution..... »

Notre confrère M. Destailleur nous a fait l'honneur de nous écrire à ce sujet qu'*il est à la connaissance de MM. les administrateurs des hospices et de M. Foucher, exécuteur testamentaire, que M. Perrier n'avait laissé aucun plan pour cet hospice*. Nous nous faisons un devoir d'insérer ici cette indication, qui est, du reste, entièrement d'accord avec celle que nous avions faite de M. Destailleur, comme architecte et auteur du projet, tant sur nos planches qu'en tête du texte qui s'y rapporte.

LAZARET DE MARIE-THÉRÈSE,

A TROMPELOUP, PRÈS DE POUILLAC (GIRONDE);

Par M. POITEVIN, architecte.

1825.

2 planches numérotées 101 et 102.

Nous n'avons pu obtenir de renseignements certains sur le mode d'exécution de ce lazaret, et sur la dépense qu'il a exigée. Nous ne pouvons que renvoyer à ce que nous avons dit dans la section correspondante de notre premier volume, page 13, quant aux données d'après lesquelles ce lazaret a été établi, et aux données différentes que l'administration paraît avoir adoptées depuis.

HOPITAL DES CLINIQUES

DE LA FACULTÉ DE MÉDECINE,

A PARIS (SEINE);

Par M. A. DE GISORS.

1834 à 1843.

2 planches numérotées 249 et 250.

Cet hôpital est destiné, ainsi que l'indique sa dénomination, à faire suivre par les élèves, au *lit des malades*, le progrès et le traitement des maladies. Une seconde institution de même nature existe à l'hôpital de la Charité, rue des Saints-Pères. Celle dont il s'agit ici avait été établie depuis longtemps dans une partie des anciens bâtiments des Cordeliers. Dans la restauration et l'agrandissement que nous en faisons connaître, on a transformé en porche d'entrée la fontaine (1) construite en 1805 et 1806, par feu M. *Gondoin*, membre de l'Institut, en face de

(1) Cette fontaine portait l'inscription suivante, détruite en 1814 :
NAPOLEONIS. AUGUSTI. PROVIDENTIÆ.
DIVERSORUM. SEQUANÆ.
CIVIUM. COMMODO. ASCLEPIADEI. ORNAMENTO.
MDCCCVI.

l'École de Médecine, construite en 1774, par le même architecte, sur l'emplacement de l'ancien collège de Bourgogne.

L'établissement contient 70 lits de malades dont moitié pour la clinique d'accouchement (femmes enceintes et accouchées, ou nourrices) et moitié pour la clinique chirurgicale des deux sexes.

Les travaux d'agrandissement et de restauration ont coûté environ 450,000 fr., y compris 60,000 fr. pour mobilier. Il a été dépensé, en outre, à peu près 135,000 fr. pour la réparation ou reconstruction des pavillons de dissection qui en dépendent, et l'établissement de tables de dissection en fonte, avec appareils de ventilation; et 27,000 fr. pour les égouts qui desservent l'ensemble de l'établissement.

INSTITUTION DE SAINTE-PERRINE

(MAISON DE RETRAITE),

GRANDE RUE DE CHAILLOT, A PARIS (SEINE);

Travaux d'agrandissement, par M. ROBAULT père, alors architecte des hospices, maintenant vice-président du conseil général des bâtiments civils.

1830 et années suivantes.

2 planches numérotées 267 et 268.

Cette maison de retraite est destinée à des personnes âgées des deux sexes, qui n'y sont admises qu'en payant ou une somme fixe lors de leur admission, ou une pension annuelle. Elle a été établie vers 1806 dans les bâtiments de l'ancienne abbaye de Sainte-Geneviève ou de Sainte-Perrine, supprimée en 1790.

Indépendamment des logements qui occupent les anciens bâtiments, on a construit, dans le vaste enclos de cet établissement, de petits pavillons isolés, et contenant un seul ou plusieurs logements.

Ces travaux ne sont encore exécutés qu'en partie, l'administration des hospices y consacrant successivement les ressources dont elle peut disposer.

HOSPICE SAINT-NICOLAS,

A TROYES (AUBE);

Par M. GAUTHIER, architecte, membre de l'Institut.

1839 à 1843.

2 planches numérotées 282 et 283.

Les bâtiments sont entièrement fondés sur béton; les soubassements sont construits en pierre de Châtillon-sur-Seine; le surplus du rez-de-chaussée en pierre dure de Tonnerre, et les étages au-dessus en pierre de Tonnerre au droit des points d'appui, avec remplissages en pierre de craie. Ces constructions ont coûté environ 650,000 fr., indépendamment des acquisitions de terrains.

HOPITAL,

A VILLENEUVE-SUR-LOT (LOT-ET-GARONNE);

Par M. BOUBRIÈRES, architecte du département

1834 à 1839.

2 planches numérotées 218 et 219.

Cet hôpital est situé à peu de distance de la ville, et dans une position un peu élevée et très-salubre. Depuis sa construction on a regretté de ne pas y avoir compris des chambres pour pensionnaires, qu'on se proposerait d'établir en prolongeant à droite et à gauche le bâtiment principal au delà des ailes.

Toute la façade principale et les corniches des autres façades sont construites en pierre calcaire de Condat, et le surplus des murs en moellon de tuffeau très-dur, provenant du pays; les charpentes sont, pour la plus grande partie, en chêne, et le surplus en sapin.

Ces constructions ont coûté environ 254,000 fr. (il peut y être placé environ 80 lits). Une grande partie de cette dépense a été acquittée au moyen d'un legs fait par un habitant du pays (M. Saint-Cyr-Cocquard).

HOSPICE POUR 530 ALIÉNÉS,

A MARSEILLE (BOUCHES-DU-RHÔNE);

Par feu M. PENCHAUD, architecte, directeur des travaux publics du département.

1835 et années suivantes.

2 planches numérotées 292 et 293.

Nous avons rappelé, dans la section correspondante de notre premier volume, comment les asiles d'aliénés, autrefois composés uniquement de loges ou cabanons étroits et presque entièrement privés de jour et d'air, avaient été ou améliorés, ou établis à neuf sur les données d'une commission spéciale, instituée sous le ministère de M. le duc Decazes; données qui comprenaient principalement des cellules toutes à rez-de chaussée, et accompagnées, autant que possible, d'un ou deux rangs de portiques ou corridors, soit comme promenoirs, soit comme moyens de circulation.

C'est à peu près d'après ces données(1) qu'a été conçu l'hospice

(1) Plus récemment, ces données ont été en partie modifiées, principalement d'après les indications de M. le docteur Ferrus, inspecteur général de ces sortes d'établissements; et l'on est arrivé à ce que une grande partie des aliénés soit placée en dortoirs communs et occupée à des travaux et exercices divers. Nous donnerons dans notre troisième volume des exemples remarquables de ces nouvelles dispositions, particulièrement la maison royale de santé à Charenton; l'hospice Saint-Jacques à Nantes, etc.

important que nous donnons ici, ainsi que le quartier annexé à l'hospice de Cadillac, que nous donnons à la suite.

Un concours ayant été ouvert en 1839 pour la rédaction du projet de reconstruction de l'hospice d'aliénés de Marseille, le prix fut remporté par M. Penchaud; mais il mourut avant l'exécution des travaux, qui a eu lieu sous la direction de M. Chasseriau, architecte de la ville de Marseille, et jusqu'ici seulement pour la partie centrale, renfermant l'administration et les services communs, et pour la partie droite destinée aux femmes.

Ces constructions sont exécutées en pierre de taille d'Arles pour les chaînes d'angles, les dosserets et plates-bandes des portes et croisées, les pilastres, colonnes, corniches et autres corps de moulures, et en maçonnerie ordinaire pour le surplus. Les charpentes sont en bois de sapin, les couvertures en tuiles creuses, etc.

Les dépenses se sont élevées, pour la partie exécutée, à environ... 700,000 fr.

On suppose que l'achèvement total exigerait une nouvelle dépense de........................ 600,000

Ce qui porterait la dépense totale à.......... 1,300,000

QUARTIERS D'ALIÉNÉS,

A CADILLAC (GIRONDE);

Par M. POIDEVIN, alors architecte du département.

1833.

2 planches numérotées 89 et 90.

Ces quartiers ont été construits comme annexe à l'hospice qui existait primitivement, et qui est représenté en masse sur le plan.

ÉTABLISSEMENT THERMAL,

A VICHY (ALLIER);

Par MM. ROSE BEAUVAIS et AGNETZ, architectes du département.

1831 à 1839.

2 planches numérotées 91 et 92.

En exécutant les fondations de cet établissement, on a retrouvé des traces d'anciennes constructions romaines.

La façade principale est en pierre de taille sur socles en laves de Volvic; les autres façades sont en moellons avec encadrement des baies en pierre de taille. Les cloisons de distribution des cabinets sont également en laves de Volvic; ainsi que tous les dallages du rez-de-chaussée, les fontaines au centre des cours, et les réservoirs. Le grand promenoir est voûté en scories d'Auvergne; les autres voûtes sont exécutées en briques.

Les charpentes et menuiseries sont en chêne, et les couvertures en ardoises d'Angers.

Le premier étage sur la façade postérieure, destiné d'abord à former le logement de l'inspecteur des eaux ainsi que l'indiquent nos plans, n'a pas été exécuté; et l'on a construit pour cette habitation, ainsi que pour celle du régisseur, une maison à proximité de l'établissement, avec jardin et dépendances.

La totalité des travaux a coûté environ 465,000 fr., déduction faite du rabais des adjudications, et compris 25,000 fr. pour honoraires et frais de voyage des architectes.

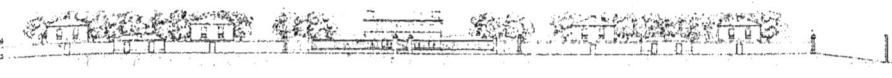

Lazaret Marie-Thérèse, construit à Trompeloup (Gironde)

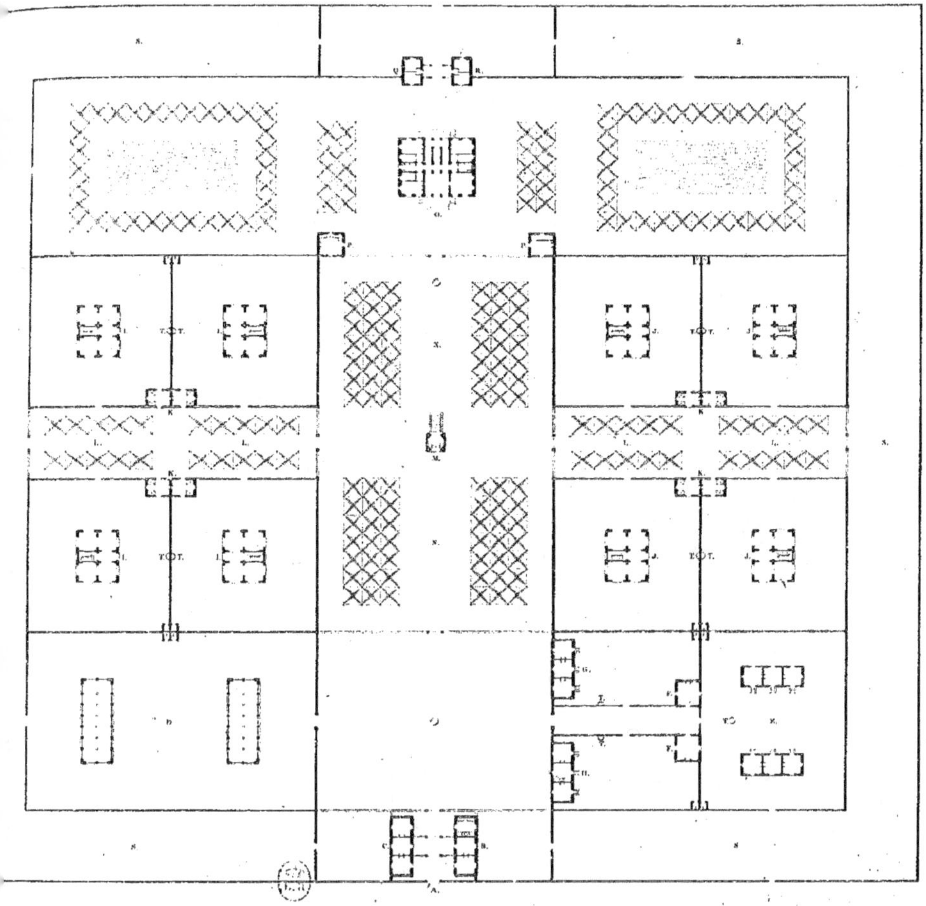

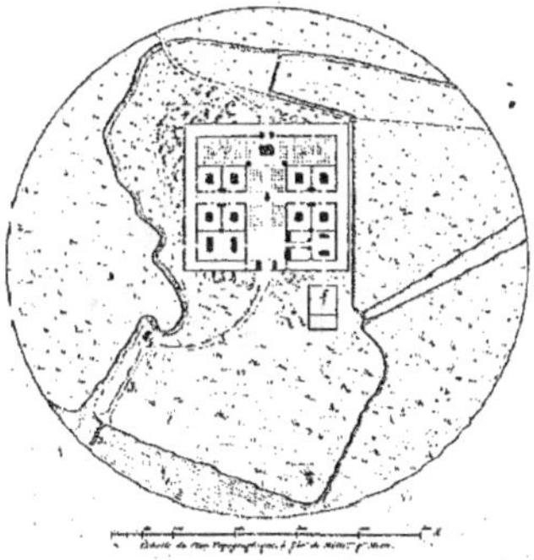

Pavillon d'Administration.

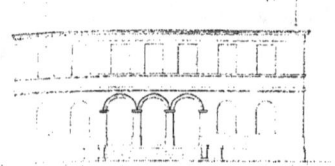

Élévation.   Coupe.

Pavillon des Quarantenaires.

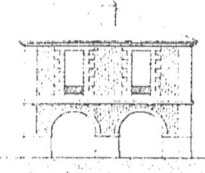 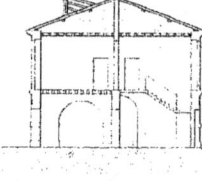

Élévation.   Coupe.

Magasins.

Élévation.

Infirmerie.

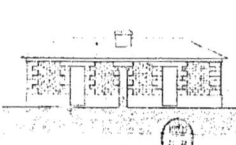 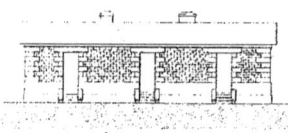 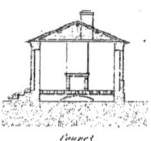

Élévation Latérale.   Élévation Principale.   Coupe.

Logemens de Surveillans.   Chapelle.   Parloir et Logemens de Portiers.

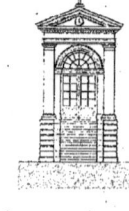 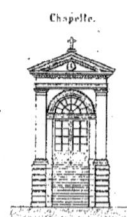 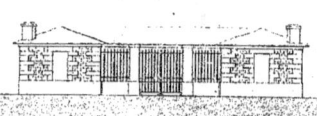

Lazaret Marie-Thérèse, construit à Trompeloup (Gironde) P.ᵗᶜʰᵉ g.ⁿᵉ
(1828).

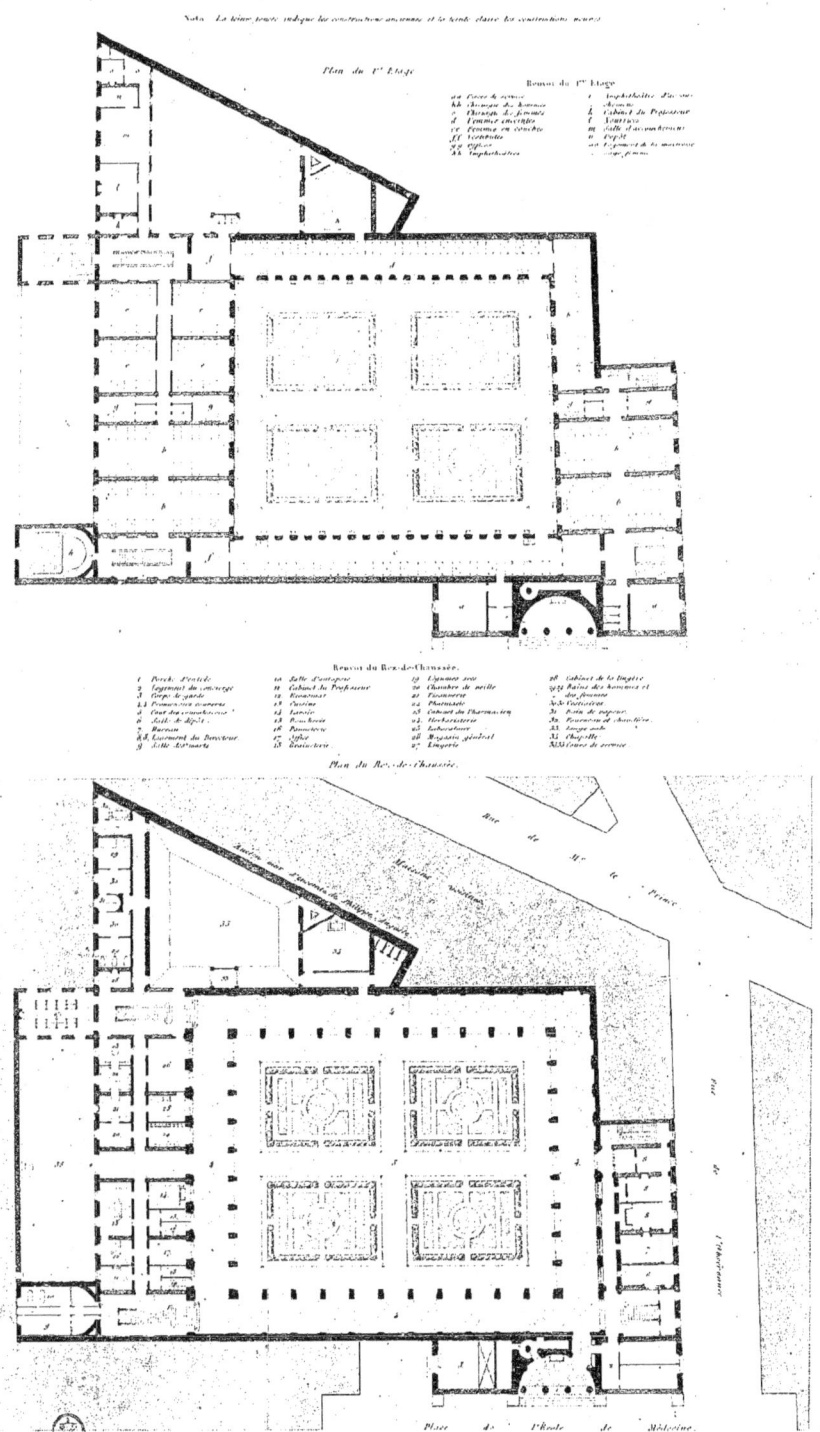

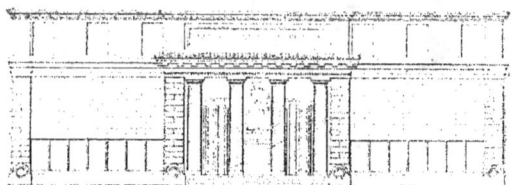

Façade d'entrée sur la Place de l'École de Médecine.

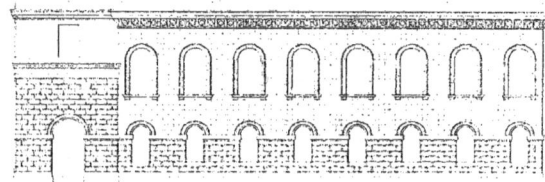

Élévation Latérale sur la rue de l'Observance.

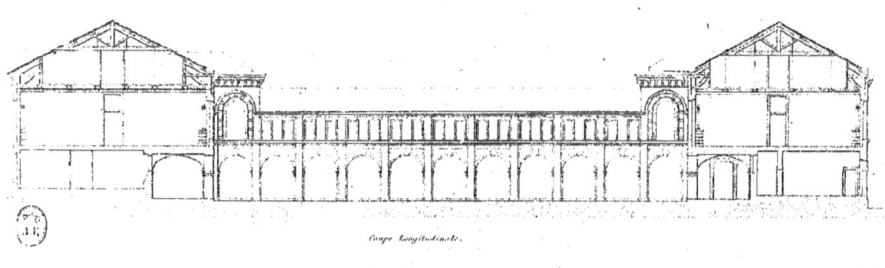

Coupe Longitudinale.

Hôpital des Cliniques de la Faculté de Médecine à Paris. (Seine)
(1856.)

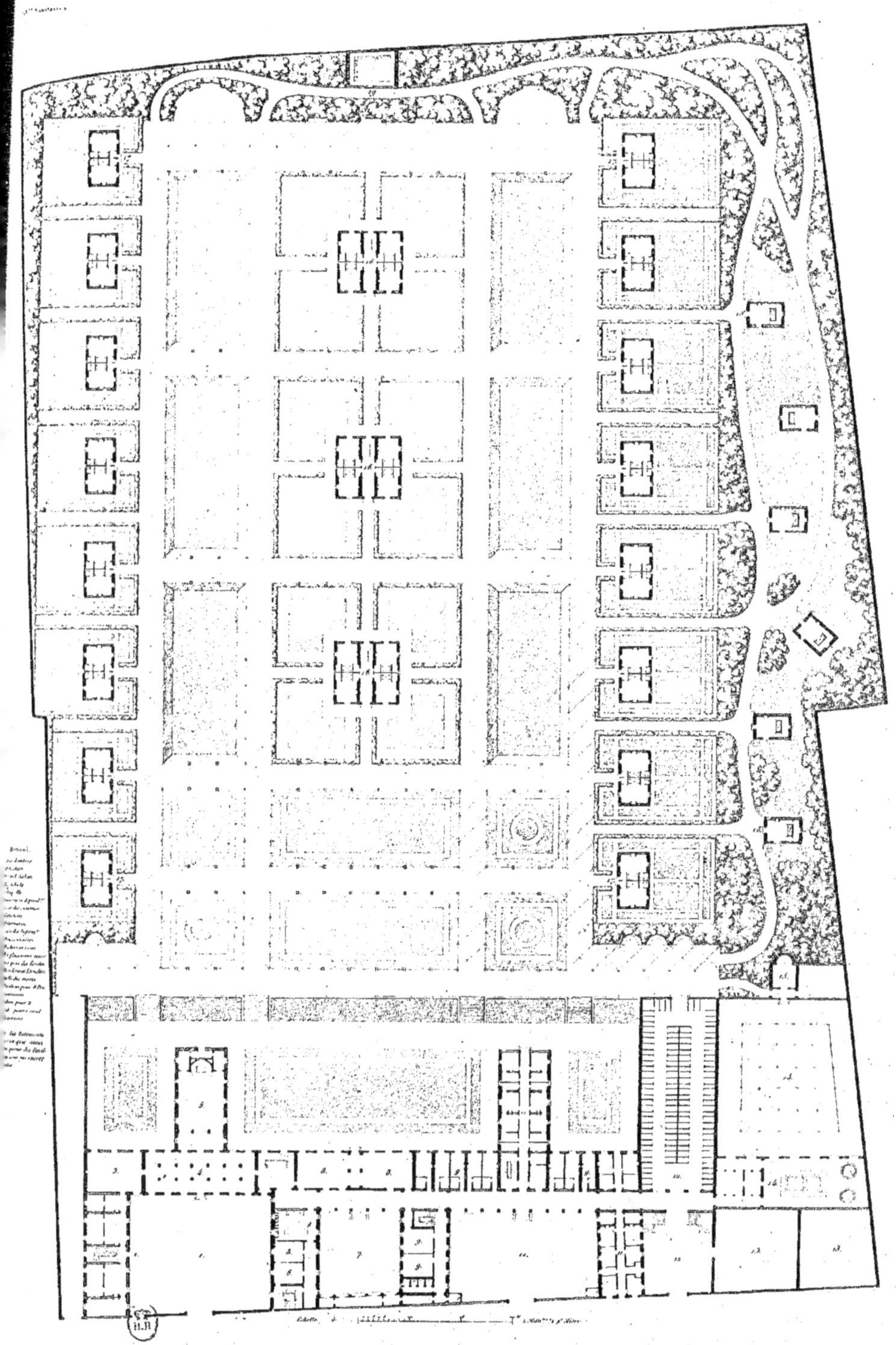

Institution de S.te Perrine, Maison de Retraite, à Chaillot. (Seine.) Pl. 1re
(1830 et années suivantes.)

Établ.ts Sanitaires.

Détails d'un des Pavillons pour 6 Pensionnaires.

Élévation.

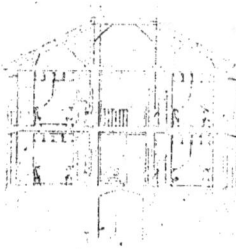

Coupe.

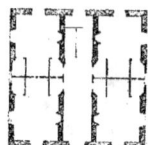

Plan du Rez-de-Chaussée.

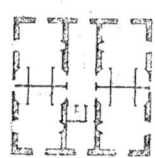

Plan de l'Étage Supérieur.

Détails d'un des Pavillons pour 2 Pensionnaires.

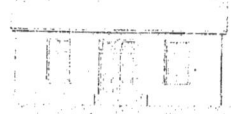

Élévation.

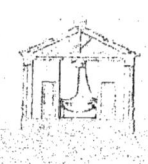

Coupe.

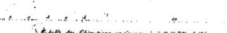

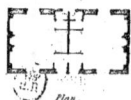

Plan.

Institution de S.te Perrine, Maison de Retraite, à Chaillot. (Seine) Pl.he 2.me
(1850 et années suivantes)

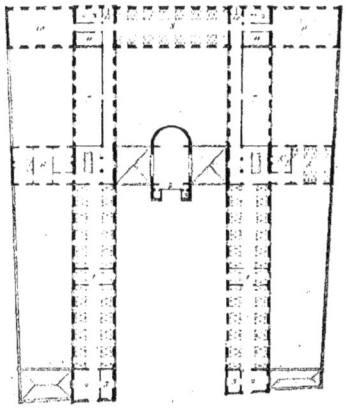

Plan du 1er Étage.

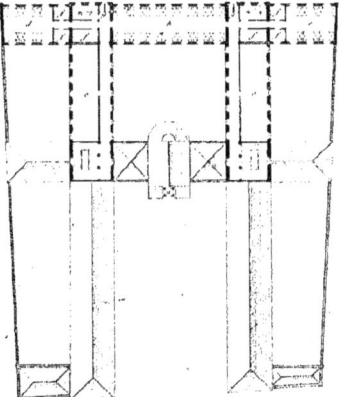

Plan du 2me Étage.

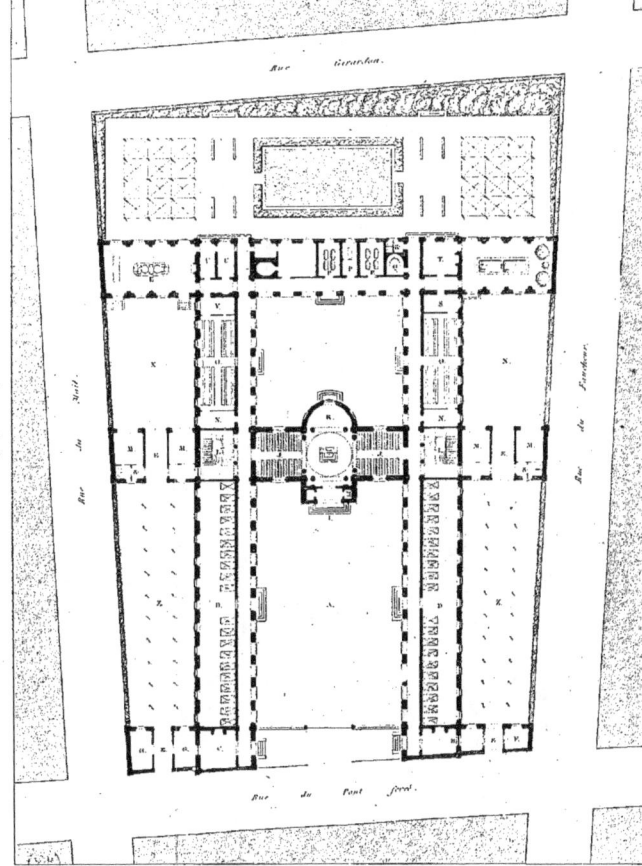

Plan du Rez-de-Chaussée.

Hospice St. Nicolas à Troyes, (Aube.) Piche 1er (1840).

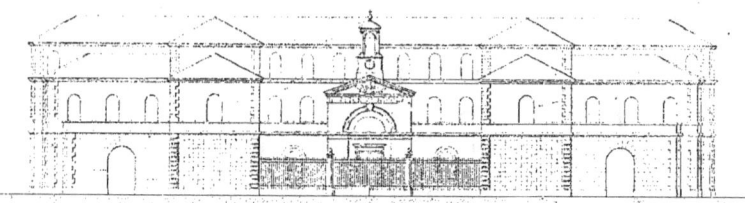

Élévation Principale.

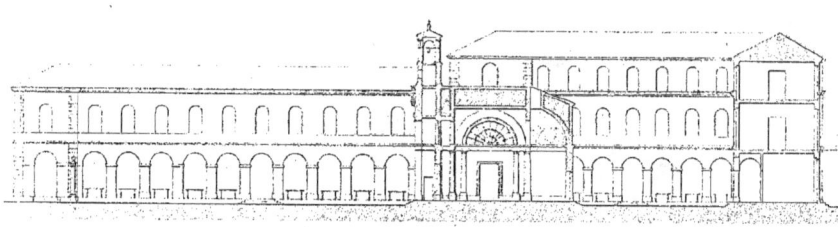

Coupe Longitudinale.

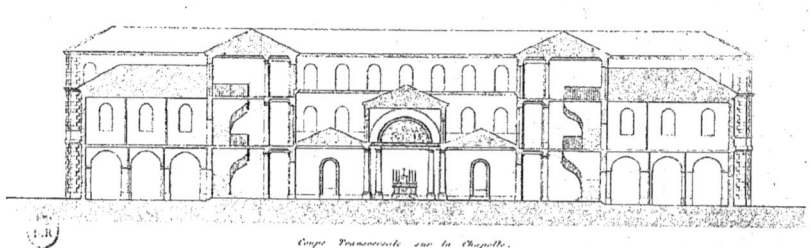

Coupe Transversale sur la Chapelle.

Hospice St. Nicolas à Troyes. (Aube) (1840)

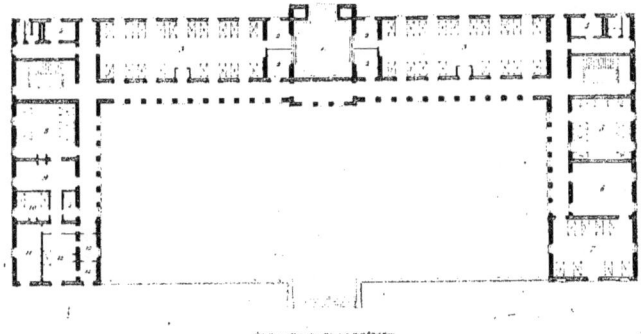

Plan du 1er Étage

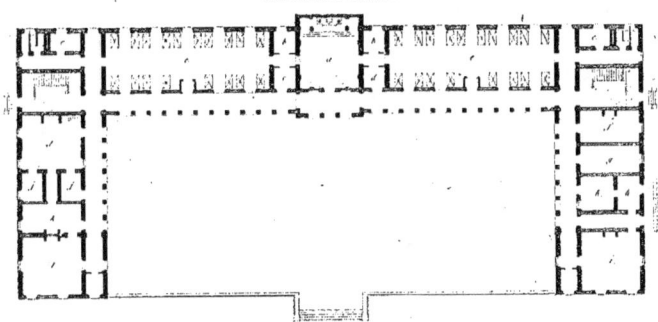

Plan du Rez-de-Chaussée

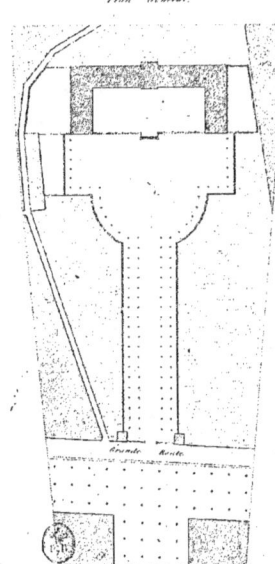

Plan Général.

Hôpital construit à Villeneuve sur Lot. (Lot-et-Garonne.) (1856)

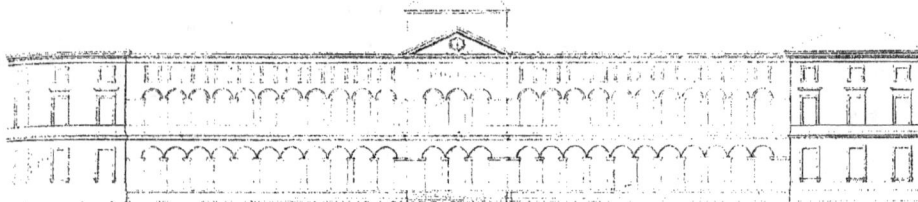

Élévation Principale.

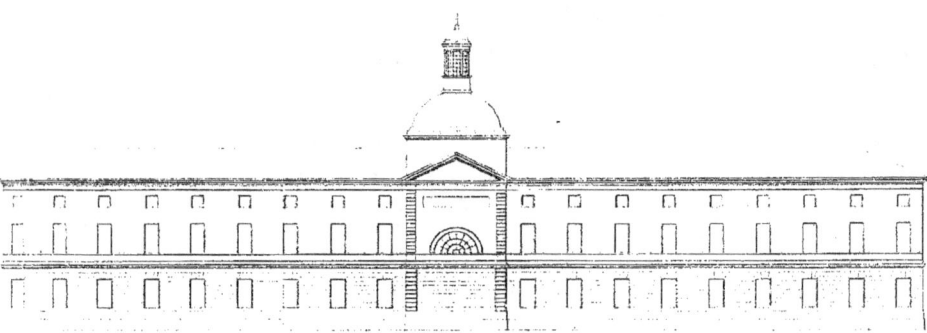

Élévation Postérieure.

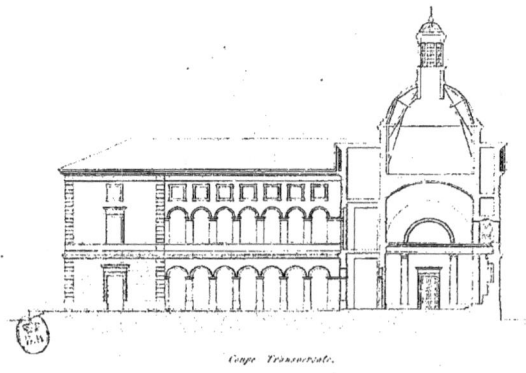

Coupe Transversale.

Hôpital construit à Villeneuve sur Lot. (Lot-et-Garonne.)
(1836.)

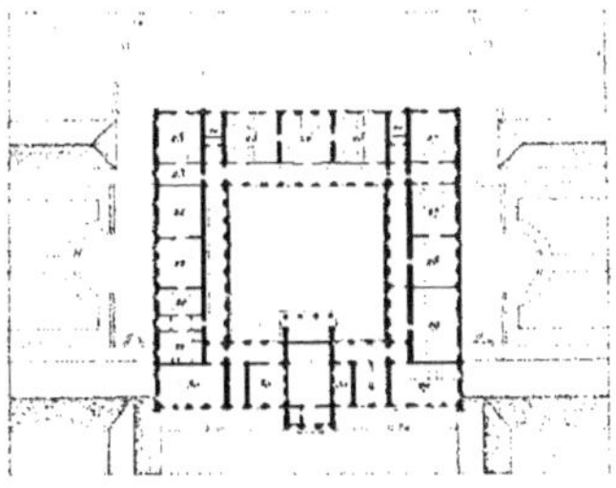

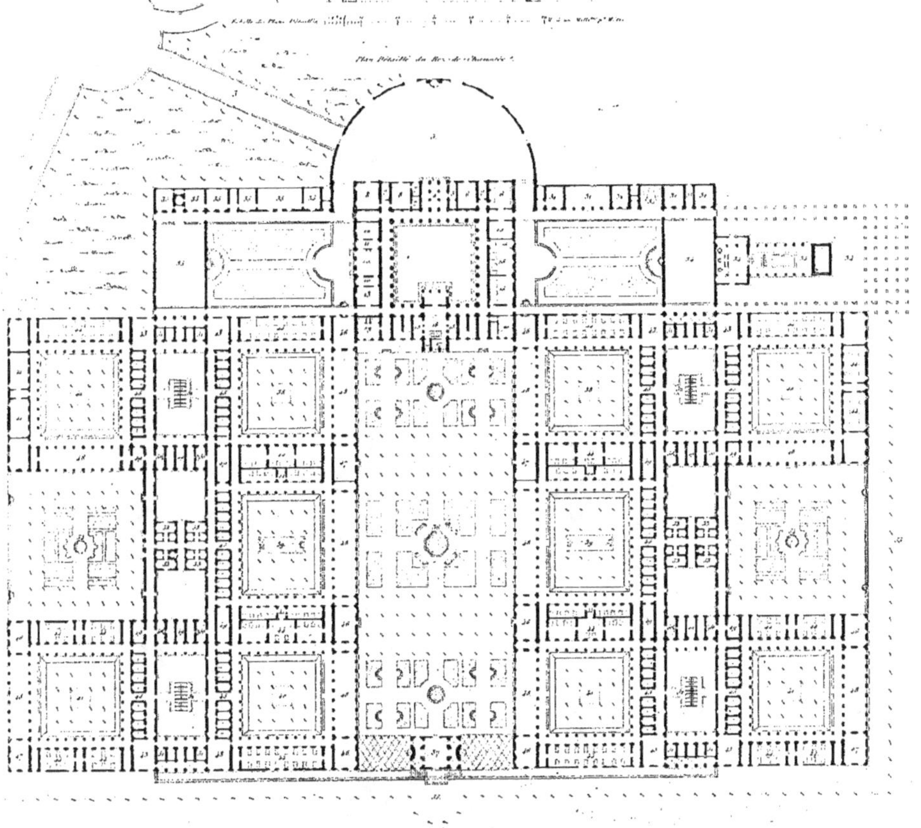

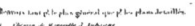

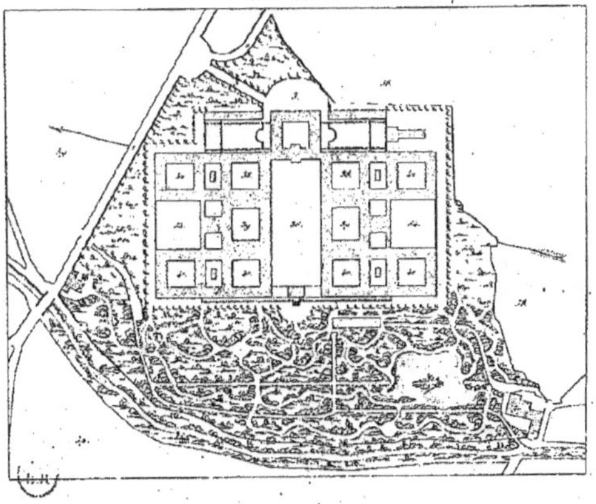

Élévation Principale

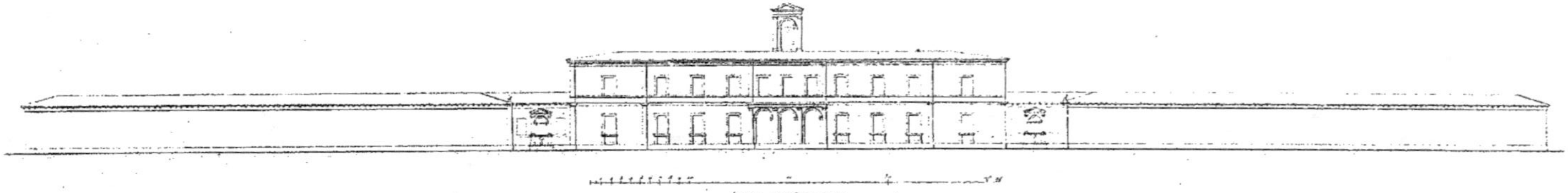

Coupe Longitudinale

Coupe Transversale

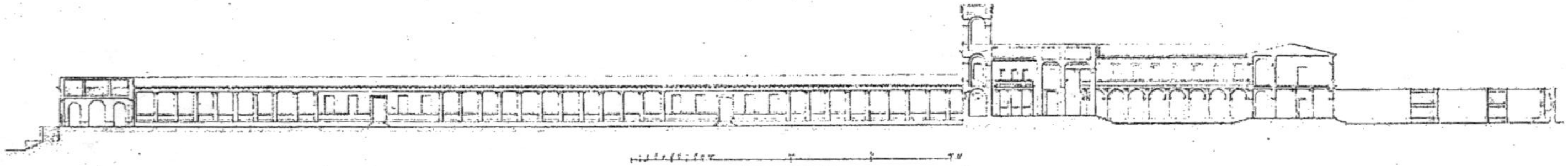

Hospice pour 550 Aliénés construit à Marseille (Bouches-du-Rhône) (1re partie) (1845)

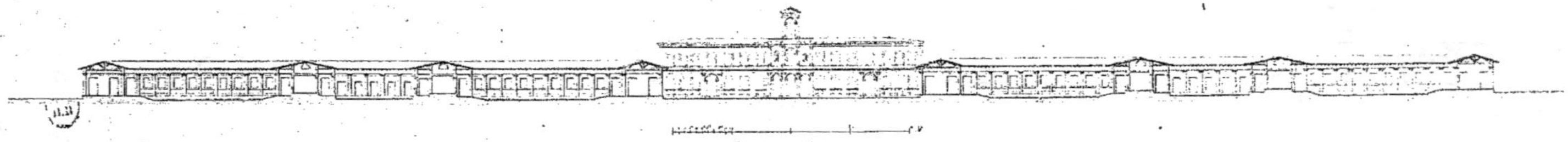

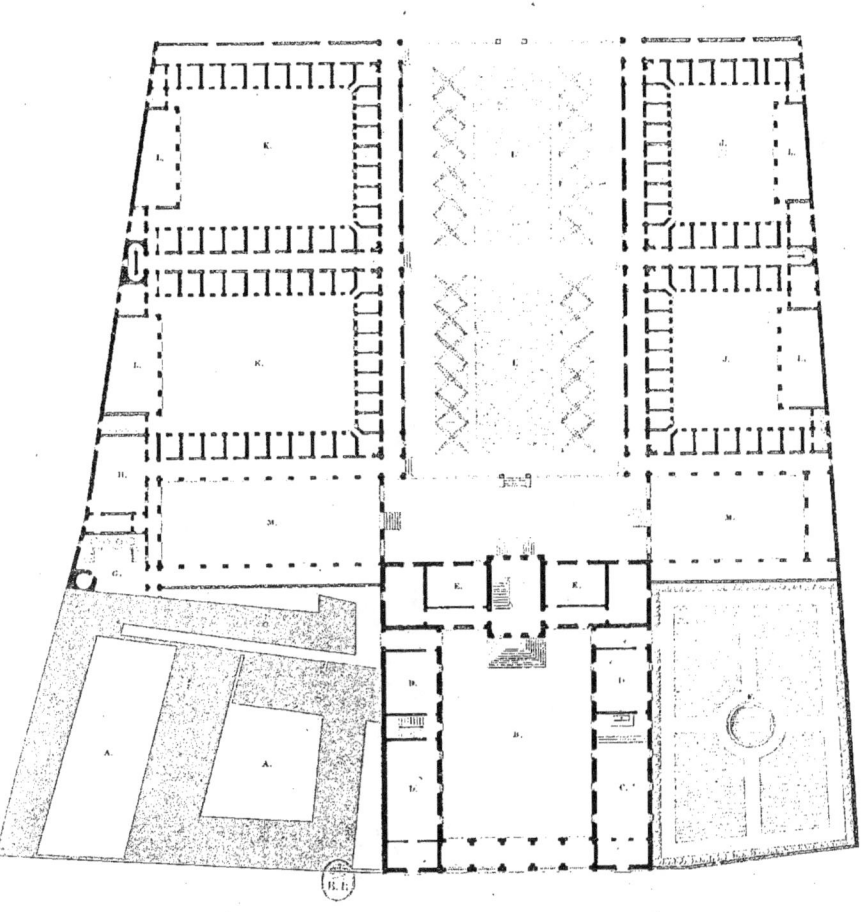

Quartiers d'Aliénés exécutés à Cadillac (Gironde) Pl.che 1ère
(1847.)

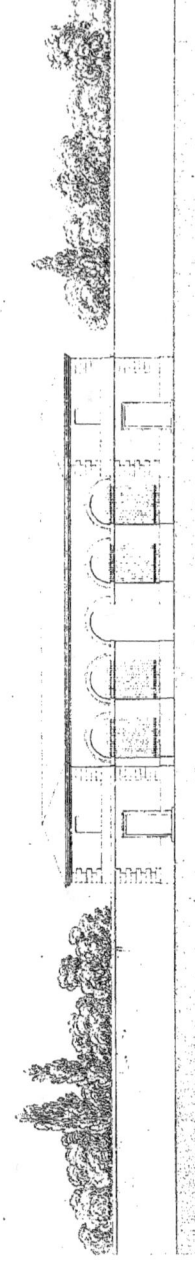

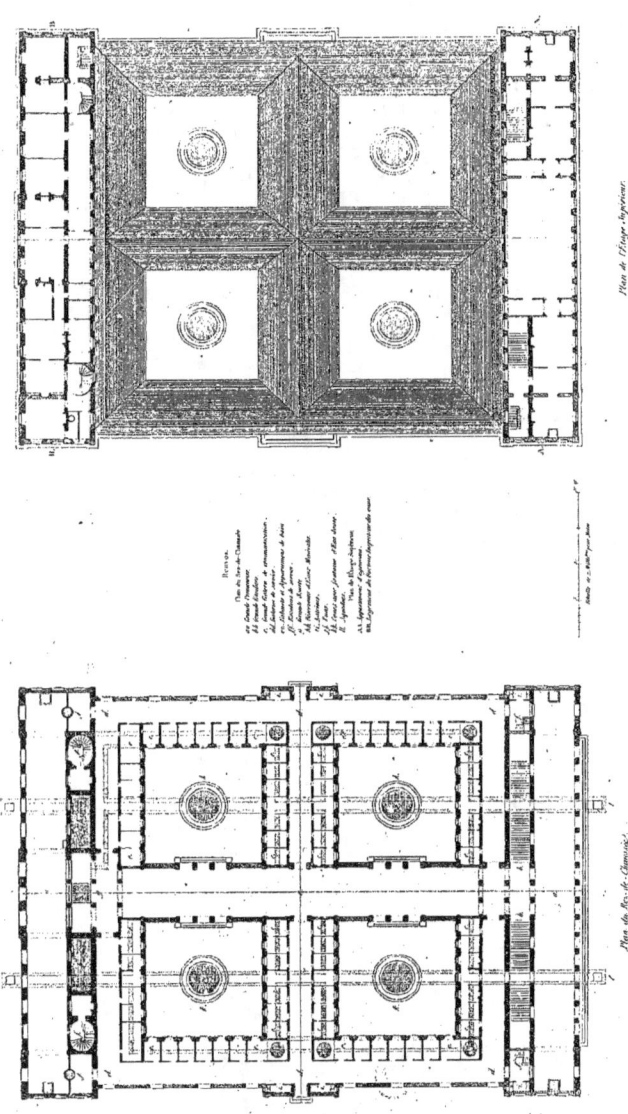

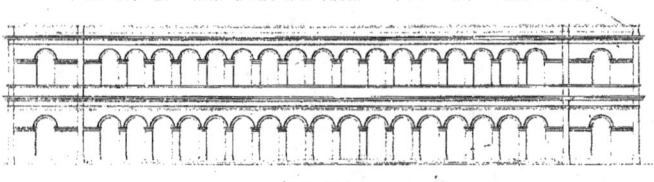

Élévation Principale.

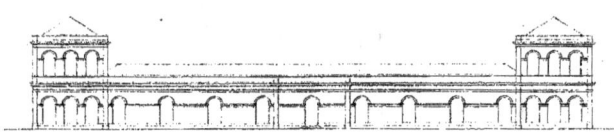

Coupe Transversale prise au droit des Cours.

Élévation Latérale.

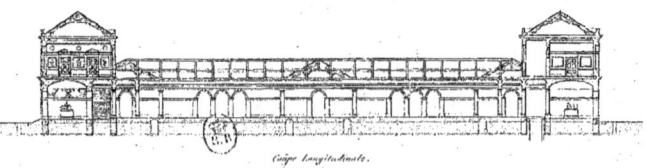

Coupe Longitudinale.

Établissement Thermal exécuté à Vichy. (Allier)

SIXIÈME SECTION.

ÉDIFICES D'UTILITÉ PUBLIQUE.

BOURSE ET TRIBUNAL DE COMMERCE,

A NANTES (LOIRE-INFÉRIEURE);

Commencé en 1790 par feu **M. CRUCY**, alors architecte voyer, achevé par le même comme architecte du département.

1809 à 1817.

2 planches numérotées 19 et 20.

La construction de cet édifice, interrompue par la révolution, fut reprise en vertu d'un décret rendu lors du séjour de l'empereur à Nantes, en 1808.
La bourse n'y a été installée qu'en 1815.
Les soubassements sont en granit; la colonnade en pierre de Saint-Savinien, et le surplus des murs en tuffeau. La charpente est en chêne.
La dépense totale s'est élevée à environ...... 405,000 fr.

BOURSE ET CONDITION DES SOIES,

A SAINT ÉTIENNE (LOIRE);

Par **M. DALGABIO**, alors architecte de la ville.

1829.

1 planche numérotée 53.

Les murs sont construits en grès du pays et les voûtes en briques de 54 millimètres, posées en réseaux à joints contrariés.
Cet édifice a coûté 80,000 francs, déduction faite de la valeur des vieux matériaux provenant d'une ancienne chapelle de pénitents qui existait en cet endroit.

DOUANE ET ENTREPÔTS DE DOUANE,

DES SELS ET D'OCTROI,

A PARIS (SEINE);

Par MM. **GRILLON, GRETERIN** et feu **LION**, architectes.

1833 à 1841.

3 planches numérotées 277, 276 et 274.

Dans la section correspondante de notre premier volume, nous avons donné l'*entrepôt réel des douanes* de la place des Marais, l'un des entrepôts de ce genre dont, après plusieurs années de discussion, on avait cru devoir autoriser l'exécution. En indiquant le plan de cet entrepôt tel qu'il avait été exécuté, nous donnions également celui de l'agrandissement dont on pensait alors qu'il deviendrait promptement susceptible.
Mais, contrairement à ces prévisions, le second entrepôt établi sur la rive gauche de la Seine a dû, en raison de son peu de succès, être appliqué à une autre destination; et l'on a de plus reconnu qu'il ne serait aucunement nécessaire d'agrandir celui de la place du Marais. Il est resté, en conséquence, tel que l'indiquait la planche 190 classée dans notre premier volume,

et l'on a seulement modifié les entrées, ainsi que le fait voir le petit plan général contenu dans la planche 277 que nous classons ici.
D'après ce, l'emplacement resté libre à gauche de l'entrepôt, et marqué C sur le même plan général, a été affecté à des magasins particuliers que nous nous contentons d'indiquer en masse; et celui de droite marqué D, a été utilisé pour le transfèrement de la douane et de l'entrepôt de douane qui étaient précédemment placés rue du Faubourg-Poissonnière. Le plan détaillé et les élévation et coupe de ces nouveaux établissements sont également représentés sur la même planche 277.
On a construit en outre à portée de cet établissement, de l'autre côté du canal, d'abord un *entrepôt des sels*, représenté au plan général par la lettre D et par les plan, élévation, coupe détaillés que contient la planche 276; et, auprès, un *entrepôt d'octroi*, représenté au plan général par la lettre E, et détaillé en plan, coupe, élévation sur la planche 274.
Toutes ces constructions ont été fondées sur béton, en raison de la nature inégale du sol, ainsi que nous l'avons dit pour l'*entrepôt réel des douanes* (premier volume, page 22).
Les élévations principales de la douane sont en pierre; la charpente de ces bâtiments, ainsi que des hangars à la suite, est en chêne et en sapin, et les couvertures en ardoise.
Les dépenses de construction des bâtiments et hangar de la douane se sont élevées, compris le mobilier des bureaux et des hangars, appareils d'éclairage par le gaz, pompes à incendie, etc., à environ.................. 625,000 fr.
Quant à l'entrepôt des sels, les salorges sont en briques de Bourgogne et ciment romain, la charpente en chêne, la couverture partie en tuile et partie en ardoise. Cette construction, dans laquelle on a évité autant que possible l'emploi du fer et qui a été entièrement exécutée en moins d'un an, a coûté environ.................. 480,000 fr.
Enfin l'entrepôt d'octroi (dont les principaux points d'appui sont en pierre, les murs tant en meulière qu'en moellon, la charpente en chêne et sapin, et les couvertures en ardoise) a coûté environ.................. 375,000 fr.

HALLE AUX GRAINS,

A TROYES (AUBE);

Par **M. GAUTHIER**, architecte, membre de l'Institut.

1837 à 1841.

1 planche numérotée 269.

Cette halle occupant l'emplacement d'un ancien cimetière, elle a été entièrement fondée sur béton. Les faces sont construites en pierre de Chatillon-sur-Seine; les 32 colonnes intérieures sont toutes d'un seul bloc de pierre de Coulommiers; les entraits du grand comble sont en sapin de Suisse et en un seul morceau. La couverture est en tôle galvanisée.
Ces travaux ont coûté environ......... 450,000 fr.

HALLE AUX BLÉS,

A SAINT-ÉTIENNE (LOIRE);

Par M. DALGABIO, alors architecte de la ville

1833.

1 planche numérotée 60.

Il n'a été exécuté jusqu'ici que les fondations de cet édifice, ainsi qu'un pont au-dessus d'un cours d'eau qui en traverse l'emplacement.

HALLE AUX BLÉS,

A BEAUNE (CÔTE-D'OR);

Par M. PAUL PETIT, architecte du département.

1810.

1 planche numérotée 294.

Cet édifice a été construit sur l'emplacement des anciennes halles.

Les deux façades, les piédroits et piliers intérieurs, et les encadrements des portes et croisées sont en pierre de taille, les arcs en briques moulées exprès, et le surplus des murs en moellons, recouverts d'un enduit en mortier de chaux et sable de la Saône. La charpente est en sapin, suivant le système du colonel Émy; et la couverture en tuiles creuses sur un fort voligeage.

La dépense s'est élevée, compris honoraires de l'architecte, à environ . . . . 81,000 fr.

HALLE AUX GRAINS,

A DOURDAN (SEINE-ET-OISE);

Par M. LUCIEN VAN-CLÉEMPUTTE, architecte.

1835 à 1837

1 planche numérotée 248.

Il existait sur cet emplacement une ancienne halle entièrement en bois, dont la construction était regardée comme antérieure au XIVᵉ siècle (1). Un quart environ des vieux matériaux a été utilisé dans la reconstruction.

Les deux parties extrêmes de la nouvelle halle sont construites en grès; la couverture est en tuiles. La dépense s'est élevée à environ 34,000 fr., y compris 2,300 fr. pour honoraires de l'architecte et du conducteur.

HALLE AUX BLÉS,

A BOURGES (CHER);

Par M. JUILLIEN, architecte du département.

1832 (2) à 1836.

1 planche numérotée 214.

L'emplacement de cette halle formait une prairie artificielle dont le sol était de cinq mètres en contre-bas des rues environnantes. Ce sol étant formé d'un terrain mouvant à une très-grande profondeur, il a été établi des tranchées de basses fondations d'un demi-mètre de profondeur et de deux mètres de largeur; le fond en a été battu, pilonné avec soin (la compression a été d'à peu près six centimètres), puis recouvert : 1° de pavés de pierre dure de vingt-cinq à trente centimètres de queue, qui ont eux-mêmes été fortement battus et enfoncés à

(1) On a retiré de l'ancienne charpente des balles de plomb liées ensemble par des fils de laiton; des pointes de fer semblables à celles qui, au XVᵉ siècle, s'ajustaient à l'extrémité des javelots; des boulets du poids de trois kilogrammes, etc. Ces projectiles provenaient des combats et des sièges que la ville de Dourdan eut à soutenir à diverses époques. Ils ont été en partie déposés au Musée d'Artillerie de Paris.

(2) La première pierre a été posée, le 29 juin 1832, par S. A. R. le duc d'Orléans.

la hie ou demoiselle de paveur; 2° et d'un massif d'un mètre de hauteur, en béton de chaux hydraulique de Graçay (entre Vierzon et Châteauroux), établi dans des encaissements portatifs. Les fondations ont ensuite été montées en moellon à un mètre d'épaisseur jusqu'à la hauteur des rues, puis remblayées.

Les murs de la halle sont entièrement construits en pierre.
La charpente est en chêne, à l'exception des entraits des fermes qui sont en sapin de la haute Auvergne.
La couverture est en ardoises d'Angers.
Les grilles sont en fer du pays.
Les cours sont pavées en grès provenant de belles carrières ouvertes depuis quinze ans à une lieue de Vierzon.
Les dépenses se sont élevées à 460,000 fr., dont 100,000 fr. pour acquisition du terrain et 360,000 fr. pour construction.
La halle est affermée par la ville moyennant 25,000 fr.

Il s'y tient tous les samedis une espèce de foire pour la vente du grain, des laines et de toute autre sorte de denrées. Les portiques au pourtour forment boutiques pour les marchands forains.

MARCHÉ DES PATRIARCHES,

FAUBOURG SAINT-MARCEAU, A PARIS (SEINE);

Par M. CHATILLON, architecte.

1830 à 1832.

2 planches numérotées 176 et 177.

Ce marché tire son nom d'un ancien couvent qui a existé en cet endroit, et dont on a retrouvé quelques caveaux, à l'usage de sépultures, en exécutant les fondations de la façade au levant.

Il n'y avait depuis longtemps, en cet endroit, qu'un petit marché sans abri, entièrement insuffisant pour ce quartier industriel et populeux.

La construction du marché et l'ouverture des rues qui l'environnent ont été effectuées par une compagnie qui doit jouir des revenus du marché pendant quatre-vingts ans, et en remettre ensuite la propriété à la ville.

Les soubassements sont construits en meulière avec socles et chaînes en pierre de taille, et les murs au-dessus en moellon piqué avec chaînes d'angles, piédroits et arcs aussi en pierre.

La charpente est en bois de chêne et la couverture en tuile.
La dépense s'est élevée à environ 150,000 fr.

MARCHÉ,

A NEVERS (NIÈVRE);

Par M. POT-SEURRAT, architecte.

1835

1 planche numérotée 28.

Les murs de soutènement rachetant le hors de niveau de l'emplacement ont été exécutés en moellons piqués d'échantillon, avec chaînes en pierre à plomb des piliers des façades; ces piliers sont également en pierre, ainsi que les encadrements des portes et croisées; le surplus des façades et les cloisons de séparation des boutiques sont en briques; les poteaux des galeries et les combles sont en bois de chêne, et la couverture en ardoises.

La dépense s'est élevée à environ 63,000 fr., y compris les frais du remblai et les substructions qu'il a nécessitées.

ABATTOIR,

A NANTES (LOIRE-INFÉRIEURE);

Par M. MALABY, architecte

1824 à 1830.

1 planche numérotée 205.

Dans la section correspondante de notre premier volume, nous avons fait connaître, planche 173, celui des cinq abattoirs de Paris qui est placé à la barrière de Villejuif, et nous avons donné dans le texte, page 49, quelques renseignements relatifs à la création de ces cinq abattoirs.

Un grand nombre de villes de départements ont établi des abattoirs à l'instar de ceux de Paris, en y faisant toutefois quelques modifications, qui ont consisté assez généralement : 1° à couvrir les cours de service entre les corps d'échaudoirs ; 2° à supprimer les étendoirs qui avaient été établis à Paris, au-dessus des échaudoirs ; et qui ont été reconnus peu utiles.

C'est notamment ce qui a eu lieu pour l'abattoir de Nantes que nous donnons ici.

Le projet a été rédigé par M. Malary, l'un des architectes de Paris qui ont concouru à l'exécution des abattoirs de cette capitale. Il a été exécuté sous la direction de M. Démolon, architecte-inspecteur-voyer de la ville.

Tous les soubassements, jusqu'au premier cordon, sont en granit, et le surplus des murs en tuffeau, sauf quelques parties en pierres de Crazane. La charpente est en sapin du Nord.

Les constructions ont coûté environ 830,000 fr.

Cet établissement, placé sur un point assez élevé de la ville, a longtemps manqué d'eau. On a pourvu depuis à ce grave inconvénient au moyen d'une prise d'eau dans la rivière d'Erdre. L'eau était d'abord élevée par une machine à vapeur qui a été remplacée récemment par un mécanisme imité de celui qui est employé aux épuisements des mines de Cornouailles.

Le service des fondoirs a été interrompu pendant plusieurs années, en raison de la mauvaise odeur qu'ils répandaient dans tout le quartier. Il se fait maintenant au moyen de la cuisson à vases clos dont les vapeurs vont se perdre dans un appareil désinfectant.

On s'occupe en ce moment d'un projet de *porcherie* qui formerait annexe de cet abattoir.

ABATTOIR,

A TARASCON (BOUCHES-DU-RHÔNE);

Par feu M. PENCHAUD, architecte, alors directeur des travaux publics du département.

1828.

1 planche numérotée 29 (1).

Ce petit établissement est d'une disposition particulière et appropriée aux usages du pays.

Il a été construit sur l'emplacement d'une ancienne tour, à l'extrémité septentrionale du château.

La dépense s'est élevée à environ 60,000 fr.

(1) *Nota*. Ce numéro n'est pas inscrit sur un certain nombre d'exemplaires.

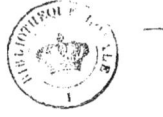

CHÂTEAU D'EAU,
MACHINE HYDRAULIQUE ET FILTRES NATURELS,
POUR LE SERVICE DES FONTAINES PUBLIQUES ET DES DISTRIBUTIONS PARTICULIÈRES,

A TOULOUSE (HAUTE-GARONNE);

Feu M. D'AUBUISSON DE VOISINS, ingénieur;
MM. LAFFORGUE et REYNAUD, architectes;
M. ABADIE, mécanicien.

1821 à 1828.

3 planches numérotées 230, 231 et 232.

Feu M. d'Aubuisson de Voisins, qui, comme ingénieur en chef des mines du département de la Haute-Garonne, contribua fortement à ces travaux importants, avait publié, dans les *Mémoires de l'Académie royale des sciences, inscriptions et belles-lettres de Toulouse* (années 1823 à 1827, tome 2°, 2° partie, page 159), une *histoire de l'établissement des fontaines à Toulouse*, qui renferme à ce sujet les renseignements les plus précis et les plus intéressants. Nous en extrairons le résumé succinct qui suit :

Il n'existe, à proximité de Toulouse, aucune source dont les eaux puissent y être amenées sans difficultés et dépenses considérables. On a retrouvé, dans les environs, des ruines qu'on prétend provenir d'un grand pont-aqueduc attribué aux Romains ; mais, dans les temps modernes, on a toujours reculé devant de pareilles entreprises ; et, en définitive, quoique la Garonne soit trouble et bourbeuse pendant une grande partie de l'année, on est toujours revenu à l'idée d'élever et de distribuer ses eaux dans la ville, après les avoir épurées convenablement.

Toutefois, malgré de nombreux projets présentés à ce sujet depuis plus de 200 ans ; malgré des prix offerts par l'Académie des sciences de Toulouse et par l'administration municipale; malgré un legs de 50,000 fr. (1) fait vers la fin du siècle dernier pour cet objet, il n'avait encore été obtenu aucun résultat, lorsque, en 1817, sur le rapport d'une commission spéciale et la proposition de M. de Villèle, alors maire, la ville ouvrit un concours public à l'effet d'élever, *par deux équipages entièrement distincts* (2) au moins 200 *pouces d'eau* (3) à une hauteur de 64 pieds au-dessus des moyennes eaux (4). L'auteur du projet adopté devait diriger l'exécution et recevoir 5 pour cent de la dépense.

Sur 8 projets présentés au concours, le seul qui parut mériter attention fut celui de M. Abadie, alors contrôleur et machiniste de la fonderie royale de canons de Toulouse. Modifié en quelques points, sur le rapport de M. de Prony et l'avis du conseil des ponts et chaussées, il fut ensuite définitivement approuvé et exécuté.

L'emplacement fut déterminé aussi sur le rapport d'une commission spéciale, après 3 ans de recherches et d'examen.

Le château d'eau a été conçu par M. Reynaud, architecte, et exécuté sous sa direction. Les fondations, très-profondes,

(1) Inscription tracée sur une table de marbre au-dessus de la porte d'entrée du château d'eau :

CHARLES LAGANE, ANCIEN CAPITOUL,
PAR UN LEGS DE 50,000 FR. FAIT A LA VILLE DE TOULOUSE,
A DÉTERMINÉ L'ÉTABLISSEMENT DES FONTAINES PUBLIQUES.
QUE CE MARBRE PERPÉTUE LE SOUVENIR
DU BIENFAIT ET DE LA RECONNAISSANCE.

(2) Il importe de remarquer que, dans tout l'ensemble de ces travaux, le service est assuré par le *doublement* de chaque partie, précaution fort sage en cas d'avaries, de réparation, etc.

(3) Ou 4,000,000 de litres ; ce qui revenait à 80 litres par individu, la population de la ville et des faubourgs étant alors d'environ 50,000 âmes (elle paraît être maintenant de près de moitié en sus). C'est à peu près la même quantité qu'à Londres ; elle est de 100 litres à Glasgow.

(4) C'est-à-dire 20 pieds au-dessus du point culminant de la ville (la place Royale).

reposent sur un roc ou tuf extrêmement dur, et il est exécuté partie en pierres et partie en briques. A son sommet est un appareil de jaugeage basé sur le système métrique.

Les canaux et les filtres ont été exécutés sous la direction de M. Lafforgue, architecte.

Les filtres sont établis (ainsi que le fait voir le plan que nous en donnons) dans un banc considérable d'alluvion, composé de graviers et de sable. Le 1er filtre ne consista d'abord qu'en une excavation dont le fond était à un mètre au-dessous des plus basses eaux, et dans laquelle les eaux arrivaient après s'être épurées en traversant la partie du banc entre cette excavation et la rivière. Il ne produisit que 100 pouces d'eau, d'abord limpide et de bonne qualité, mais elle s'altéra bientôt par suite de la forte végétation qui s'y établit; ce à quoi l'on remédia en établissant dans le fond de l'excavation un petit aqueduc en briques, posées sans mortier, et en le remplissant entièrement, d'abord de gros cailloux, puis de cailloux plus petits, et enfin de gravier et de terre.

Le 2e filtre fut établi plus près de la rivière, dans l'espérance d'avoir plus d'eau. Il est composé d'une suite de puits en briques posées sans mortier, et réunis par des conduits en fonte. Il ne donna que 60 ou 80 pouces d'eau médiocre, en raison de la haute température qui y règne presque toujours, et de la forte végétation qui en résulte.

Enfin, un 3e filtre a été formé au moyen d'une longue tranchée trapézoïdale, qui a été remplie ainsi que l'indique la coupe que nous en donnons, et l'on espère ainsi porter la quantité des eaux disponibles à 250 et même au besoin à 300 pouces.

Les eaux, ainsi épurées, et élevées au moyen des machines jusqu'au haut du château d'eau, sont reçues par une double conduite en fonte, placée dans une galerie en maçonnerie de briques qui passe sous un des trottoirs du pont et qui se prolonge dans les principales parties de la ville; des conduites simples se prolongent, en outre, dans les quartiers moins importants; et les eaux sont ainsi fournies à 109 bornes-fontaines, 3 abreuvoirs et 2 gerbes, ainsi qu'à un grand nombre de concessions particulières; sauf un ou deux quartiers peu habités, aucune maison ne se trouve à plus de 200 mètres d'une fontaine ou d'une borne-fontaine.

Les tuyaux qui composent ces conduites sont tous en fonte et de 2 mètres de longueur; les plus gros ont 27 centimètres de diamètre intérieur, et 15 millimètres d'épaisseur; les moins gros, 50 centimètres de diamètre et 1 centimètre d'épaisseur.

Les dépenses qu'a occasionnées l'ensemble de ces travaux peuvent se résumer à peu près ainsi qu'il suit:

1° *Filtres et travaux qui y sont relatifs.*
1er filtre; excavation première et travaux accessoires. 14,000 fr.
Coupure pour faciliter les filtrations................ 4,500 } 45,000 fr.
Conduite en fonte....... 14,200
Remplissage ultérieur... 12,300 } 132,000 fr.
2e filtre............................ 27,000
3e filtre............................ 60,000

2° *Canaux d'arrivée et de fuite des eaux qui font mouvoir les roues hydrauliques.*
Achat de terrain...... 10,000 fr.
Travaux............. 160,000 } 170,000 fr.
3° *Château d'eau*................. 101,000
4° *Machines hydrauliques* (1)............. 89,000 } 92,000
Appareil de jaugeage.. 3,000 } 363,000

5° *Distribution des eaux.*
Conduites en fonte(480,550 kilogr.), de 39 à 45 cent. le kilogr........... 183,000 fr.
Robinets en cuivre (à 5 fr. le kilogr.). 14,000 } 395,000
Frais de pose.................. 40,000
Travaux de terrasse et maçonnerie. 158,000

6° Dépenses préparatoires ou accessoires ; construction de plusieurs fontaines, frais de direction, etc.................................. 60,000

Somme totale............. 950,000

LAVOIR PUBLIC,

A NÎMES (GARD),

Par feu **M. RAYMOND**, architecte, membre de l'Institut.

18

1 planche numérotée 18 (2).

La planche que nous donnons ici est la reproduction d'une esquisse qui avait été rédigée par feu M. Raymond, comme membre du conseil des bâtiments civils.

Nous ne pensons pas qu'elle ait été entièrement exécutée.

(1) Les pièces en fonte ont été payées généralement 0 fr. 70 cent. le kilogr.; et quelques-unes, plus massives, seulement 0 fr. 60 cent.;
Les pièces en fer, pesant plus de 4 kilogr., 2 fr. 25 cent. le kilogr.; celles au-dessous, 3 fr. 60 cent.; celles en bronze, 4 fr. 50 cent. et 5 fr. 50 cent. le kilogr.
Le plomb, 1 fr., etc.

(2) Ce numéro a été omis sur une partie du tirage.

Édifices administratifs.

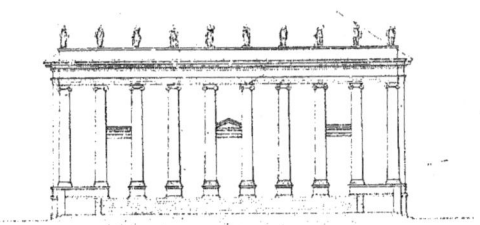

Élévation du côté du Préau.

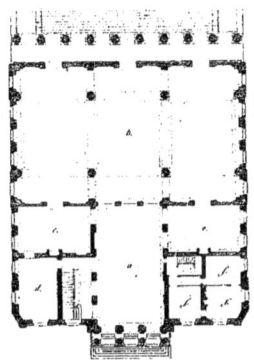

Plan du Rez-de-Chaussée.

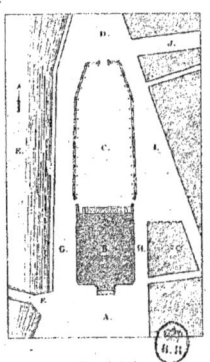

Plan Général.

Bourse exécutée à Nantes (Loire-Inf.re) Planche 3.me
(Commencée en 1790, achevée en 1815)

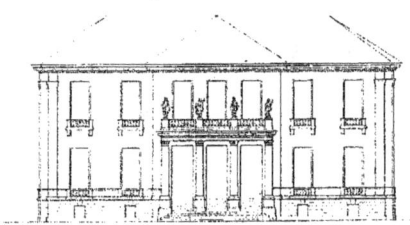

Élévation du côté de l'Entrée

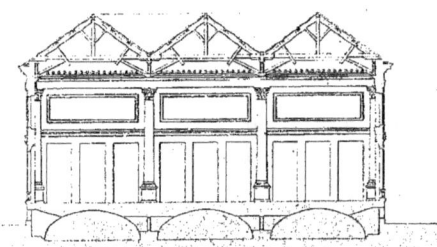

Coupe Transversale

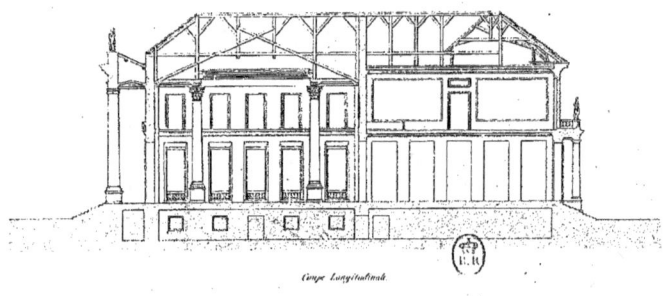

Coupe Longitudinale

Bourse exécutée à Nantes (Loire-Inf.re)

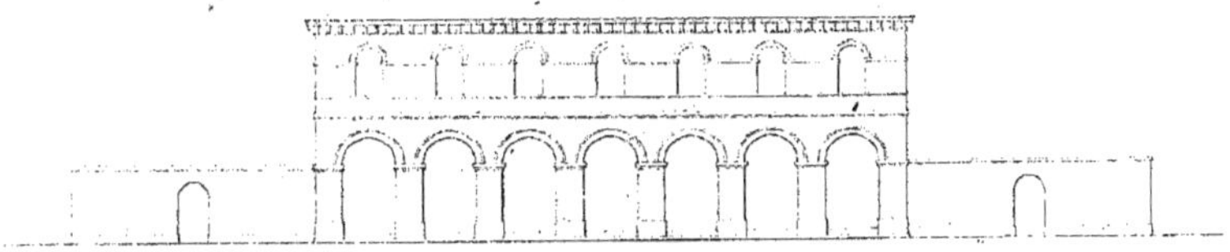

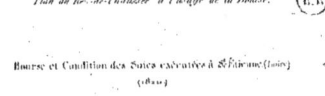

Bourse et Condition des Soies exécutées à St Étienne (Loire)

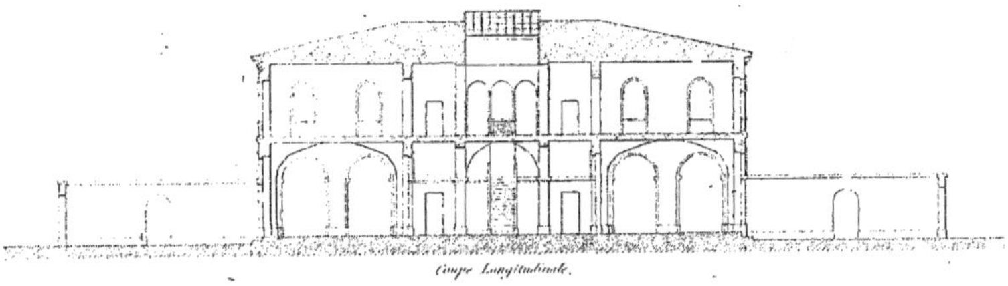

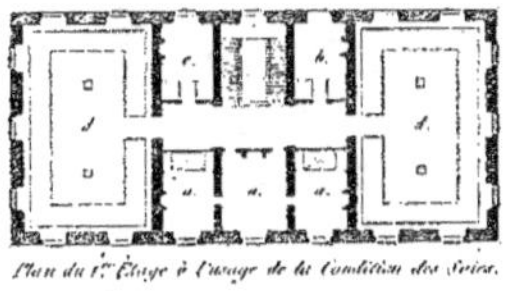

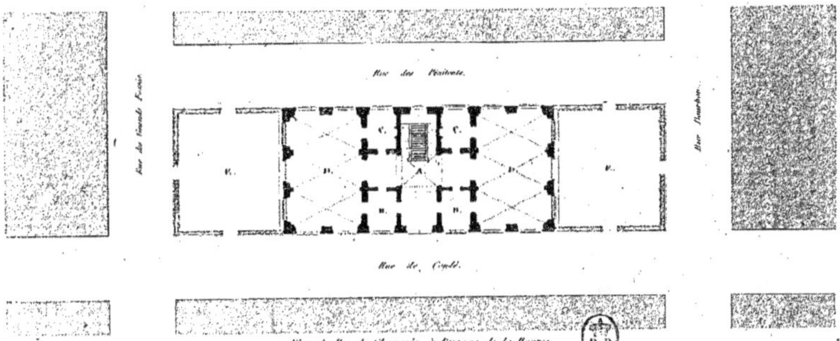

Élévation principale de la Douane.

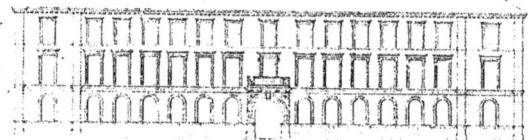

Élévation latérale de la Douane.

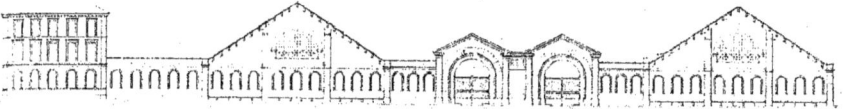

Plan détaillé de la Douane.

Coupe d'un des grands hangars de la Douane.

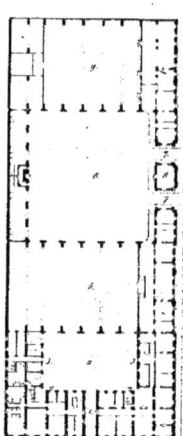

Échelle du Plan détaillé, à 2 Mill.⁽ᵐ⁾ p.⁽ᵐ⁾ Mètre.

Échelle de l'Élévation principale, à 2,5 M.⁽ᵐ⁾ p.⁽ᵐ⁾ Mètre.

Échelle de l'Élévation latérale et de la Coupe du hangar, à 1 Mill.⁽ᵐ⁾ p.⁽ᵐ⁾ Mètre.

Échelle du Plan d'ensemble, à 1/2 de Mill.⁽ᵐ⁾ p.⁽ᵐ⁾ Mètre.

Renvoi du Plan détaillé.
1. Passage de porte cochère.
2. Ateliers, écuries à gauche, appartements du Directeur.
   Au second, au 1er et d.Rez.de ch., bureaux et logements des principaux employés.
3. Cour.
4. Dépendances des bureaux.
5. Dépendances des appartements.
6. Hangar de travail.
7. Grande Cour-préau et passage de voiture, Plan couverte en fer et zinc.
8. Passage d'entrée et de sortie.
9. Corps de garde.
10. Hangar des prisons.

Plan d'ensemble.

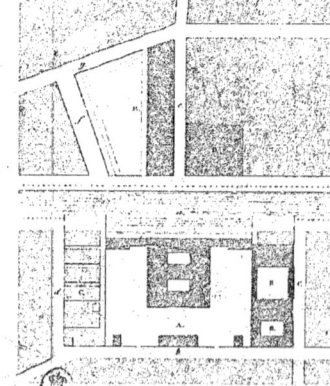

Renvoi.
A. Entrepôt de Douanes, tel qu'il a été définitivement établi.(Voir les détails ci-après)
B. Emplacement qui s'y trouve dans le 1er Volume...
C. Magasins particuliers.
D. Entrepôts doubles établis sur le même sol...
E. Entrepôts doubles établis sur le même sol...
F. Hôpital St Louis.

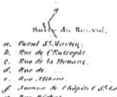

Suite du Renvoi.
a. Canal St Martin.
b. Rue de l'Entrepôt.
c. Rue de la Douane.
d. Rue de...
e. Rue Alibert.
f. Avenue de Chapus et St Louis.
g. Rue Bichat.

Douane, et Entrepôts de Douanes, des Sels et d'Octroi, construits à Paris, (Seine) (1833 à 1841).

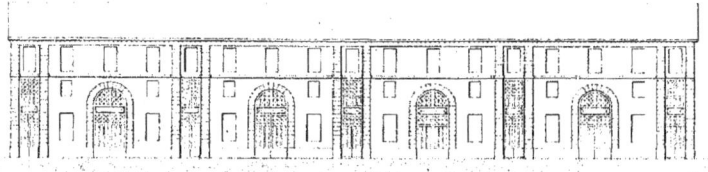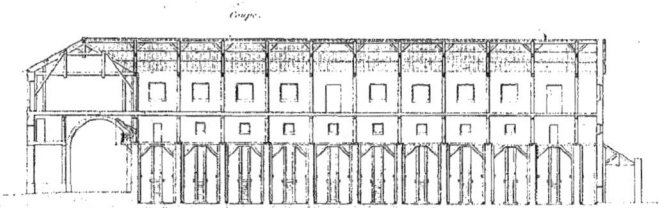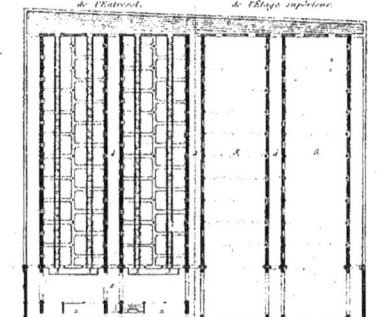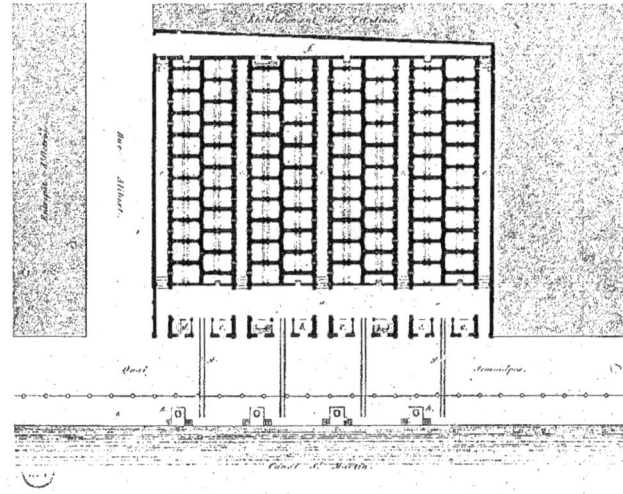

Entrepôt des Sels exécuté à Paris. (Seine.)
(1840.)

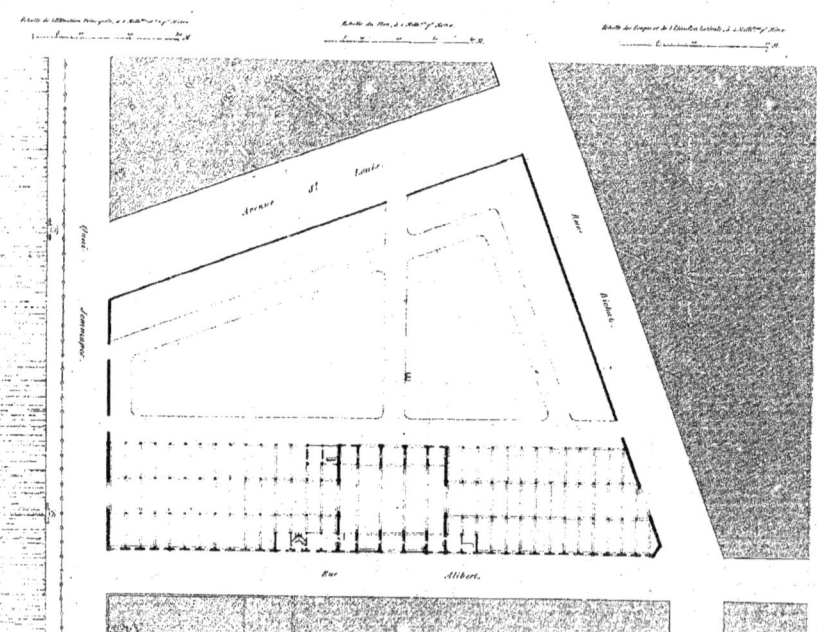

Entrepôt d'Octroi couvert à Paris. (Seine.)
(1839.)

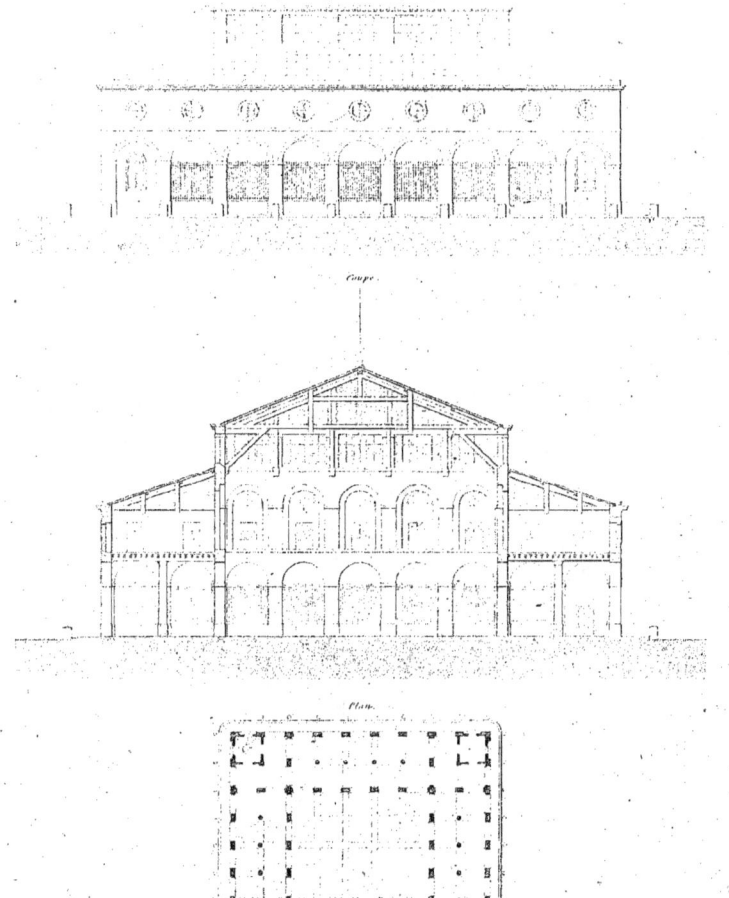

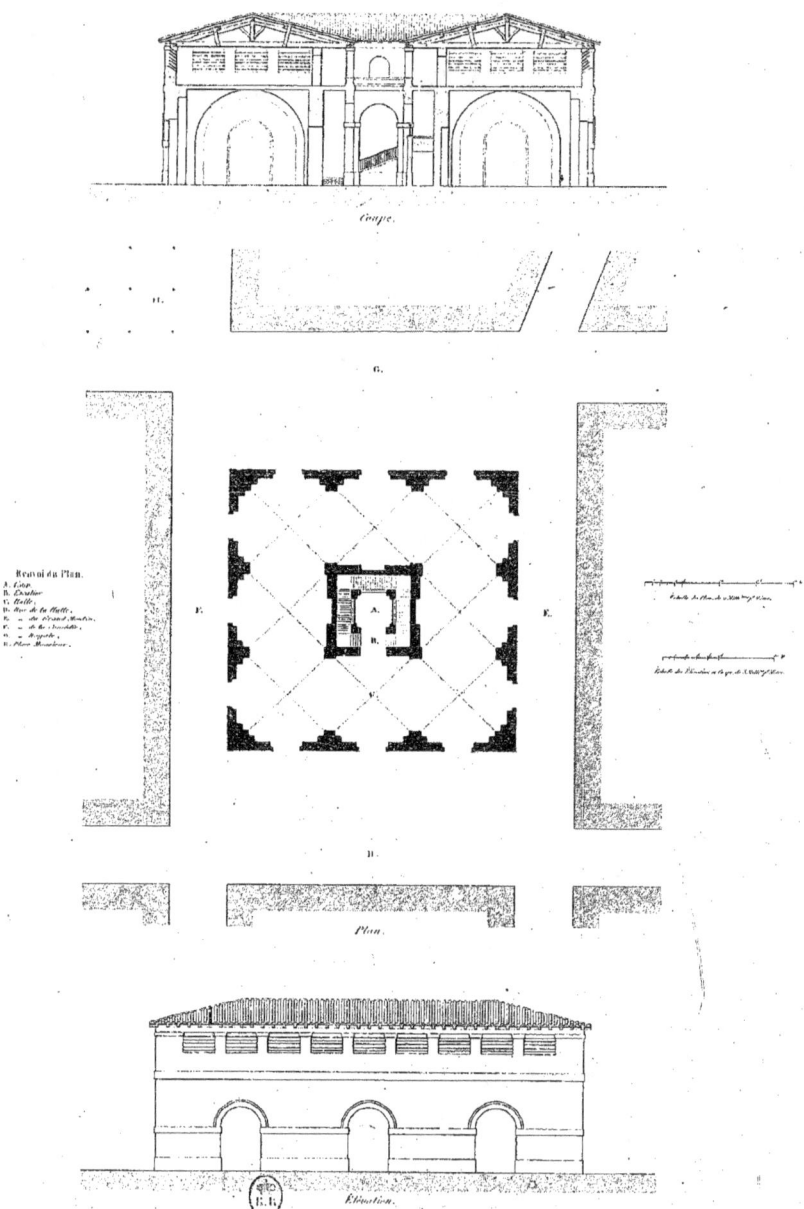

Halle aux Blés exécutée à St-Étienne (Loire) (1825)

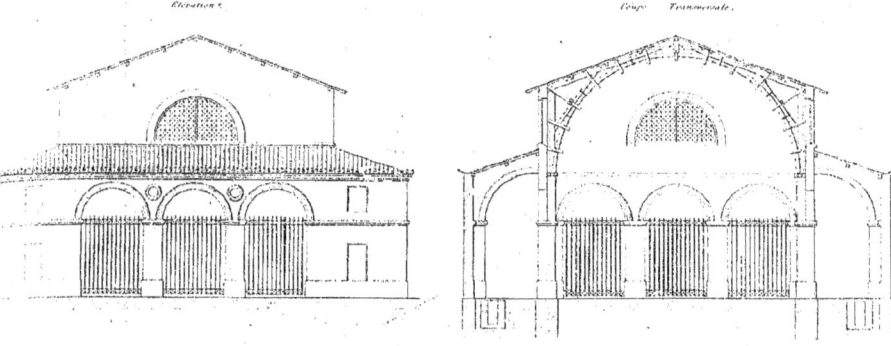

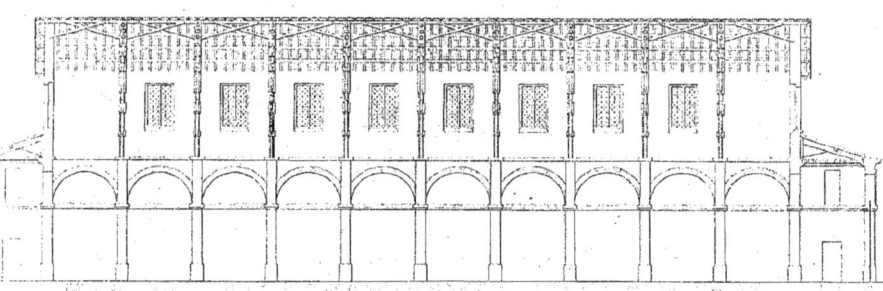

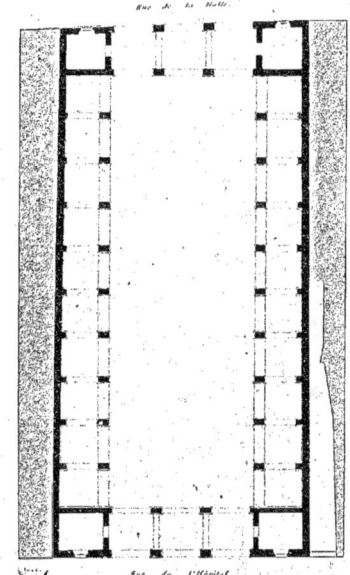

Halle aux Blés construite à Beaune (Côte-d'Or)

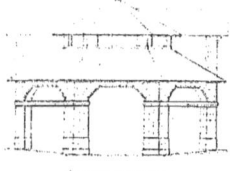
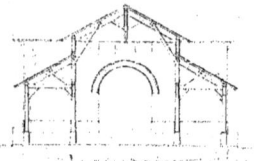

Élévation Postérieure   Élévation Antérieure   Coupe Transversale

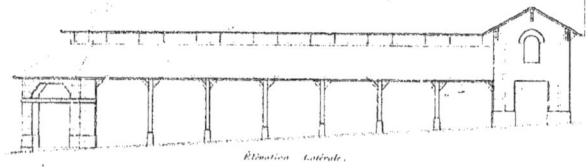

Élévation Latérale.

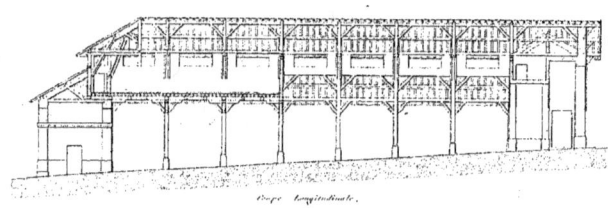

Coupe Longitudinale.

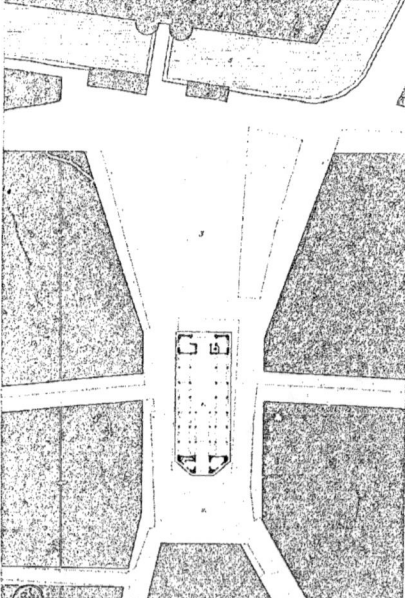

Plan.

Halle aux Grains construite à Dourdan. (Seine-et-Oise.)

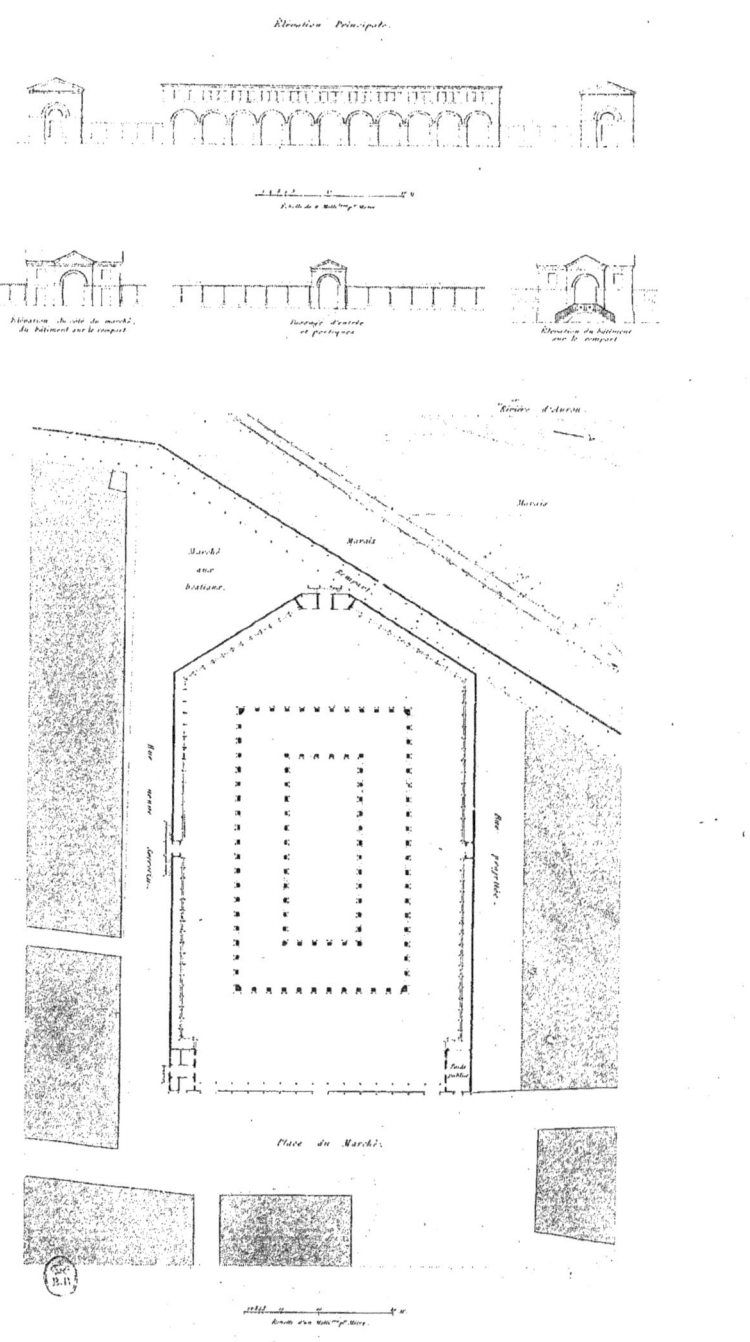

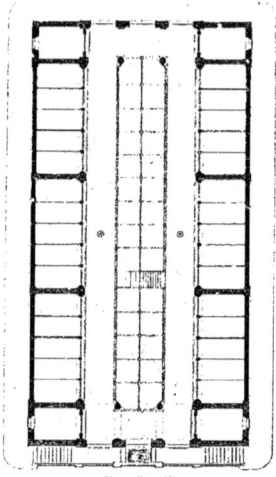

Plan Détaillé.

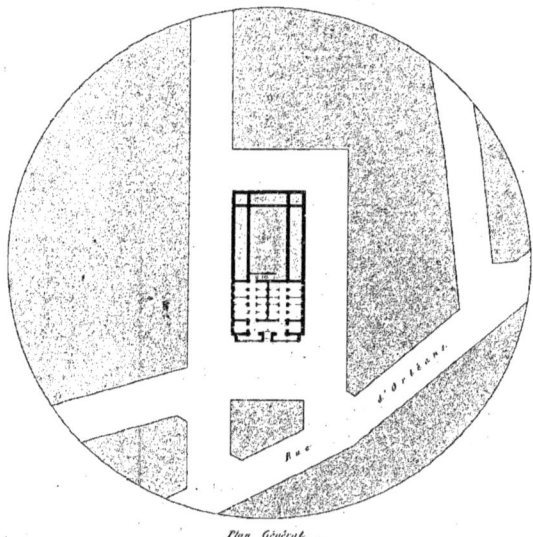

Plan Général.

Marché des Patriarches construit à Paris, Faub. St. Marceau (Seine) Planche 1re
(1830.)

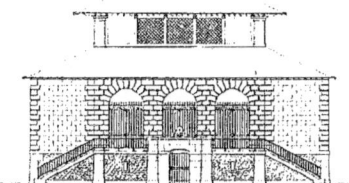

Élévation Principale.

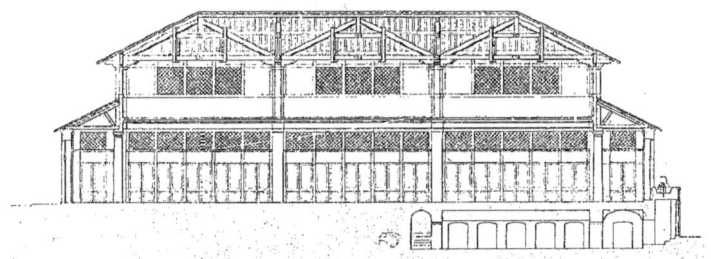

Coupe Longitudinale.

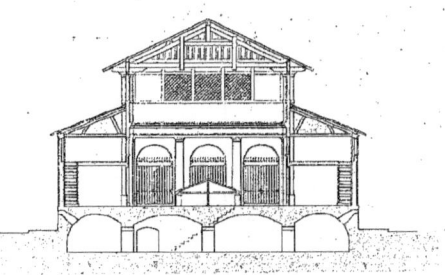

Coupe Transversale.

Marché des Patriarches construit à Paris, Faub. St Marceau, (Seine) 1831.

Édifices servt à l'approvisionnt

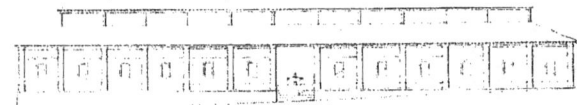

Élévation sur la rue de Nièvre.

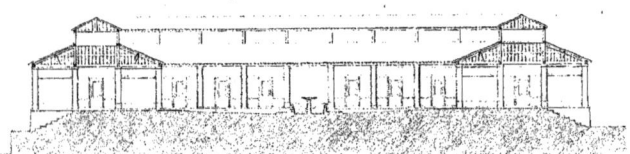

Coupe Transversale.

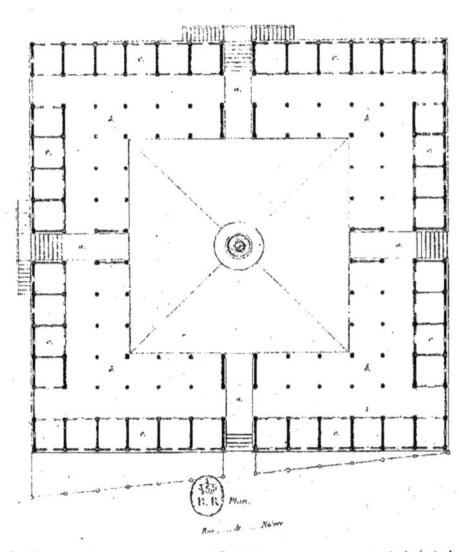

Marché, exécuté à Nevers (Nièvre)
(1835)

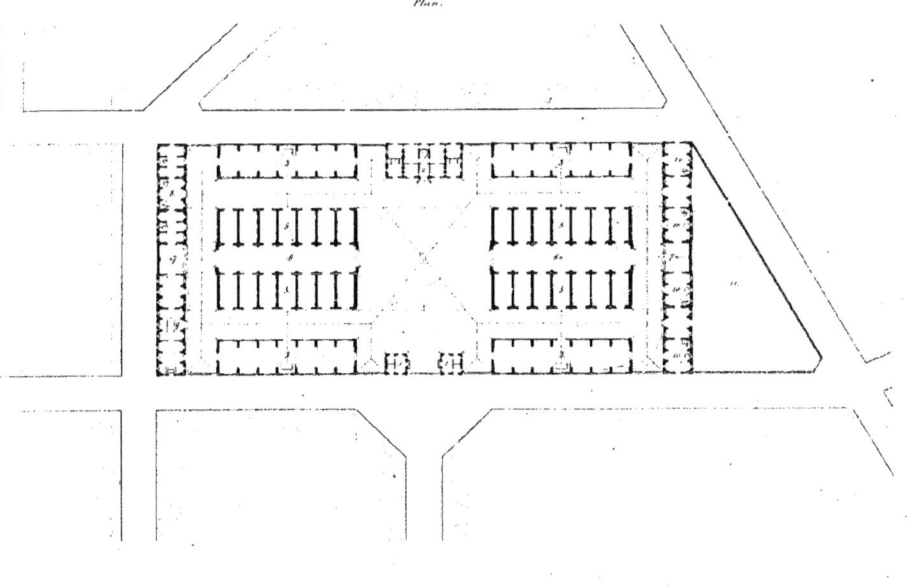

Plan.

Renvoi.
1. Concierge et Bureau d'achat.
2. Administration.
3. Bouveries et Bergeries.
4. Échaudoirs.
5. Cours de service couvertes.
6. Voirie.
7. Manège, Abreuvoir, &c.
8. Triperies.
9. Fondoirs.
10. Parc aux bœufs.

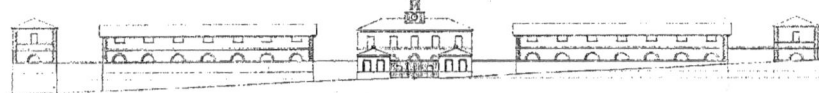

Élévation Principale.

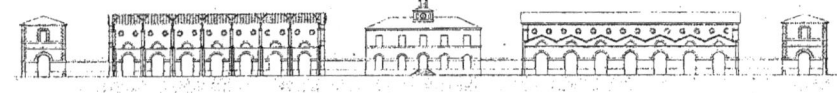

Coupe Longitudinale.

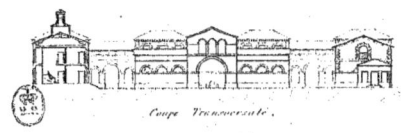

Coupe Transversale.

Abattoir construit à Nantes. (Loire-Inférieure).
(1826.)

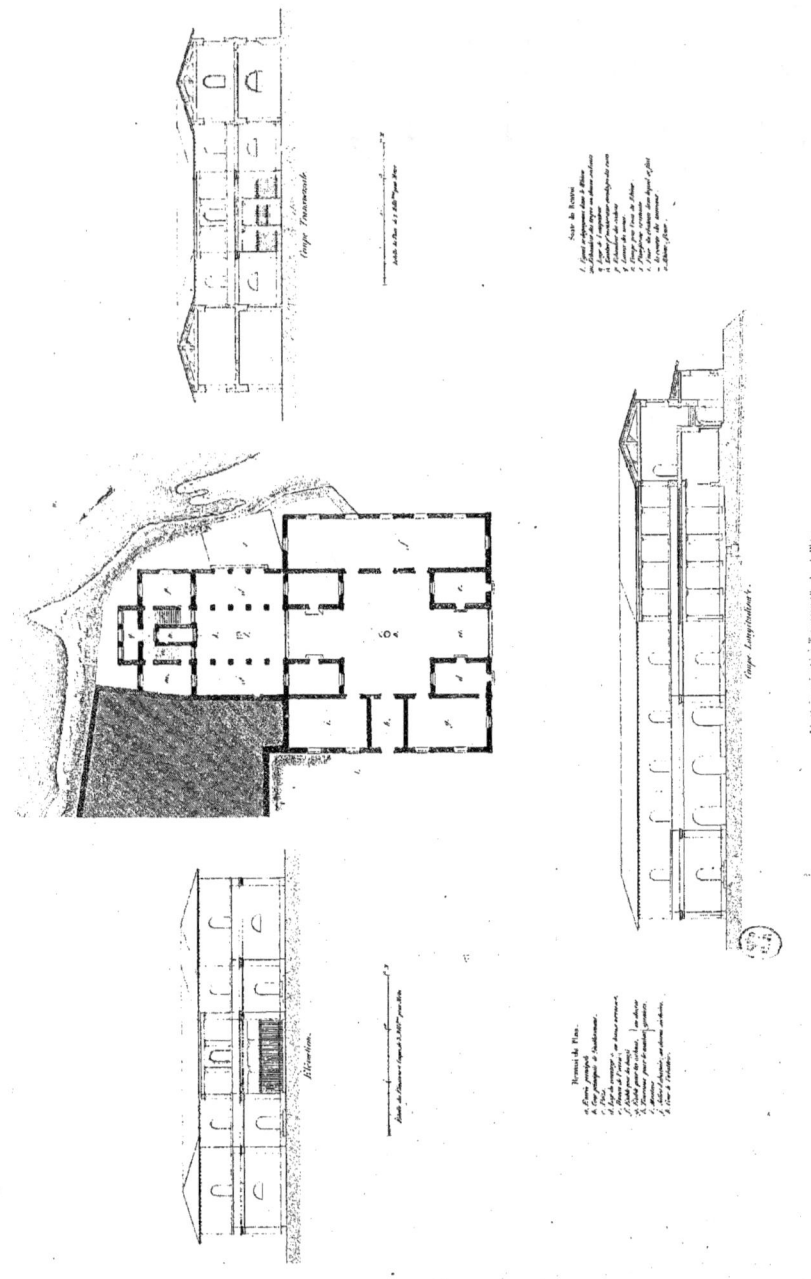

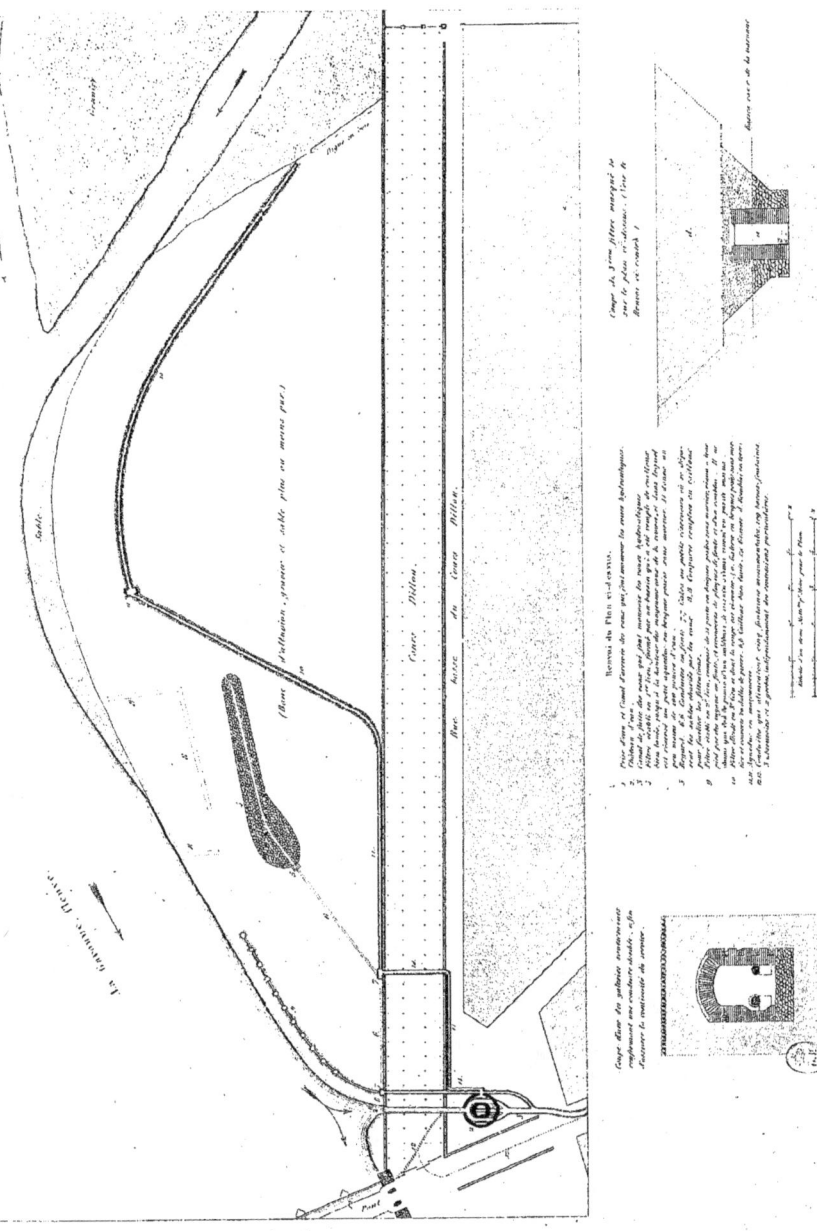

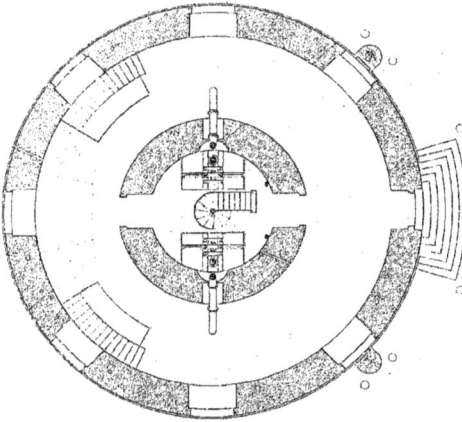

Plan du Château d'eau.

Étage supérieur.

Rez-de-Chaussée.

Étage Souterrain.

Filtres naturels, Château d'eau et Machine hydraulique pour le service des fontaines et distributions particulières à Toulouse (Haute-Garonne). (1827 à 1848.)

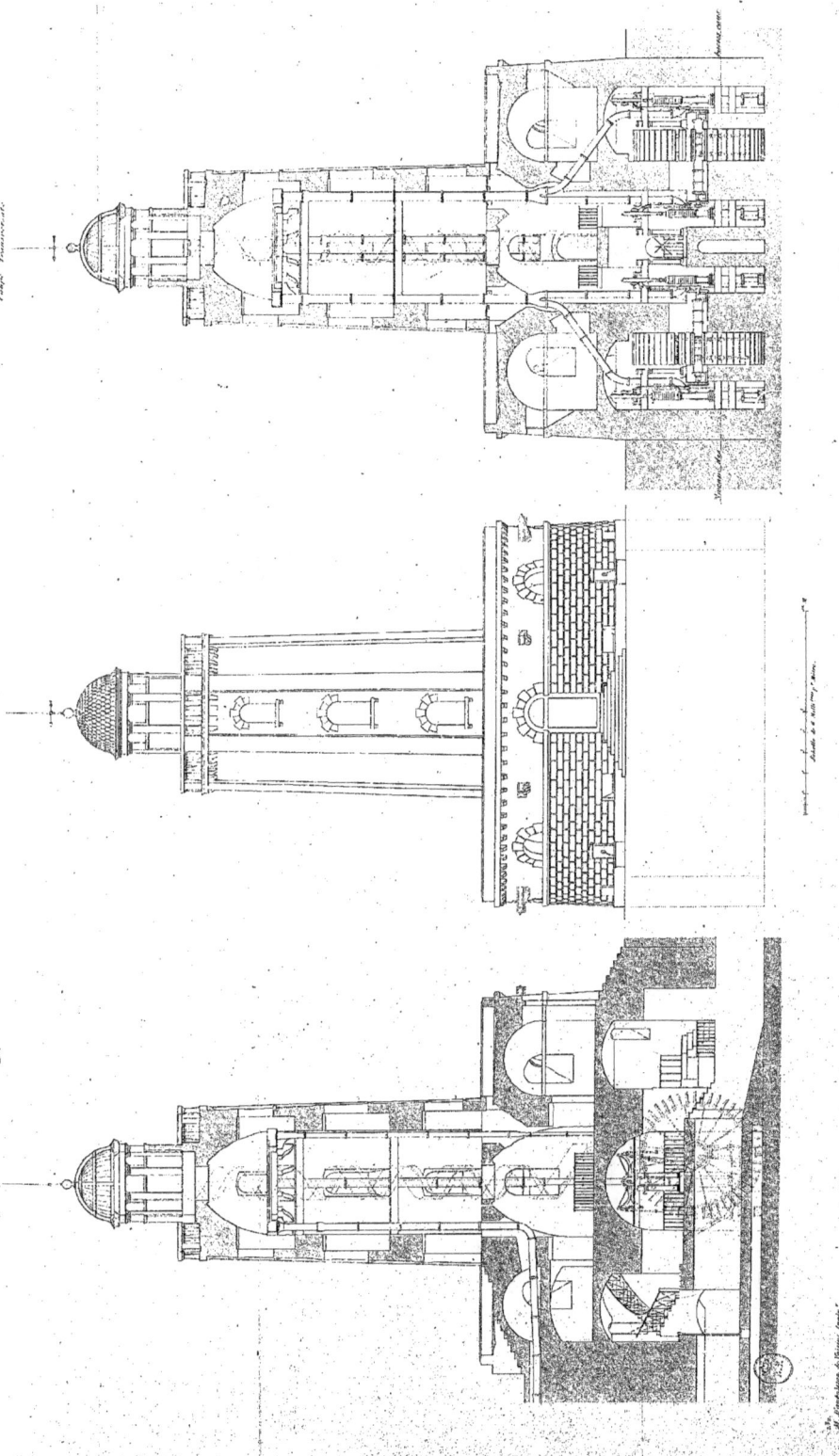

Coupe Transversale.

Élévation Principale.

Élévation Latérale.

Plan.

Lavoir Public, projeté pour Nismes.

SEPTIÈME SECTION.

ÉDIFICES DE SURETÉ PUBLIQUE.

En tête de la section correspondante de notre premier volume, après avoir exposé, en ce qui concerne la disposition des bâtiments, les règles qui avaient été suivies jusqu'alors pour *l'emprisonnement en commun*, et les améliorations qui avaient successivement été ordonnées et apportées à ce système, nous annoncions les réformes plus complètes encore qui se préparaient, et en vue desquelles le gouvernement avait chargé M. Demetz, conseiller à la Cour royale de Paris, et M. Blouet, architecte, de se rendre aux États-Unis (1).

Les chambres sont, en ce moment, saisies d'un projet de loi qui déterminera quel devra être à l'avenir le système d'emprisonnement des différentes classes de détenus.

Nous donnons ci-après les dernières maisons pénitentiaires qui, parmi celles établies suivant l'ancien système de détention en commun, nous ont paru mériter particulièrement d'être publiées; dans notre troisième volume, nous ferons connaître celles qui sont déjà en cours d'exécution, ou qui seront ultérieurement construites suivant le système cellulaire; nous pouvons citer dès à présent :

1° La *maison de jeunes détenus*, construite depuis plusieurs années déjà à Paris, rue de la Roquette, sur les projets de M. H. Lebas, architecte, membre de l'Institut, et déjà publiée par nous, planches 215, 216 et 217, 37ᵉ livraison;

2° Et la *nouvelle force* ou maison d'arrêt pour 1200 détenus actuellement en construction à Paris, sur les projets de MM. Gilbert aîné et Lecointe, architectes.

CASERNE DE GENDARMERIE (2),

A LYON (RHÔNE);

Par MM. BOTELARD et GAY, architectes.

1828 à 1830.

2 planches numérotées 220 et 221.

Les différents murs de cet édifice sont construits, savoir : les socles, bandeaux, corniches, piliers, chaînes d'angle, dosserets, arcs, chambranles et linteaux en pierre de taille de Villebois et de Tournus; et le surplus en moellon de Couzon. L'appareil des soubassements extérieurs a été figuré au moyen d'un stuc ou enduit composé de sable du Rhône, de débris de briques et poteries, de marbre pulvérisé et de chaux de St-Cyr.

Toute la charpente des planchers et des combles est en sapin du Bugey.

La dépense s'est élevée à 500,000 fr. environ, y compris quelques travaux faits après coup dans les logements des officiers, ainsi que pour l'établissement d'une infirmerie pour les chevaux.

CASERNE DE SAPEURS-POMPIERS (1),

RUE DE LA PAIX A PARIS (SEINE);

Par M. ROHAULT père, alors architecte du casernement des sapeurs-pompiers, maintenant inspecteur général et vice-président du conseil général des bâtiments civils.

1822.

1 planche numérotée 220.

Le haut prix du terrain dans le quartier où est située cette caserne, a forcé à n'occuper sur le devant qu'une partie de la largeur.

La façade sur la rue et celle opposée sont construites en pierre de taille, et le surplus des murs en maçonnerie de moellons.

L'ensemble de cette construction a coûté à peu près 300,000 fr.

MAISON D'ARRÊT,

A BEAUNE (CÔTE-D'OR);

Par M. MACQUET, architecte.

1830.

2 planches numérotées 153 et 154.

Ce projet n'a pas reçu d'exécution par suite de l'adoption du système d'emprisonnement cellulaire. Le devis s'élevait à 32,000 fr.

---

(1) Aux ouvrages sur le *système pénitentiaire*, que nous indiquions alors, il faut maintenant joindre principalement ceux ci-après :

Rapports sur les pénitenciers des États-Unis, par M. Demetz et par M. Blouet (maintenant inspecteur général des bâtiments pénitentiaires, et membre du conseil général des bâtiments civils); Paris, imprimerie royale, 1837;

Instruction et Programmes pour la construction des maisons d'arrêt et de justice, publiés par le ministère de l'Intérieur, en août 1841, avec un atlas de *plans de prisons cellulaires*, par MM. Blouet, Harou-Romain, architecte du département du Calvados et de la maison centrale de détention de Beaulieu (que nous donnons ci-après), et Hector Horeau, architecte; Paris, imprimerie Royale, 1841.

Projet de prison cellulaire pour 585 condamnés, précédé d'observations sur le système pénitentiaire, aussi par M. Blouet; Paris, Firmin Didot, 1843.

Projet de pénitencier, par M. Harou-Romain, Caen, Lesaulnier, 1840.

(2) Cette caserne a été construite dans l'enclos d'un ancien couvent de visitandines. En creusant les fondations de la grande écurie, on a trouvé, à 5 ou 6 mètres de profondeur, des tuiles romaines et un assez grand nombre d'amphores empilées avec beaucoup de soin, en grande partie brisées, mais en partie aussi entières; ce qui a fait penser qu'il y avait eu en cet endroit, sous la domination romaine, une fabrique de poterie, et qu'elle aurait été engloutie par un des tremblements de terre qui ont eu lieu à Lyon.

(1) Le corps des sapeurs-pompiers de la ville de Paris, institué principalement pour le service des incendies, mais qui forme en même temps garde de police de sûreté, est composé de 800 hommes divisés en 5 compagnies, dont chacune est casernée dans un quartier différent; elles fournissent à 50 postes disséminés dans Paris.

MAISON D'ARRÊT,

A VERVINS (AISNE);

Par M. MÉNARD, architecte.

1831 à 1833.

1 planche numérotée 139.

Les murs du bâtiment de cette prison sont construits en pierre de taille, et les murs de clôture en briques sur socles en grès ; la charpente est en chêne, et la couverture en ardoise.
La dépense s'est élevée à environ 174,000 fr.

MAISON D'ARRÊT,

A VERSAILLES (SEINE-ET-OISE);

Par feu M. GOY, architecte du département.

1838.

1 planche numérotée 118.

Les bâtiments sont construits tant en pierre qu'en moellon, et couverts partie en tuile et partie en ardoise.
La dépense s'est élevée à environ 184,000 fr.

MAISON D'ARRÊT ET DE JUSTICE,

A AIX (BOUCHES-DU-RHÔNE);

Par feu M. PENCHAUD, architecte, alors directeur des travaux publics du département.

1813 à 1831.

1 planche numérotée 171.

Le projet, approuvé dès 1813 et mis en adjudication dans la même année, ne put être exécuté alors, malgré toute son utilité, en raison des charges que le département avait à supporter pour l'achèvement du Palais-de-Justice (voir cet édifice, en tête de la 3ᵉ section de notre 1ᵉʳ volume).
Les fonds nécessaires ont été votés à partir de 1827.
La dépense totale s'est élevée à peu près à 236,000 fr.

MAISON DE CORRECTION POUR FEMMES,

A CADILLAC (GIRONDE);

Travaux d'appropriation, par M. POITEVIN, architecte du département.

1843.

1 planche numérotée 158.

Cette maison de correction a été établie dans un ancien château bâti sur les bords de la Garonne par le duc d'Épernon (1), qui y avait, dit-on, dépensé deux millions. L'intérieur renferme encore des traces de son ancienne splendeur.

(1) Favori de Henri III et gouverneur de la Guyenne sous Louis XIII, mort en 1642 et enterré à Cadillac.

MAISON CENTRALE DE DÉTENTION DE BEAULIEU,

A LA MALADRERIE PRÈS CAEN (CALVADOS);

Par feu M. HAROU-ROMAIN père, et M. HAROU-ROMAIN fils, architectes du département.

1823 à 1844.

3 planches numérotées 298, 299 et 300.

L'emplacement occupé par cette maison était, originairement, celui d'un hôpital dont on fait remonter la fondation au temps de Guillaume le Conquérant ; de là vient le nom de la Maladrerie que porte le village voisin.

En 1818, M. Harou-Romain père, architecte du département, fut chargé d'étudier pour cet emplacement un projet de *maison centrale de détention*, en utilisant les anciennes constructions qui en seraient susceptibles ; il a publié à ce sujet, en 1820, un premier projet lithographié ; mais les projets définitifs ne purent être arrêtés avant sa mort, arrivée en 1822. Ils ont été successivement modifiés et réétudiés, conformément aux prescriptions définitives de l'administration, par M. Harou-Romain fils, successeur de son père comme architecte de cette maison ainsi que du département.

Les clôtures avaient été exécutées dès 1823. A partir de 1828 ont eu lieu : 1° l'appropriation des anciennes constructions, formant une partie du bâtiment central et du bâtiment à gauche ; 2° l'exécution des constructions neuves. La totalité des travaux était terminée au commencement de 1842, à l'exception d'un des pavillons de service, et la maison offrait alors, sauf cette exception, l'ensemble représenté par nos planches, et comprenant les dortoirs, préaux, réfectoires, ateliers et autres dépendances nécessaires, d'après le système d'emprisonnement en commun, pour 1,300 détenus, dont 850 hommes, 350 femmes et 100 enfants.

Mais un violent incendie ayant détruit à cette époque la presque totalité du bâtiment du fond et quelques parties attenantes des autres bâtiments, la reconstruction a été effectuée, en vertu d'une loi rendue en 1843, de façon à approprier tout le bâtiment du fond au système d'emprisonnement cellulaire de jour et de nuit. Cette application partielle réduira la population de la maison à 1,100 détenus environ. Elle a eu lieu d'après quelques dispositions particulières proposées par M. Harou-Romain, à l'effet de faciliter la surveillance des détenus, et la vue de l'autel par ceux-ci lors de la célébration du culte. Nous nous réservons de faire connaître ces modifications dans notre 3ᵉ volume, en même temps que les autres maisons cellulaires que nous avons déjà annoncé devoir y comprendre.

La construction des bâtiments est exécutée à peu près généralement ainsi qu'il suit : les murs, tant en fondation qu'en élévation, sont en pierre de taille (toute la pierre tendre a été extraite sous les terrains qui avoisinent l'enceinte même de l'établissement), et les socles en granit et pierre dure de Ranville ; la charpente, tant en chêne qu'en sapin du Nord ; et la couverture en ardoise.

La totalité des dépenses de construction s'est élevée à environ 1,200,000 fr., non compris les reconstructions et modifications exécutées en dernier lieu, lesquelles coûteront environ 360,000 fr., ce qui fera en tout 1,560,000 fr. Il est bon de ne pas perdre de vue qu'indépendamment de ce qu'une partie de la pierre a été extraite à pied d'œuvre, ainsi que nous venons de le dire, une portion notable des bâtiments n'a pas été construite à neuf, mais seulement appropriée, comme nous l'avons indiqué plus haut.

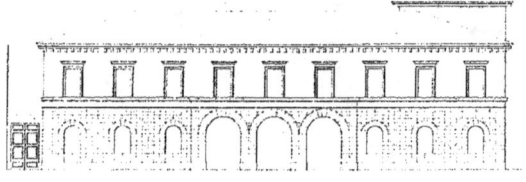

Élévation Principale.

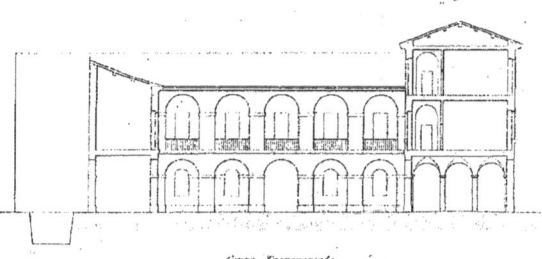

Coupe Transversale.

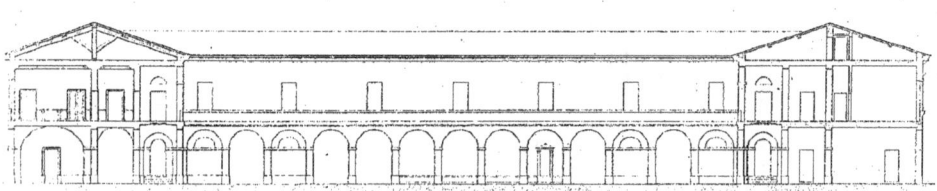

Coupe Longitudinale.

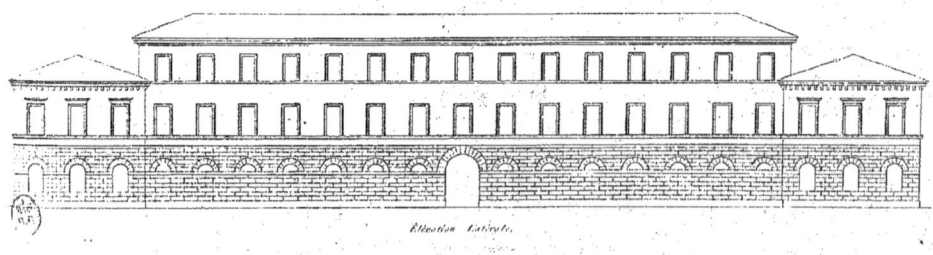

Élévation Latérale.

Caserne de Gendarmerie construite à Lyon. (Rhône.) Pl.ch. 2.me
(1829.)

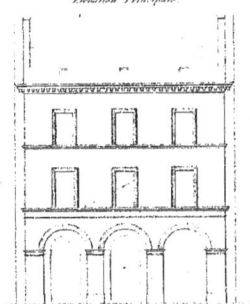
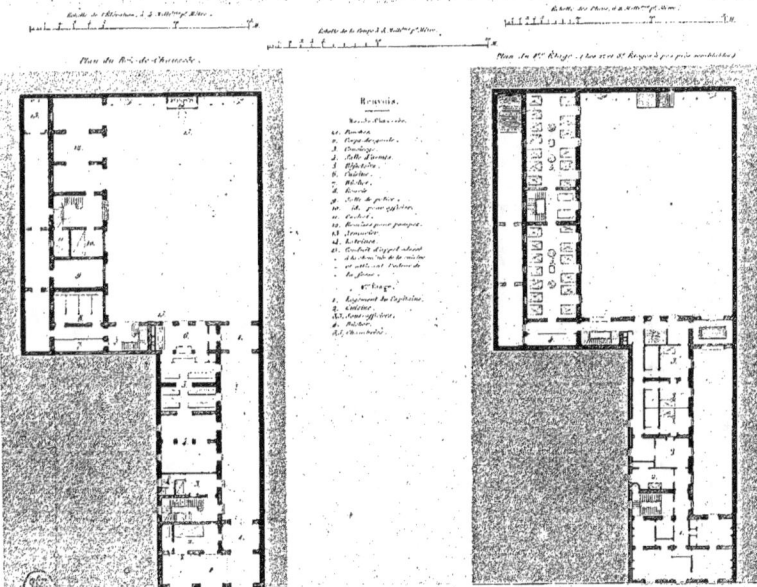

Caserne de Sapeurs-Pompiers construite à Paris, Rue de la Paix. (Seine.) (1822.)

Édifice de Sûreté Publique.

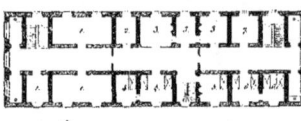

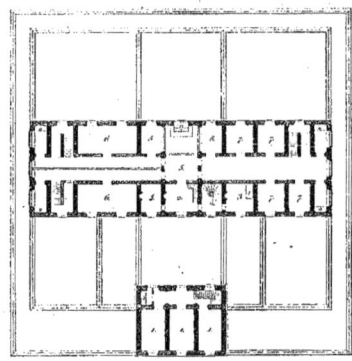

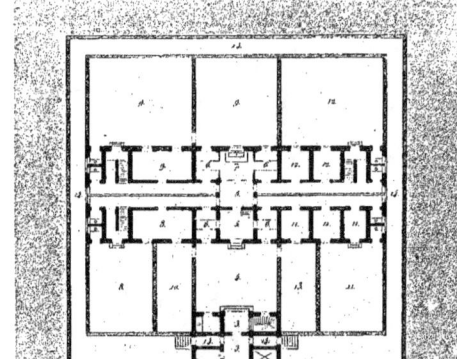

Maison d'Arrêt à Beaune (Côte-d'Or). Pl.che 1.re
(1830)

Édifice de Sûreté Publique.

Élévation Principale.

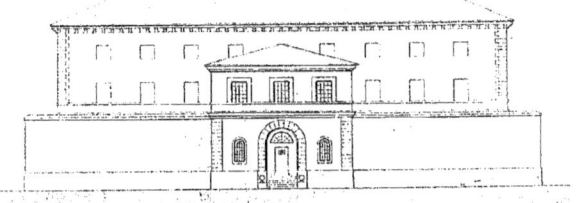

Coupe Longitudinale.

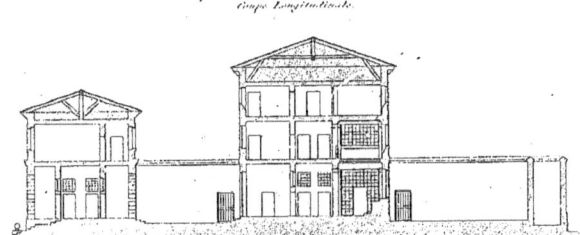

Coupe Transversale.

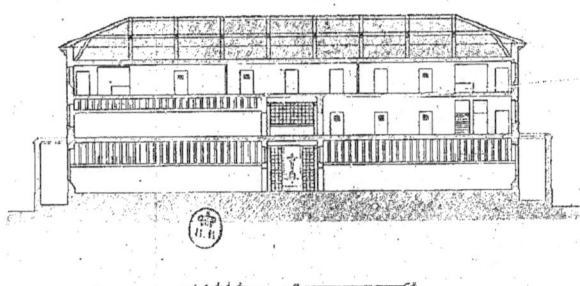

Maison d'Arrêt à Beaune. (Côte-d'Or.) Planche 2ᵐᵉ
(1830.)

Ets de Sûreté Publique.

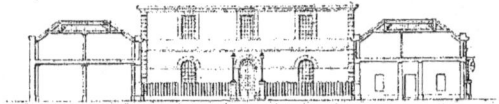
Élévation Principale.

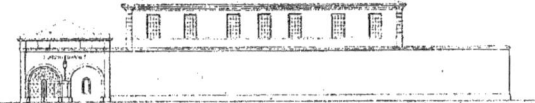
Élévation Latérale.

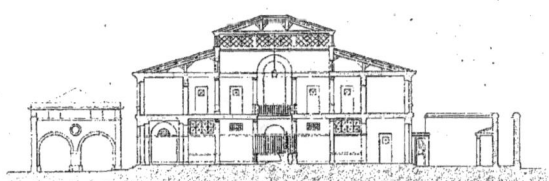
Coupe Longitudinale.

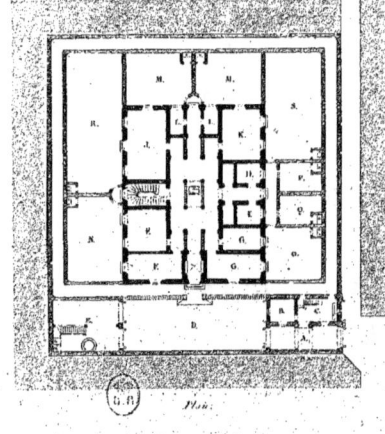

Maison d'Arrêt construite à Vervins. (Aisne.)

Édifices de Sûreté Publique.

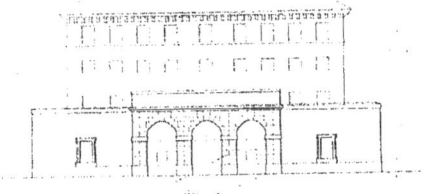

Élévation.

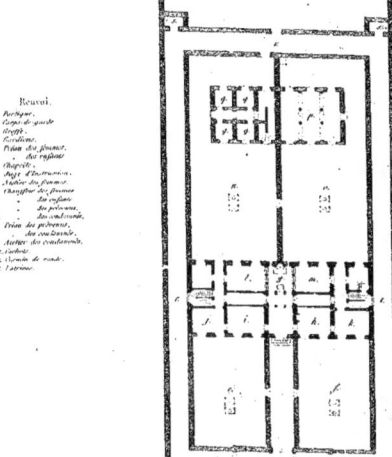

Renvoi.

Plan.

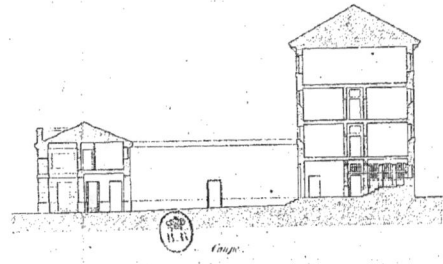

Coupe.

Maison d'Arrêt construite à Versailles. (Seine et Oise.)
(1848.)

Administration de Sûreté Publique.

Élévation.

Coupe.

Plan du Rez-de-Chaussée
occupé par les hommes.

Plan du 1.er Étage
occupé par les femmes.

Maison d'Arrêt et de Justice à Aix. (Bouches-du-Rhône)
(1815 à 1828)

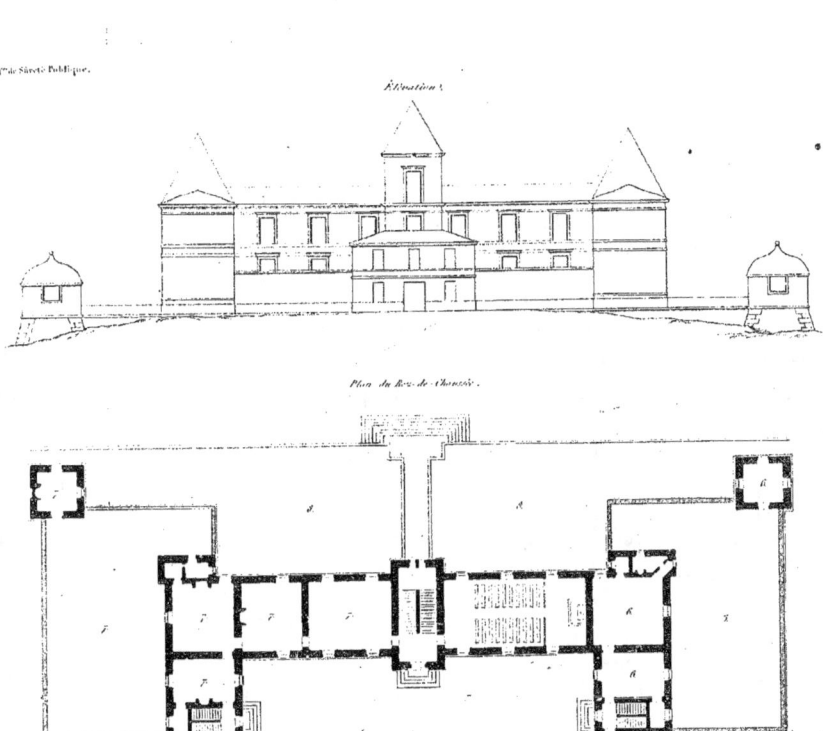

Maison de Correction de Femmes, établie à Cadillac. (Gironde.)
(1825)

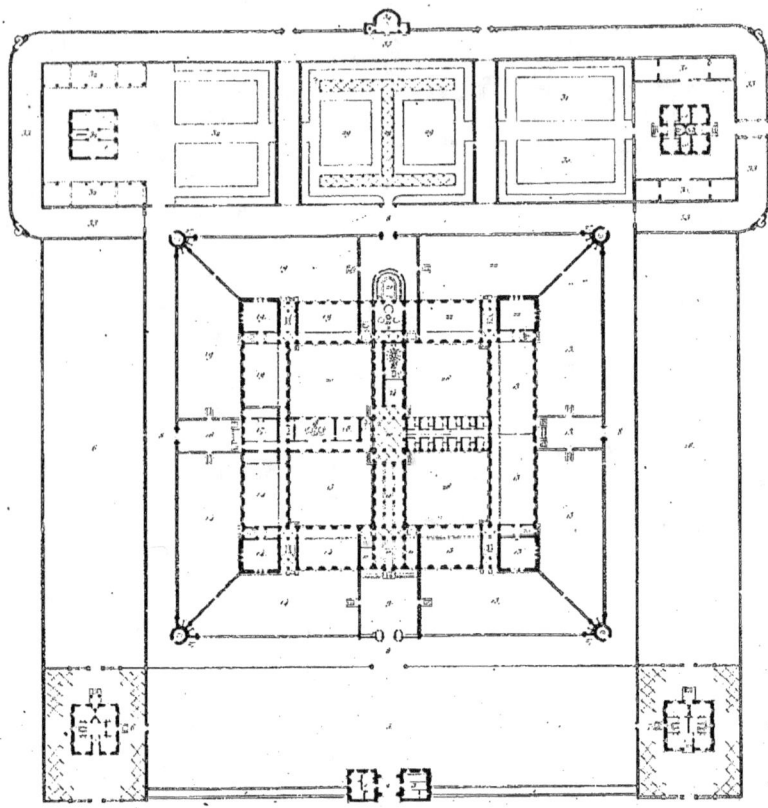

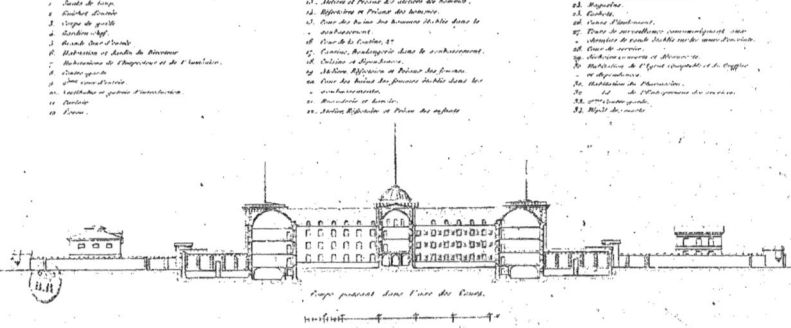

Maison Centrale de Détention à Beaulieu près Caen, (Calvados). Pl.ᶜʰᵉ 17
(de 1828 à 1844)

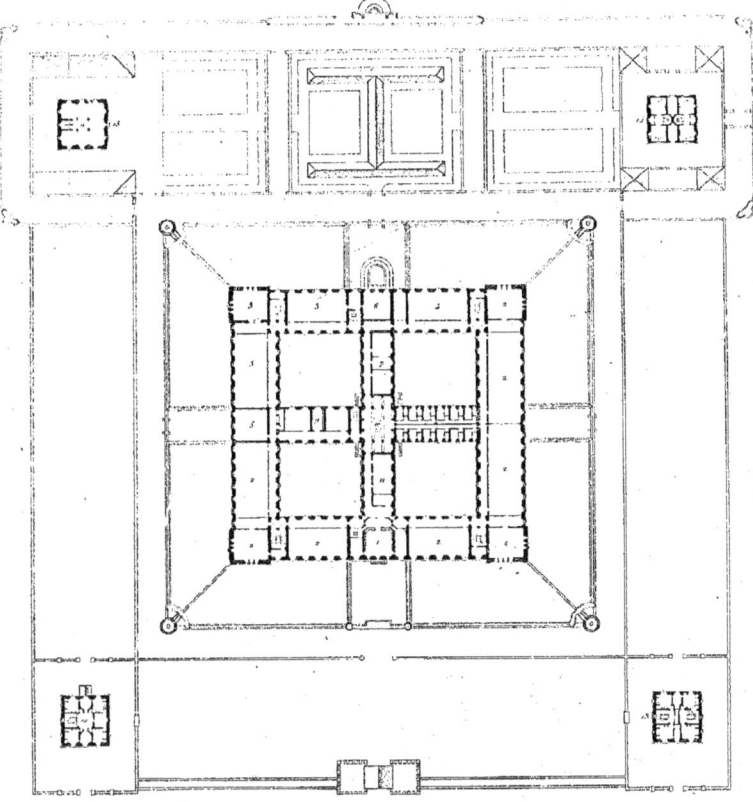

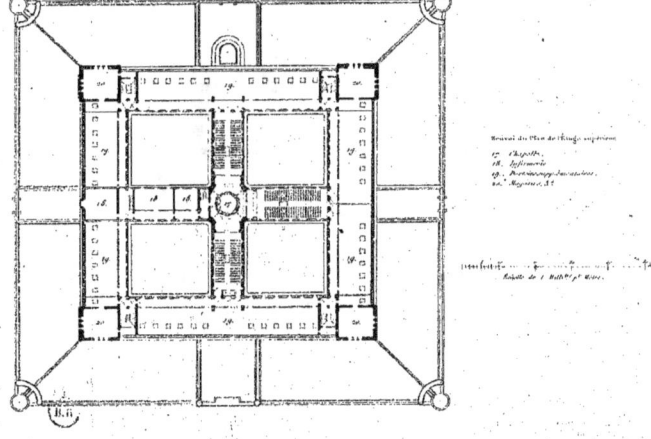

Maison Centrale de Détention à Beaulieu près Caen (Calvados)
(de 1828 à 1845)

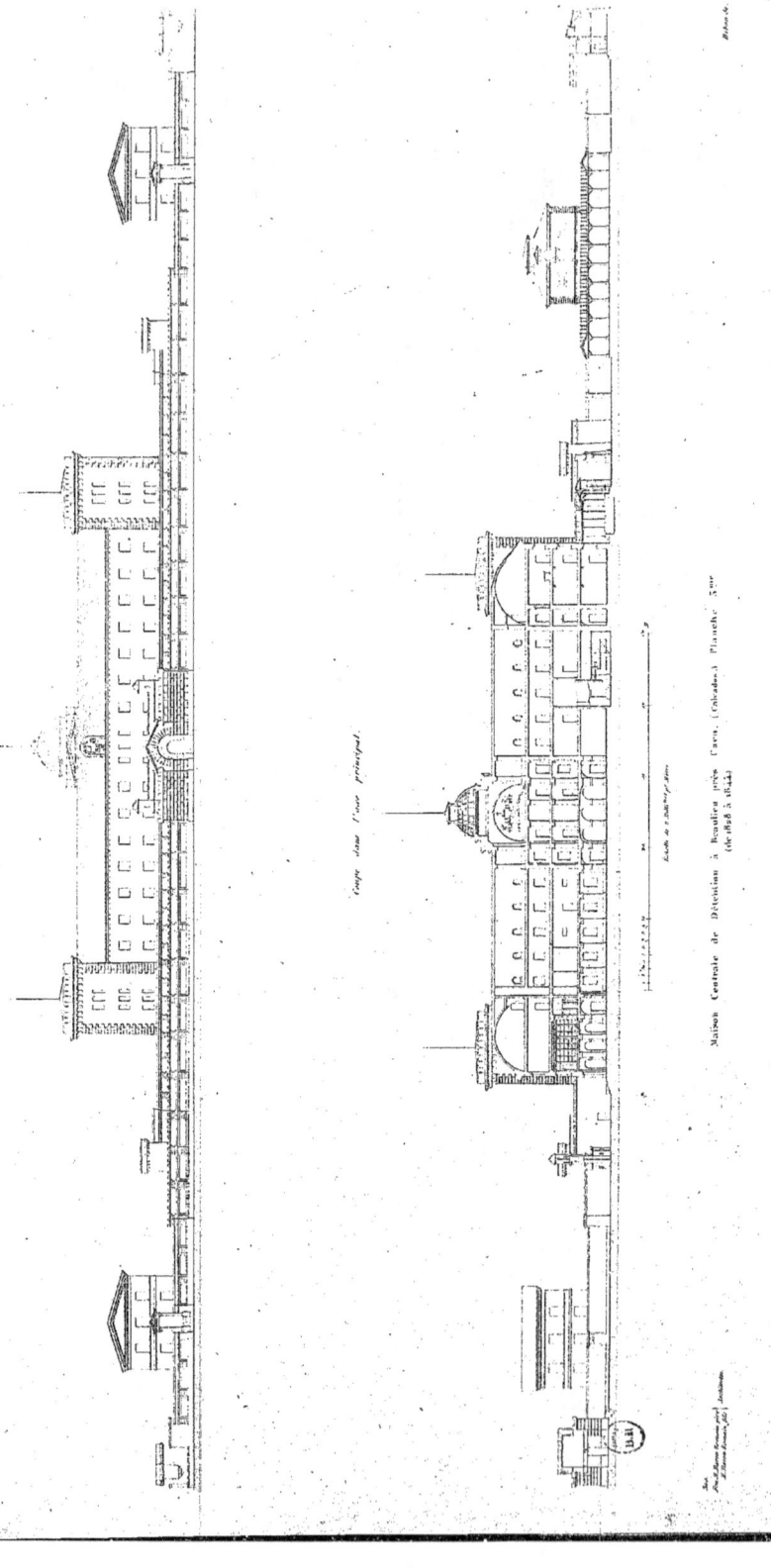

Maison Centrale de Détention à Beaulieu près Caen, (Calvados). Planche 3me
(de 1828 à 1844)

HUITIÈME SECTION.

MONUMENTS PUBLICS.

En plaçant en tête de la section correspondante de notre premier volume la *colonne élevée à Paris en l'honneur de la grande armée*, nous annoncions que nous classerions ici *celle de Boulogne*, déjà publiée depuis longtemps (planches 119 et 120, vingtième livraison); mais nous la renvoyons au troisième volume, où il sera possible que nous y joignions l'indication de l'enceinte et de la statue de l'empereur qui y a été placée en dernier lieu.

Nous classons principalement ici la *colonne de Juillet*, élevée sur la place de la Bastille, ainsi que l'*arc de triomphe de l'Étoile*, à Paris.

COLONNE DE JUILLET,

SUR LA PLACE DE LA BASTILLE A PARIS (SEINE);

Fête pour la pose de la première pierre, le 27 juillet 1831,
Et fête d'inauguration, le 28 juillet 1840;

Par feu M. ALAVOINE et par M. DUC, architectes.

6 planches numérotées 149 et 150; 262, 263, 264 et 265.

L'érection d'un monument en cet endroit était décidée depuis longtemps; même avant les événements de 1789, les cahiers du tiers-état de Paris avaient formulé le vœu suivant : *Que, sur le sol de la Bastille détruite et rasée, on établisse une place publique, au milieu de laquelle s'élèvera une colonne d'une architecture noble et simple* (Revue de l'Architecture, 1840, p. 409).

Une loi rendue par l'assemblée nationale, le 27 juin 1792, avait décrété *la formation en cet endroit d'une place de la Liberté, et l'érection, au centre, d'une colonne surmontée de la statue de la Liberté*.

D'après les grands projets entrepris et en partie exécutés sous l'Empire, le centre de cette place devint le point d'intersection des axes, 1° de la grande rue impériale qui devait être ouverte depuis la colonnade du Louvre jusqu'à la barrière du Trône; 2° du boulevard Beaumarchais; 3° enfin, de la Gare établie dans les anciens fossés de la Bastille, et de la première partie du canal Saint-Martin, qui, avec le bassin de La Villette et le canal de l'Ourcq, établit une communication de la Seine à la Seine, depuis son entrée dans Paris jusqu'à Saint-Denis.

Le 2 décembre 1808 (1), le ministre de l'intérieur (M. Cretet), et les préfets de la Seine et de police posèrent en cet endroit la première pierre d'une fontaine monumentale; et le 2 février 1810, un décret impérial ordonna que cette fontaine se composerait principalement d'un éléphant en bronze portant une tour semblable à celle dont se servaient les anciens, exécuté avec les canons pris sur les Espagnols (2).

Les premiers projets furent rédigés par M. Cellerier; mais,

---

(1) Quatrième anniversaire du couronnement de l'empereur. Les eaux de l'Ourcq arrivaient le même jour pour la première fois à Paris.

(2) L'idée première de ce monument est attribuée par quelques personnes à M. le chevalier Denon, directeur des musées impériaux, comme résultant de ses voyages en Orient; et par d'autres à l'empereur lui-même, qui, lors de son entrée à Berlin, aurait été frappé d'une pendule composée sur ce motif et placée dans le cabinet du roi de Prusse.

---

ayant été nommé en 1812 architecte de l'église de Saint Denis, il fut remplacé pour la fontaine de la Bastille par M. Alavoine. D'après les projets étudiés par ce dernier, la fontaine devait se composer d'une vasque circulaire en marbre (cette forme le socle sur lequel repose la grille d'enceinte du monument exécuté), et, au centre, d'un éléphant colossal portant une tour dont le sommet se serait élevé à 20 mètres au-dessus du sol de la place; l'éléphant et la tour devaient être exécutés en bronze et enrichis d'ornements et de dorures. En 1814, M. Alavoine avait fait exécuter la voûte au-dessus du canal, les caveaux, et, en général, toutes les substructions qui devaient recevoir la vasque, ainsi que le modèle de l'éléphant, grandeur d'exécution et en charpente et maçonnerie, qui subsiste encore sur la place.

Après les événements de 1814, la forme du monument fut remise en question; et, malgré toutes ses prédilections pour le projet primitif, M. Alavoine dut se livrer à de nouvelles et nombreuses compositions dont aucune n'avait été encore définitivement adoptée en 1830.

Il fut alors statué par deux lois (le 10 décembre 1830, et le 20 mars 1833), qu'un monument serait élevé sur la place de l'ancienne Bastille, en l'honneur des citoyens morts dans les journées des 27, 28 et 29 juillet 1830; la première pierre de ce monument fut posée le 27 juillet 1831, par S. M. Louis-Philippe (voir nos planches 149 et 150).

Le projet primitif de M. Alavoine, pour ce monument, était une colonne (1) dans le style de la colonne Trajane, portant sur son fût les noms des citoyens auxquels elle était élevée, et surmontée d'une statue de la France Constitutionnelle. Devant, comme l'éléphant projeté antérieurement, être élevée au-dessus de la voûte du canal et sur une base beaucoup moins étendue, cette colonne ne pouvait à plus forte raison être également exécutée qu'en métal, et M. Alavoine évaluait dès lors son poids à environ 170,000 k. (évaluation dont, comme on le verra, l'exécution s'est peu éloignée), tandis que, d'après ses calculs, l'exécution en marbre aurait produit un poids de près de 1,200,000 k. De plus, pour ne pas sortir du crédit de 900,000 fr. qui était assigné par les lois précitées, M. Alavoine proposa d'employer un alliage de zinc et d'étain; mais, d'après les objections de la commission des monnaies, le bronze fut définitivement adopté.

---

(1) Le soubassement devait d'abord être accompagné de bassins et de fontaines jaillissantes qui, depuis, ont été supprimés pour éviter tout danger de filtration.

Les travaux étaient en grande activité lors de la mort de M. Alavoine, arrivée à la fin de 1834. M. Duc, précédemment inspecteur de ces travaux, lui succéda comme architecte, et fit adopter des modifications qui consistèrent principalement : 1° à ajouter des compartiments en marbre de couleur et des médaillons en bronze au soubassement sous le piédestal, et des ornements au piédestal même; 2° à donner un peu plus de hauteur (1) au fût de la colonne et à le diviser par des bandeaux, afin d'en faciliter l'exécution; 3° et à remplacer le chapiteau du projet primitif par celui qui a été exécuté. La grille d'enceinte est également due à M. Duc, ainsi que les dispositions qui ont eu lieu dans les caveaux pour recevoir les restes des victimes de Juillet.

Les travaux furent alors continués activement. La fourniture des bronzes avait été, dès le commencement de 1834, l'objet d'une adjudication entre onze de nos précédents fondeurs, à la suite de laquelle MM. Debladis et Cie étaient restés adjudicataires; plus tard ils avaient été autorisés à faire exécuter toutes les parties ornées par MM. Soyer et Ingé. Les bronzes, presque tous fondus dans les ateliers de ces fournisseurs, ont été pour la plupart dressés et ajustés dans des ateliers établis au pied du monument, et, en partie, au moyen d'une petite machine à vapeur. Le chapiteau a été coulé dans la fonderie du gouvernement au faubourg du Roule, en un seul morceau pesant 11,000 k. (non compris les 4 génies et les 8 palmettes qui sont rapportés); il fut amené le 10 mars 1839 sur un fort chariot traîné par 12 chevaux; ces derniers ayant refusé le service au boulevard Ménilmontant, la foule les détela et conduisit le chapiteau à sa destination. Le 28 août suivant, il fut hissé et placé en quelques heures.

Le 30 avril suivant, on plaça également la statue du Génie de la Liberté, exécutée par M. Dumont, membre de l'Institut.

Enfin, le 28 juillet suivant, eut lieu la fête d'inauguration, à laquelle nous avons consacré la planche 265.

Toutes les substructions ont été exécutées en pierre de taille et autres matériaux de premier choix et mis en œuvre avec les plus grands soins.

Le premier soubassement circulaire au-dessus du piédestal est en marbre blanc d'Italie ainsi que le corps du deuxième soubassement, dont le socle est en granit gris de Sainte-Honorine (Normandie).

Les bronzes qui forment la charpente et le revêtement du monument même pèsent en tout 184,378 kilogrammes, non compris la statue. Les additions et modifications faites au projet de M. Alavoine motivent l'excédant de 14,000 kilogrammes sur ses évaluations, et en démontrent même la justesse.

Les noms des victimes de juillet ont été burinés sur le fût, et ils sont dorés ainsi que la statue.

La grille d'enceinte est toute en fonte de fer. Le socle au-dessous, qui devait former la vasque de la fontaine projetée en premier lieu, est en marbre rouge de Franchimont (Pays-Bas).

---

(1) En définitive, la hauteur depuis le pavé de la place (au droit du trottoir), jusqu'au sommet de la hauteur de la statue, est de 41m.60c; et, en y comprenant le flambeau que porte la statue, de 50m.50c.
La hauteur de la colonne de Boulogne (voir nos planches 119 et 120, que nous avons déjà annoncé devoir classer dans notre troisième colonne), est d'environ 53m.60c, compris la statue de l'empereur qui y a été placée dans ces dernières années.
La hauteur de la colonne de la Grande armée, sur la place Vendôme à Paris (voir nos planches 155 et 156, classées au premier volume), est, aussi compris la statue de l'empereur, d'à peu près 44m.
Cette dernière hauteur est, à quelques centimètres près, celle de la colonne Trajane à Rome; la colonne Antonine a environ 1 mètre de plus.
La colonne élevée à Saint-Pétersbourg, en l'honneur de l'empereur Alexandre, a environ 40m jusqu'au sommet de la statue et 48m jusqu'à l'extrémité de la croix qu'elle supporte.
La colonne élevée à Londres en mémoire de l'incendie de 1666, et connue sous le nom de *Monument*, a environ 60m jusqu'au sommet du vase flamboyant qui la couronne.

Les travaux exécutés avant 1830 pour les substructions et le soubassement de la fontaine projetée, s'étaient élevés à environ 1,068,000 fr., dont :

Pour terrasse et maçonnerie.......	592,000 fr.	
— charpente (clôtures, grand hangar et carcasse du modèle de l'éléphant, etc.)...........	163,000	1,068,000 fr.
— modèle de l'éléphant........	28,000	
— marbrerie................	210,000	
— frais d'agence............	75,000	

Les travaux du monument de Juillet, proprement dit, se sont élevés à environ 1,303,000 fr., qu'on peut diviser ainsi qu'il suit :

Travaux de maçonnerie et autres.	108,000 fr.	
Échafauds, barrières, hangar, etc..	91,500	
Fourniture de marbre. 36,000 fr.		140,500
Main-d'œuvre...... 104,500		
Bronzes (1), compris frais de pesage et d'essai..................	697,000	
Statue en bronze.............	60,000	1,303,000
Sculpture d'ornements et modèles..	63,000	
Dorure de la statue et des lettres...	8,000	
Appareils d'éclairage et d'illuminations par le gaz de l'enceinte et du monument même................	23,000	
Grille d'enceinte.............	24,500	
Frais d'agence................	87,500	
Ensemble..............	2,371,000	

ARC DE TRIOMPHE,

DE LA BARRIÈRE DE L'ÉTOILE A PARIS (SEINE);

1806 à 1836.

Fête d'inauguration le 30 juillet 1837.

Par MM. **CHALGRIN** (feu), **GOUST** (feu), **HUYOT** (feu) et **BLOUET**, architectes.

6 planches numérotées 242, 243, 244, 245, 246 et 247.

Le 18 février 1806, à la suite de la campagne d'Austerlitz, Napoléon ordonna par un décret qu'un *arc de triomphe serait élevé en l'honneur des armées françaises;* le projet et l'exécution en furent confiés originairement à MM. Chalgrin et Raymond, tous deux membres de l'Institut; les fouilles furent commencées dès le mois de mai, et la première pierre fut posée le 15 août suivant, jour anniversaire de la naissance de l'empereur (2).

Des dissentiments s'élevèrent bientôt entre les deux architectes pour la composition du projet, M. Raymond tenant, contre l'opinion de M. Chalgrin, à y introduire des colonnes comme dans presque tous les arcs antiques. M. Cretet, ministre de l'Intérieur, embarrassé par ces dissentiments, consulta plusieurs architectes auxquels il posa diverses questions; et, en

---

(1) Ces bronzes étaient estimés dans le devis auquel a été passée l'adjudication à 3 fr. 75 c. pour la charpente et les armatures extérieures, l'escalier, etc.; et à 4 fr. 75 c. pour les parties ornées formant le revêtement extérieur. L'adjudication a produit un rabais de 8,07 pour cent. Les fournisseurs ont prétendu être fortement en perte, et ont porté jusqu'aux chambres des réclamations qui n'ont pas été admises. Il peut n'être pas sans intérêt de comparer les données que nous donnons ici sur les poids et les prix de ces bronzes avec celles que nous avons également données à la section correspondante de notre premier volume en ce qui concerne la *colonne élevée à la Grande armée sur la place Vendôme*.
La porte du soubassement, qui sortait des données de l'adjudication, a été payée à raison de 8 fr. le kilog. Elle pèse 619 kil.

(2) Cette pose de première pierre eut lieu, non pas officiellement, mais spontanément par les ouvriers mêmes qui travaillaient aux fondations.

définitive, en mars 1809, l'empereur approuva le projet de M. Chalgrin, qui différait peu, dans son ensemble, de ce qui a été exécuté.

A partir de cette époque jusqu'à sa mort, arrivée en janvier 1811, M. Chalgrin dirigea seul les constructions, et les éleva jusqu'au-dessous des corniches du piédestal. Il avait également fait exécuter un simulacre complet de l'arc en 1810, pour l'entrée de l'impératrice Marie-Louise.

M. Goust, précédemment inspecteur de ces travaux, succéda comme architecte à M. Chalgrin; et il éleva de 1811 à 1813, les constructions, jusqu'à la hauteur de l'imposte du grand arc; elles furent suspendues par suite des événements de 1814, et peu s'en fallut même qu'elles ne fussent supprimées; les échafauds furent démolis, et les bois employés à l'achèvement des greniers de réserve.

Une ordonnance royale du 9 octobre 1823 ayant décidé que l'arc de l'Étoile serait terminé en mémoire de la récente expédition de l'armée française en Espagne, M. Huyot, membre de l'Institut, fut alors chargé, avec M. Goust, de la rédaction des projets définitifs; mais le premier de ces artistes ayant présenté plusieurs projets qui tous tendaient à modifier plus ou moins le projet primitif, soit en y ajoutant des colonnes, soit en en changeant la partie supérieure, M. Goust resta seul chargé des travaux; une nouvelle ordonnance royale du 12 mai 1825 prescrivit que ces travaux seraient exécutés suivant le projet primitif de feu M. Chalgrin; et le ministre de l'Intérieur institua à cet effet une commission de surveillance, composée de MM. Debret, Fontaine, Guy de Gisors et Labarre. (M. Percier avait également été désigné pour faire partie de cette commission, mais il s'excusa en raison des opinions qu'il avait précédemment émises relativement à la décoration des arcs de triomphe.) L'édifice fut ainsi élevé jusqu'à la première assise d'architrave.

M. Goust étant décédé en 1828, la commission fut dissoute, et M. Huyot fut de nouveau chargé de l'exécution des travaux. C'est sur ses dessins et sous sa direction qu'ont été exécutés le grand entablement, les ornements des voûtes de la grande arcade et la grande voûte qui supporte la plate-forme supérieure.

Les travaux furent de nouveau momentanément interrompus par les événements de 1830; mais bientôt, l'achèvement complet de l'arc de triomphe fut compris au nombre des travaux qui furent alors décidés; et, à partir du milieu de l'année 1832, M. Blouet, nommé architecte de ce monument, a fait exécuter : l'attique, l'acrotère, le dallage de la plate-forme, la décoration de la grande salle voûtée au-dessous, les sculptures et inscriptions, l'enceinte du monument, les compartiments du pavage, le système d'éclairage et d'illumination par le gaz, etc. Il a également composé, de concert avec M. Seurre aîné, statuaire, plusieurs projets de groupes en bronze pour le couronnement de l'édifice, et notamment celui dont nous avons compris la représentation dans nos planches.

Les travaux ont été entièrement terminés en 1836, et l'inauguration a eu lieu le 30 juillet 1837 (voir la planche 247).

Nous avons donné sur nos planches l'indication des divers groupes et bas-reliefs qui ornent l'arc de triomphe, ainsi que de leurs sujets et des noms des artistes auxquels ils sont dus.

Nous avons également indiqué, d'une manière aussi apparente que possible, les noms des armées et des victoires, ainsi que des maréchaux, généraux en chef, lieutenants-généraux et généraux de division ou de brigade et colonels qui ont été inscrits sur les différentes faces de l'arc de triomphe. Cependant, un certain nombre de ces noms ayant été inscrits après coup et depuis le tirage d'une partie de nos planches, nous n'avons pu les y faire mettre qu'ultérieurement.

Ce monument dépasse de beaucoup en dimensions tous les arcs de triomphe connus, ainsi qu'on peut en juger par le parallèle qui suit :

	Longueur.	Hauteur.	Épaisseur.
Arc de triomphe de l'Étoile	44m30	49m25	22m20
Porte Saint-Denis, à Paris	24	23 65	7 85
Arc de Constantin à Rome (le plus grand des arcs antiques connus)	24 70	21 40	6 65

Les fondations, poussées jusqu'à huit mètres de profondeur, ont été entièrement exécutées en pierre, à l'exception des parties sous les vides des arcs qui sont en moellons. Toutes les parties en élévation sont également en pierre, à l'exception des deux voûtes supérieures qui sont construites en meulière. Les revêtements extérieurs sont presque entièrement en pierre de Château-Landon (Seine-et-Marne), dont les carrières, anciennement exploitées, l'ont été de nouveau aux frais de l'État pour ce monument et pour quelques autres grands édifices. Tout le grand entablement, le socle, la corniche et le couronnement de l'attique, et le couronnement de l'acrotère ont été exécutés en pierre de Chérence (Seine-et-Oise) ainsi que le dallage de la plate-forme, les grands bas-reliefs, les caissons de la voûte principale et les grands trophées.

L'ensemble des dépenses s'est élevé, de 1806 à 1826, à environ 9,877,000 fr., dont, presque exactement, un tiers sous l'empire, un tiers sous la restauration, et un tiers sous le gouvernement actuel.

Quant à la nature des dépenses, la somme totale doit se répartir à peu près comme il suit :

Fouille et transport des terres pour les fondations	38,000 fr.
Travaux de terrasse, nivellements, etc., en 1831	16,000
Simulacre établi en 1810, pour l'entrée de l'impératrice Marie-Louise	409,000
Travaux de maçonnerie	5,174,000
Fourniture de pierres de Château-Landon	531,000
Échafauds, clôtures, hangars, etc.	1,045,500
Sculpture d'ornements	682,000
Statuaire	1,243,000
Peintures commencées dans la grande salle, sous les voûtes supérieures	8,500
Pavage	27,000
Appareils d'éclairage et d'illuminations par le gaz	40,500
Frais d'agence	575,500
Somme pareille	9,877,000 fr.

SALLE DE SPECTACLE,

A NANTES (SEINE-INFÉRIEURE);

Construite une première fois, de 1784 à 1788, par M. CRUCY, alors architecte voyer de la ville, reconstruite de 1808 à 1813, par le même, comme architecte du département.

2 planches numérotées 233 et 234.

La construction première de cette salle, ainsi que la formation de tout le beau quartier dans lequel elle est située, est due à Graslin, receveur général des fermes du Roi, à Nantes, avant la révolution. Son nom a été donné à tout le quartier et particulièrement à la place au devant de la salle de spectacle.

La première construction de la salle, de 1784 à 1788, avait coûté environ 265,000 fr.

(1) MM. J. Thierry et C. Coulon, qui ont concouru comme inspecteurs à l'exécution des travaux de ce monument, ont publié une *Notice historique sur l'Arc de Triomphe de l'Étoile*, qui a déjà eu plusieurs éditions.

M. Thierry achève de plus en ce moment sous le titre de *Arc de Triomphe de l'Étoile*, une publication composée d'un grand nombre de planches grand in-folio, gravées avec le plus grand soin et qui, avec le texte qui y sera joint, feront connaître dans le plus grand détail tout cet important édifice.

Cette salle ayant été brûlée en l'an vi de la république, l'empereur, lors de son voyage à Nantes en 1808, en ordonna la reconstruction, qui eut lieu de 1808 à 1812, partie aux frais de l'état, partie aux frais de la ville. La dépense s'est élevée à près de 500,000 fr.

Tous les soubassements sont en granit; la colonnade en pierre de Saint-Savinien; les murs de face en tuffeau, etc. Toute la charpente est en bois de chêne.

La salle contient, dans son état actuel, 1,500 spectateurs, on compte augmenter ce nombre au moyen de quelques modifications.

La partie postérieure de cet édifice, destinée à une salle de bal et de concerts, n'a point été exécutée jusqu'ici.

PROMENADE PUBLIQUE,

A RENNES (ILLE-ET-VILAINE);

Par M. **MILLARDET**, architecte.

1829 à 1831.

1 planche numérotée 235.

Il n'a été exécuté jusqu'ici que les murs de soutènement et les marches, les uns et les autres en granit, et la balustrade, qui est en fonte. Les travaux se sont élevés à environ 45,000 fr.

Les fontaines ont été ajournées par suite de la non exécution d'un château-d'eau qui devait être construit au centre de la ville, et qui aurait alimenté également d'autres fontaines dans la ville basse.

FONTAINE,

RUE DE RICHELIEU A PARIS (SEINE);

M. **VISCONTI**, architecte; M. **KLAGMANN**, statuaire; M. **CALLA**, fondeur.

1836 à 1839.

1 planche numérotée 259.

Cette place était précédemment occupée par une salle de spectacle bâtie, en 1793, sur les dessins de l'architecte Louis, et qui, achetée par le gouvernement en 1795 (moyennant 8 millions en assignats), devint le *théâtre des Arts*, et reprit plus tard le nom d'*Opéra* ou *Académie royale de Musique*; on conçoit à quels dangers un pareil voisinage exposait la bibliothèque Royale, située en face.

Le duc de Berry ayant été assassiné le 13 février 1820 en sortant de cette salle, elle fut démolie et l'Académie royale de Musique transportée dans la nouvelle salle que nous avons fait connaître à la section correspondante de notre premier volume.

Une chapelle commémorative fut alors commencée, sur la place dont nous occupons, au moyen de souscriptions particulières et d'après les dessins de MM. Malpièce et Moutier; mais ce qui en était exécuté au mois de juillet 1830 a depuis été démoli.

La fontaine que nous donnons ici est exécutée, savoir : le bassin en Château-Landon, le socle en marbre blanc et le surplus en fonte de fer.

Elle a coûté environ 120,000 fr., savoir :

Maçonnerie et charpente (hangars et cloisons provisoires, etc.), bitume, etc. . . .	33,000 fr.
Fourniture de marbre (par le ministre de l'intérieur).	8,000
Travaux de marbrerie.	20,000
Modèles des figures et ornements, par M. Klagmann.	13,000
Fonte de fer, par M. Calla (environ 29,000 kilogrammes) (1).	35,000
Fontainerie.	11,000
Somme totale.	120,000

FONTAINE EN FONTE,

A LIFFOL-LE-GRAND (VOSGES);

Par M. **MATHEY** fils, architecte.

1838.

1 planche numérotée 132.

Cette fontaine a été exécutée en fonte, tant à cause de la mauvaise qualité de la pierre du pays, que par économie. Le bassin et le cippe placé au centre pèsent ensemble 1,944 kilogrammes, et n'ont coûté qu'environ 1,600 fr., à quoi il faut ajouter les travaux de maçonnerie et ceux de la conduite, également en fonte, qui amène les eaux.

Depuis, plusieurs autres fontaines ont été également exécutées en fonte dans le département.

FONTAINE,

A NEUF-CHATEAU (VOSGES);

Par M. **MATHEY** fils, architecte.

1838.

1 planche numérotée 84.

Cette fontaine, qui n'est encore que projetée, serait également en fonte; elle est évaluée 2,600 fr.

(1) L'anneau qui forme la grande vasque, de 6 m. 50 c. de diamètre, a été coulé d'un seul jet.

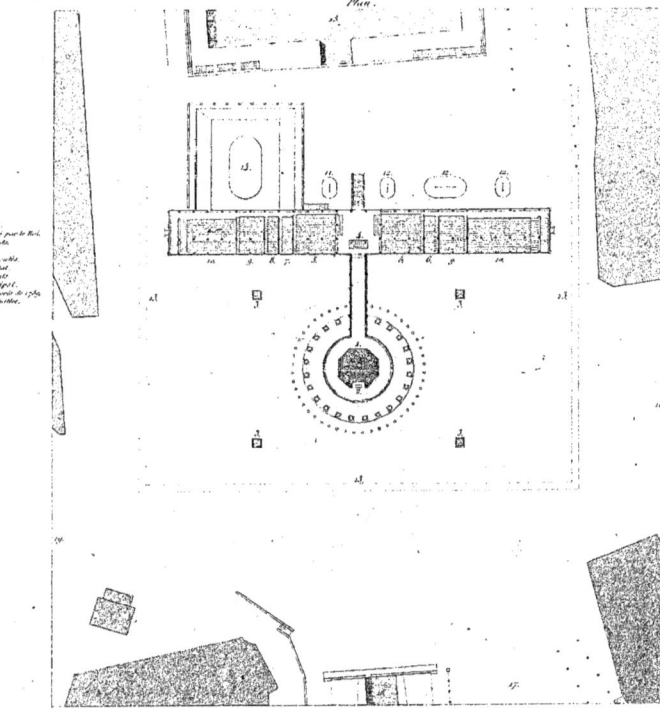

Bas-reliefs peints par M. Gosse sur les 4 faces principales du Simulacre.

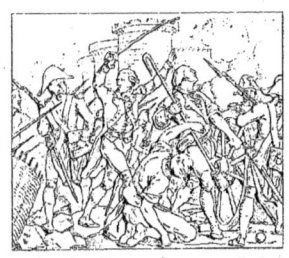
Prise de la Bastille.

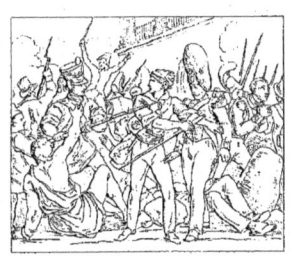
Combat du Louvre.

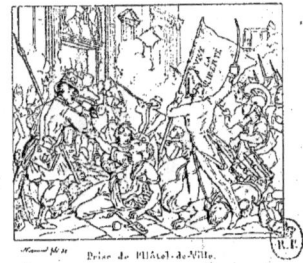
Prise de l'Hôtel-de-Ville.

Serment de Louis-Philippe.

Pose de la 1re pierre du Monument de la place de la Bastille.
(Fête du 27 Juillet 1831.)

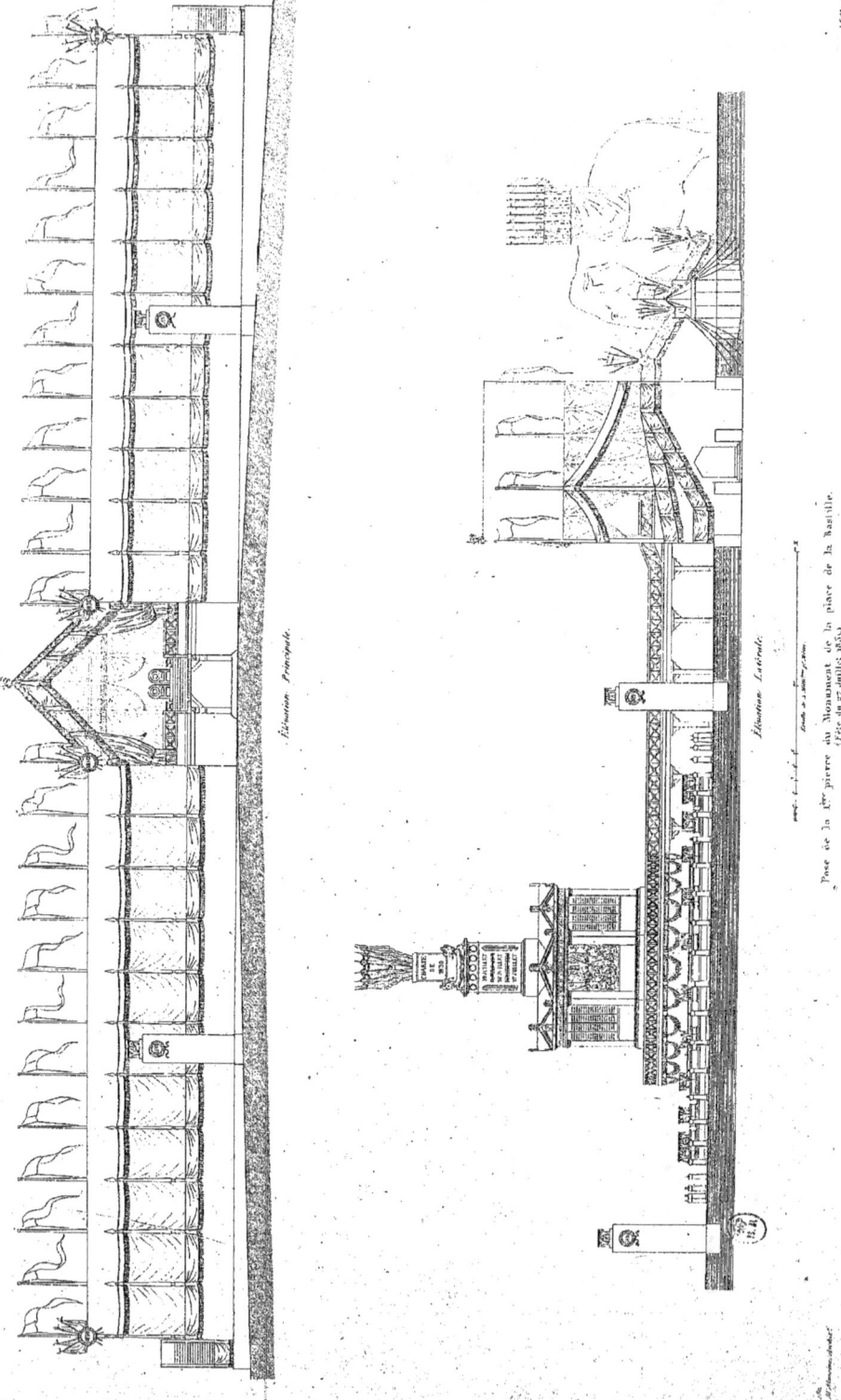

Pose de la 1ère pierre du Monument de la place de la Bastille (Fête du 27 juillet 1831).

Plan au-dessus de la base de la Colonne.

Plan des Caveaux et du soubassement.   Plan à la hauteur du piédestal.

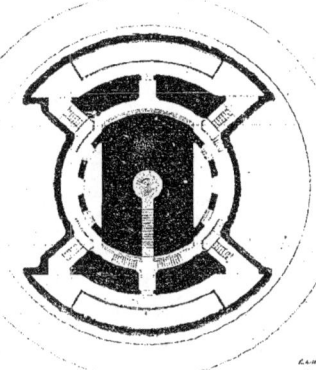

Plan de la Place de la Bastille.

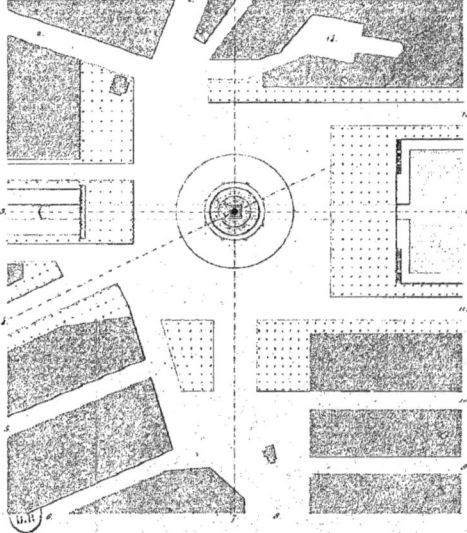

Colonne de Juillet exécutée à Paris. (Seine.) Pl. Ière
(1840.)

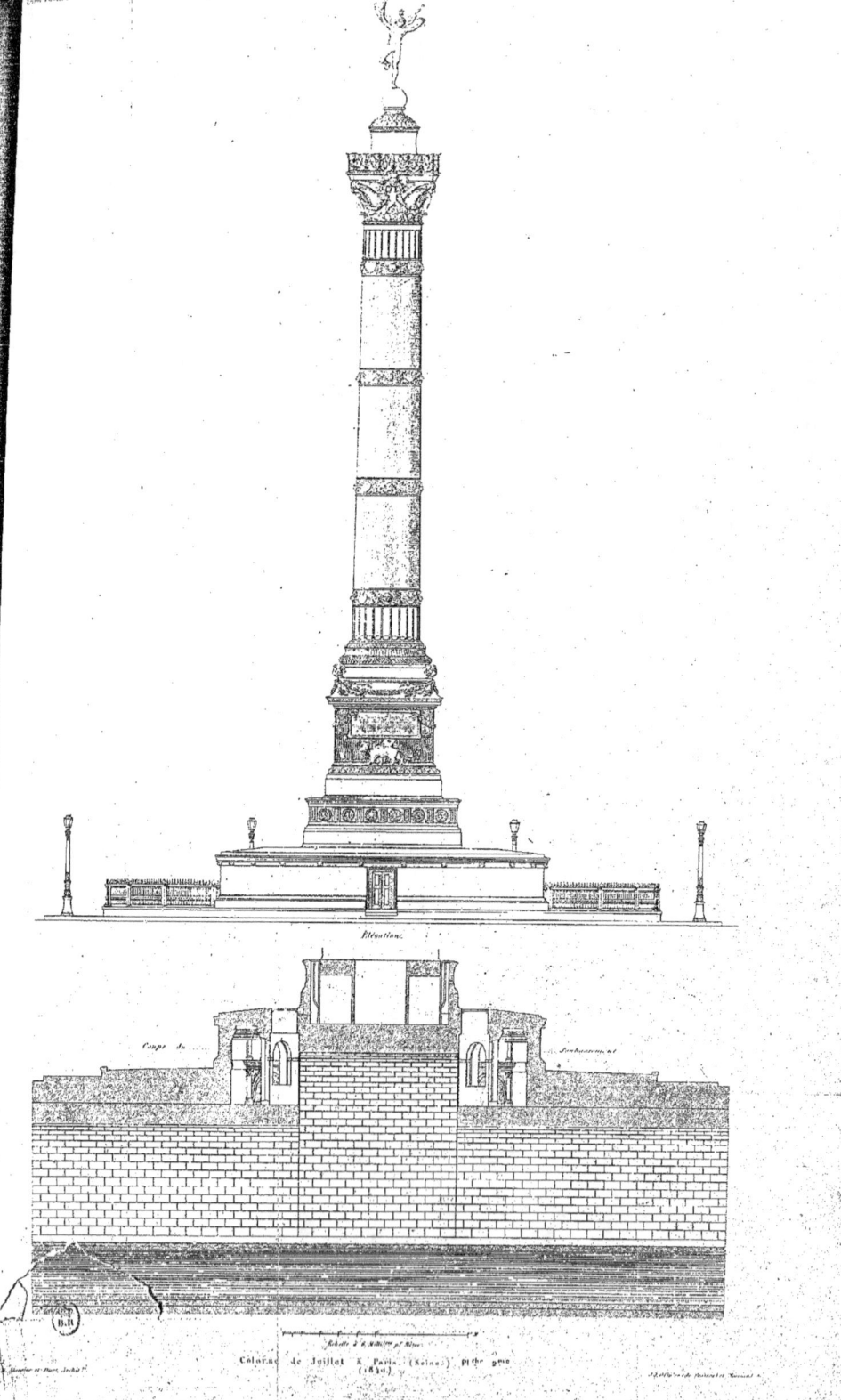

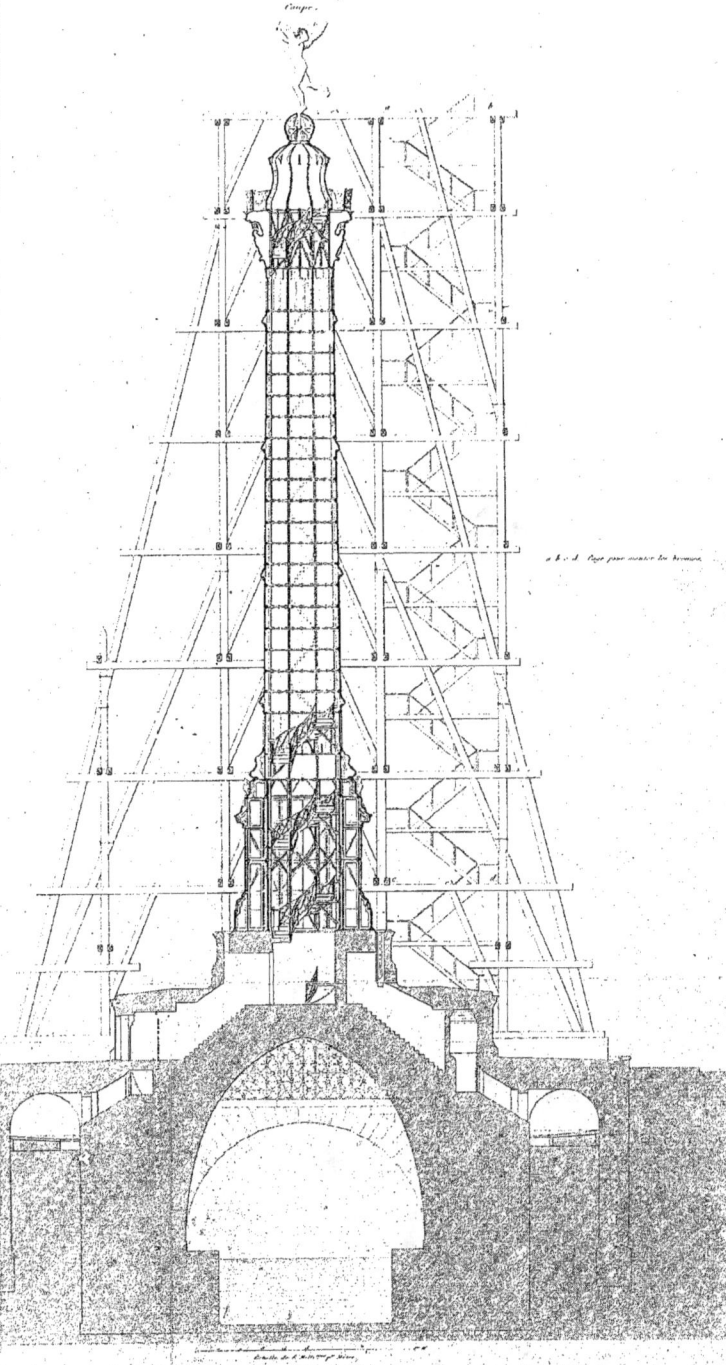

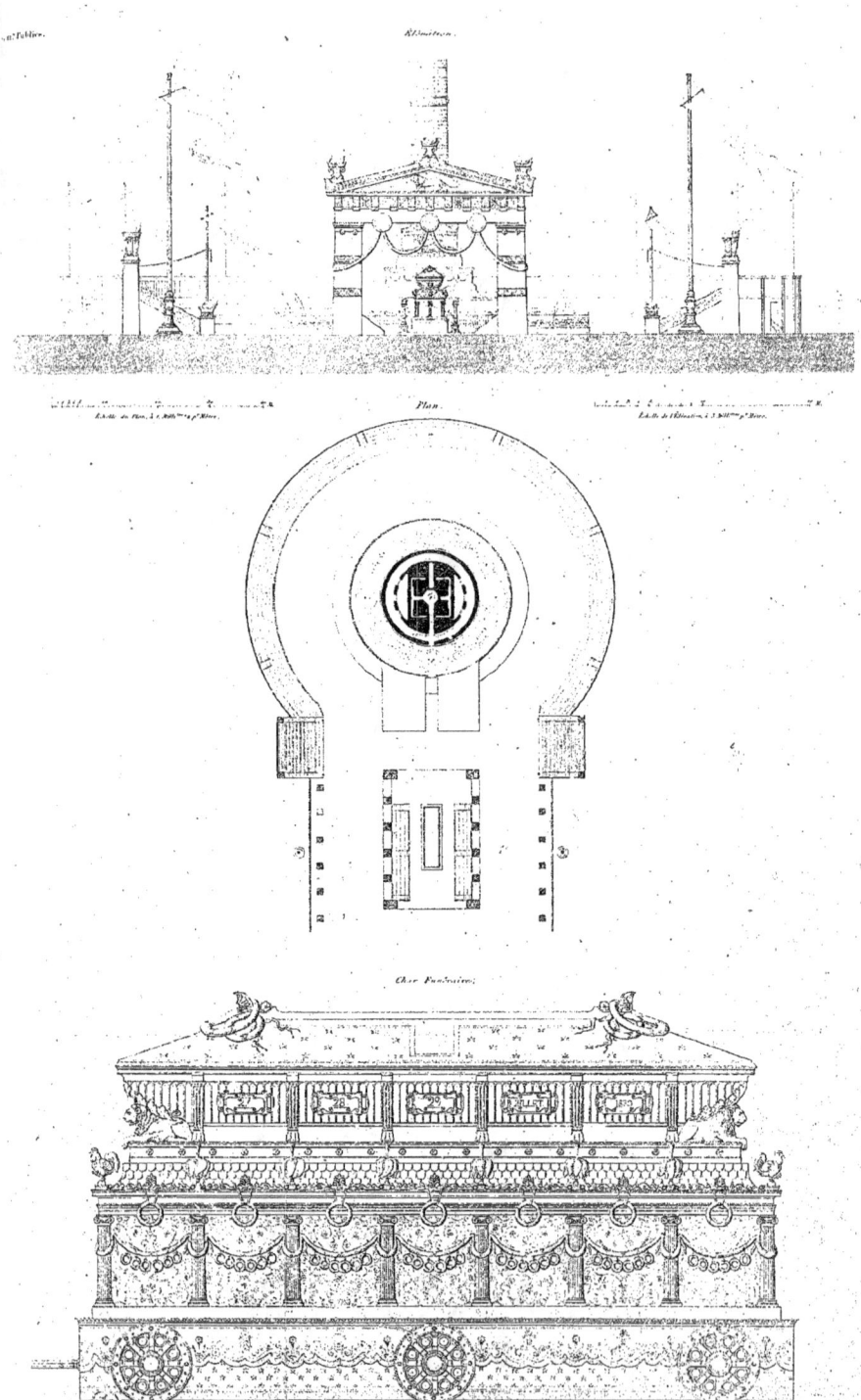

Colonne de Juillet, à Paris. (Seine.) Fête d'Inauguration. (1840.)

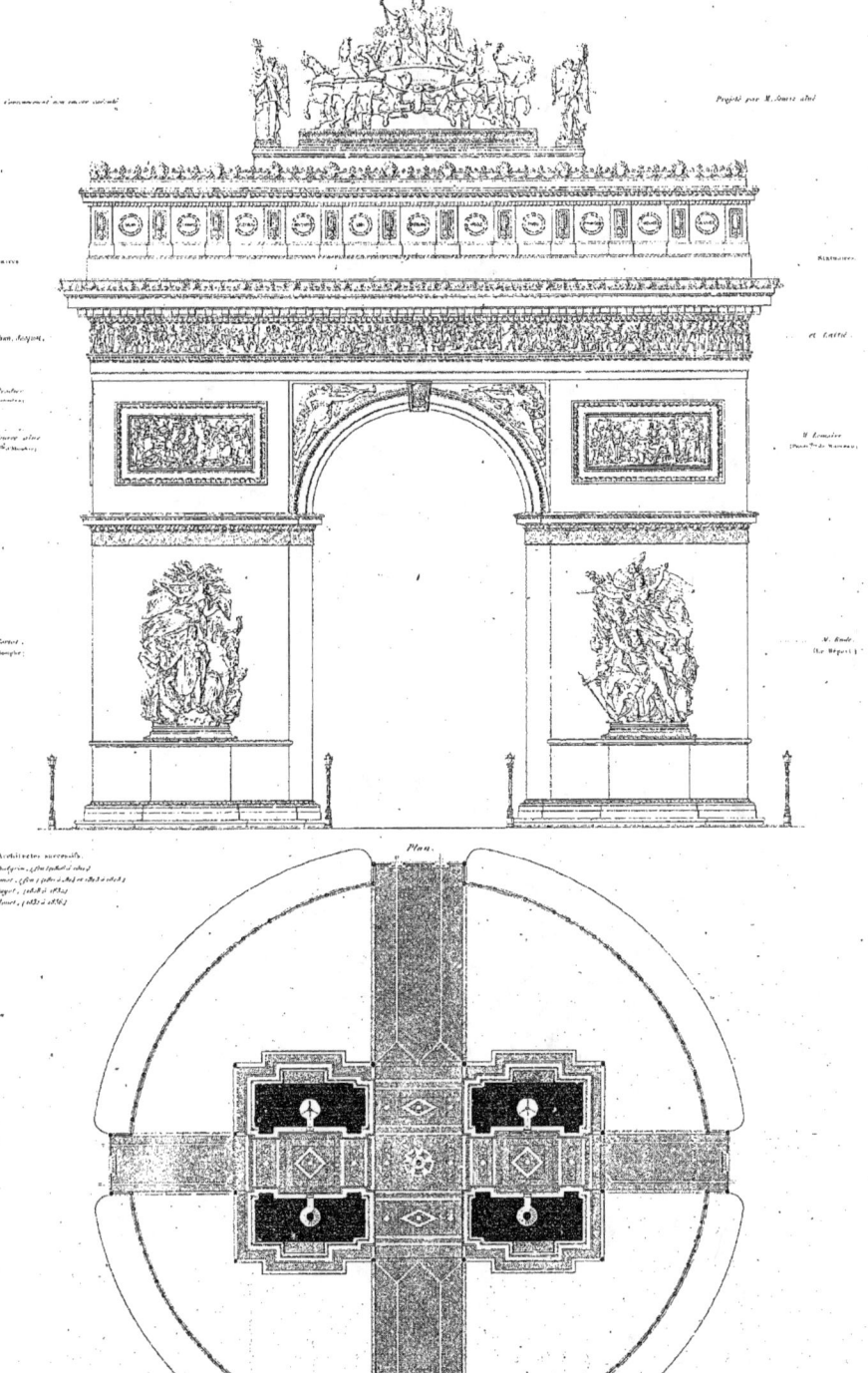

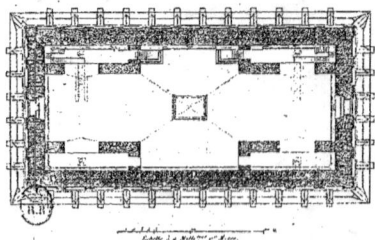

Arc de Triomphe construit à la Barrière de l'Étoile à Paris. (Seine.)
(1806 à 1836)

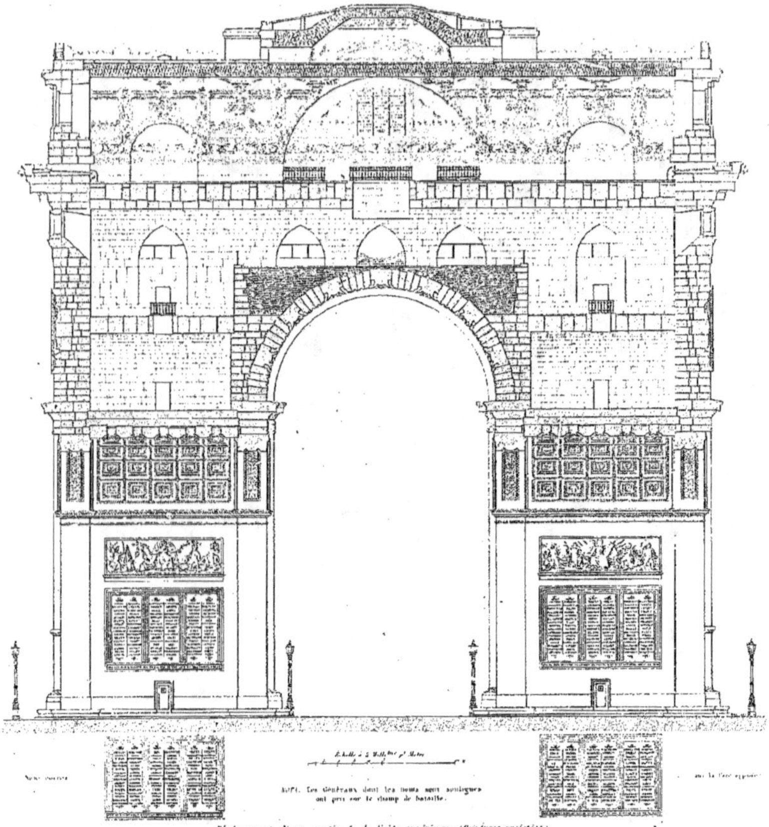

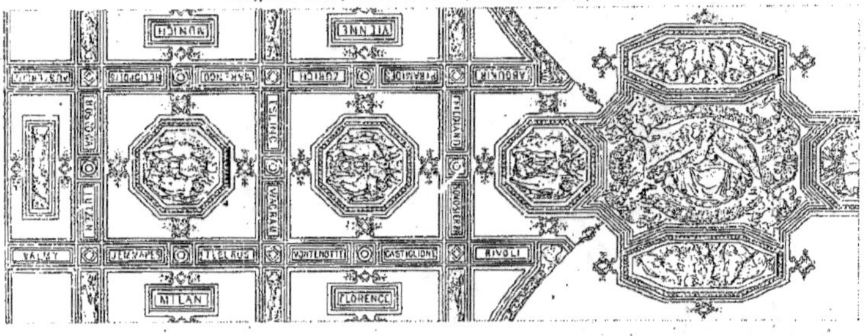

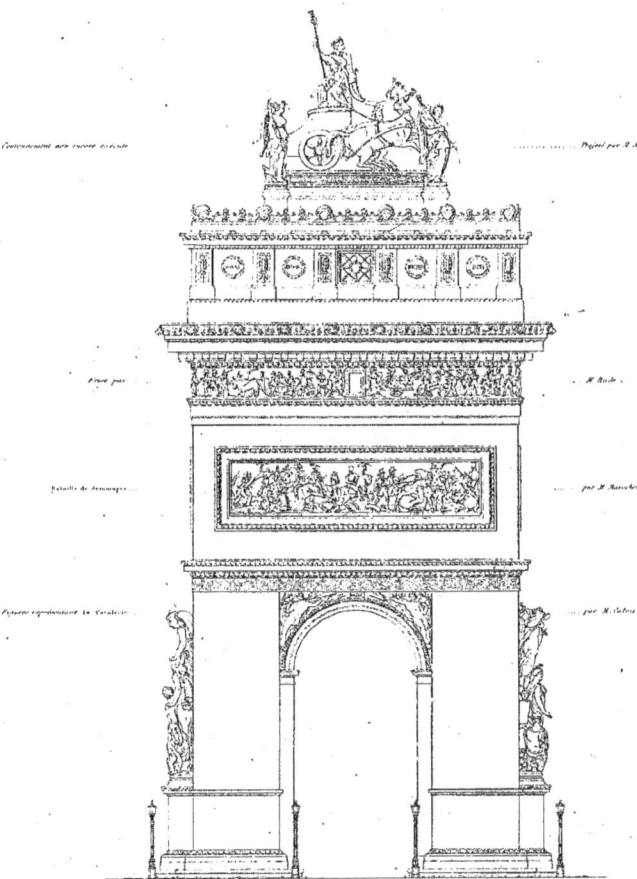

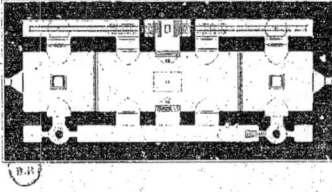

Arc de Triomphe construit à la Barrière de l'Étoile à Paris. (Seine.)
(1806 à 1836.)

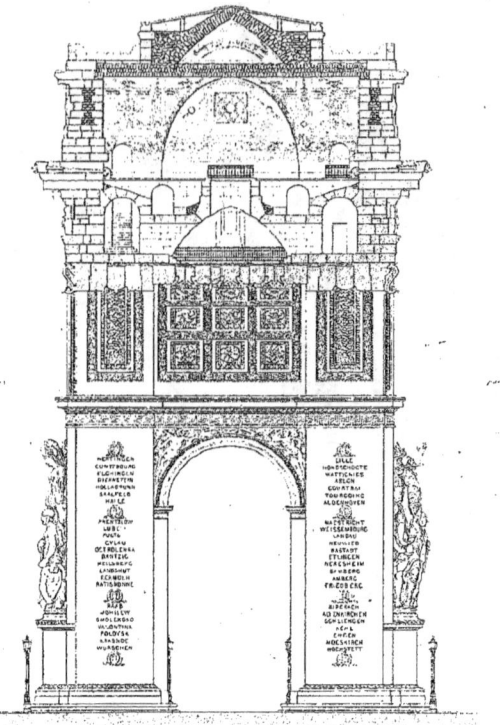

Coupe Transversale (du côté de la Seine)

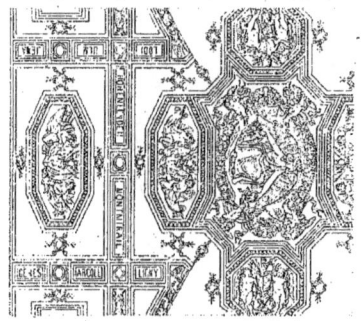

Développement d'une partie de la Voûte supérieure (Peintures projetées)

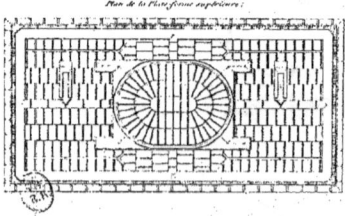

Plan de la Plate-forme supérieure

Arc de Triomphe construit à la Barrière de l'Étoile à Paris (Seine) (1806 à 1836)

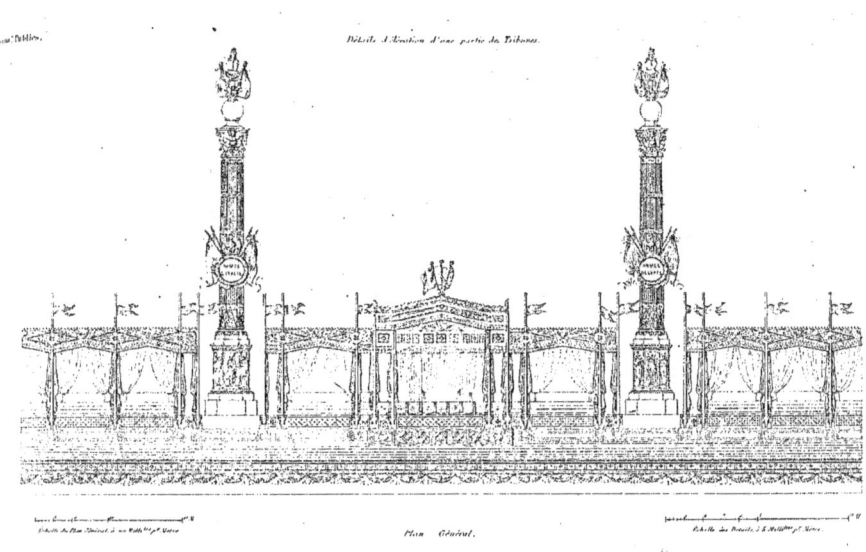

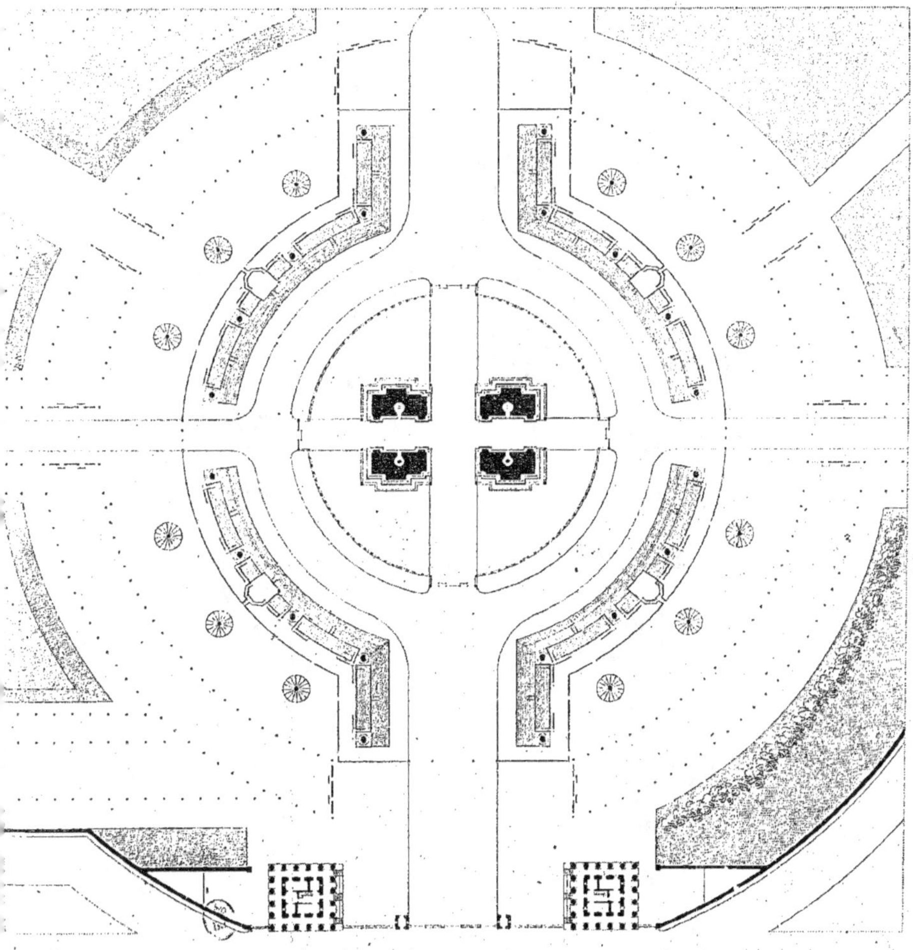

Arc de Triomphe construit à la Barrière de l'Étoile à Paris. (Seine.)
Fête d'inauguration (1837.)

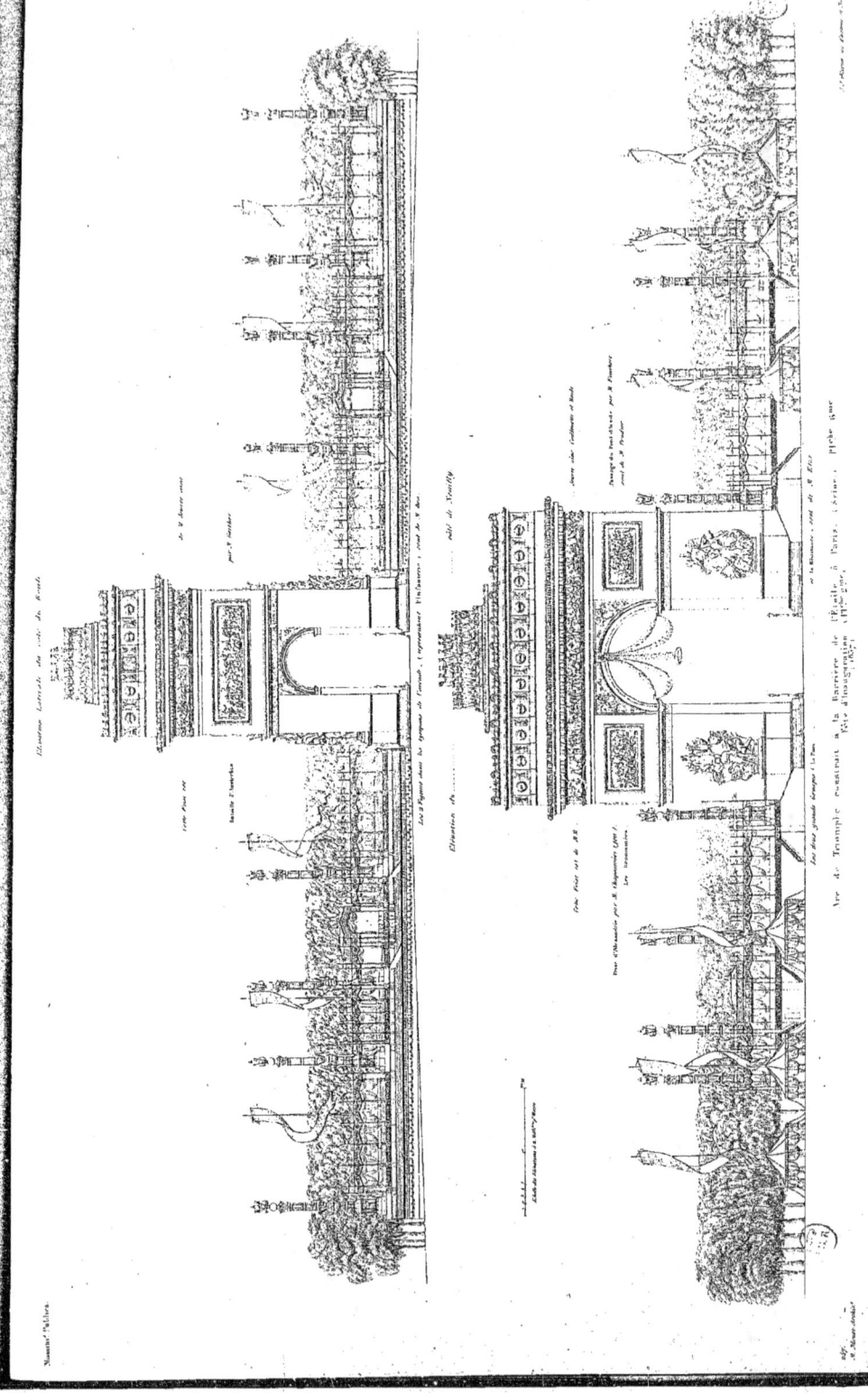

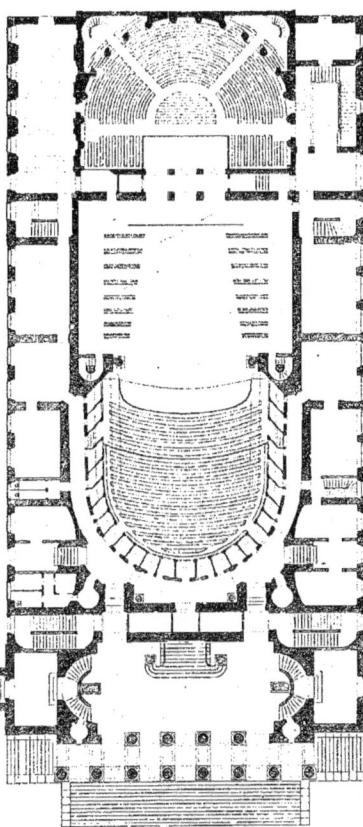

Monum.*** Publics.

Élévation Principale

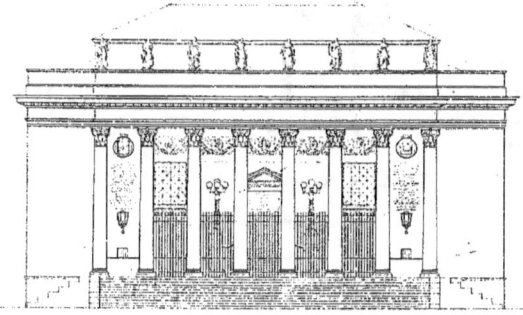

Coupe Transversale

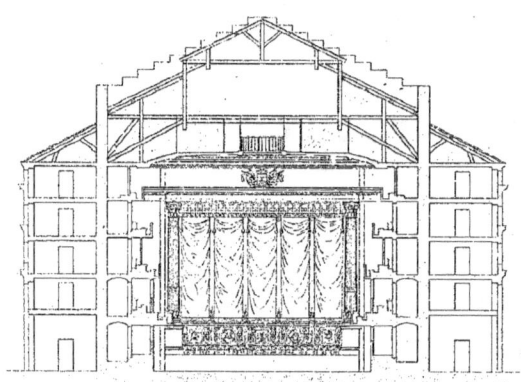

Coupe Longitudinale

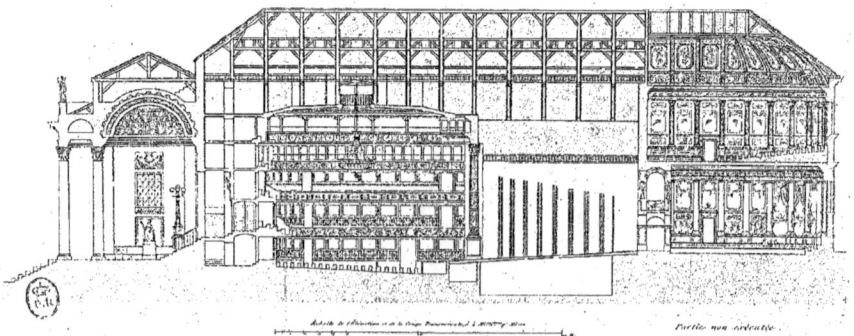

Salle de Spectacle à Nantes (Loire-Inférieure) Piche arch.
achevée en 18 .

Élévation.

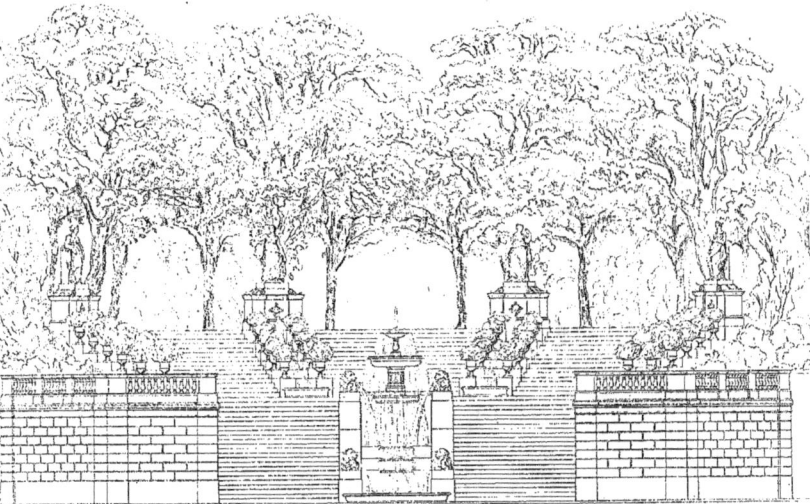

Coupe.

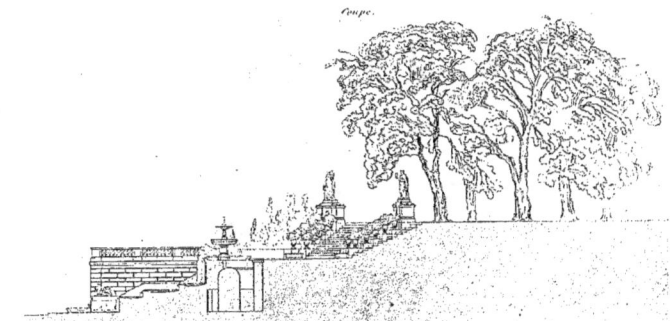

Plan.

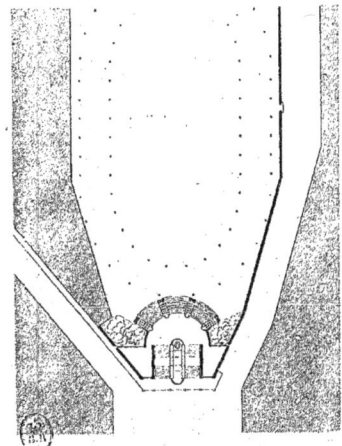

Promenade publique à Rennes. (Ille-et-Vilaine.)
(1829)

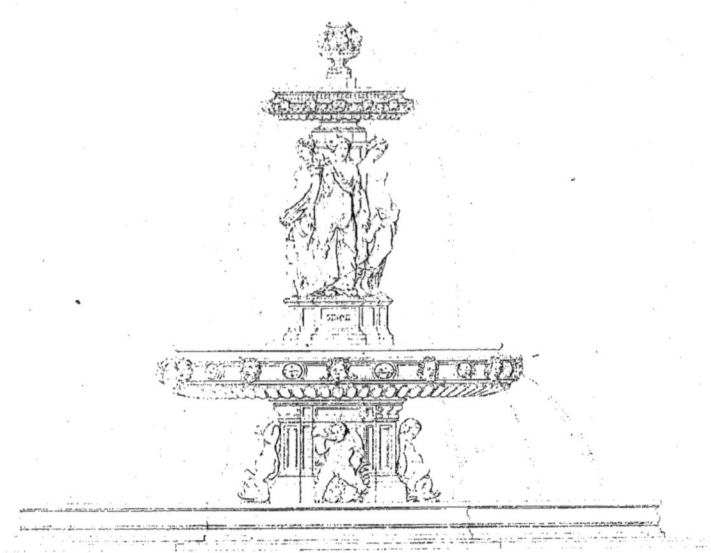

Toute cette fontaine (à partir du dessus du bassin inférieur) est exécutée en fonte de fer.

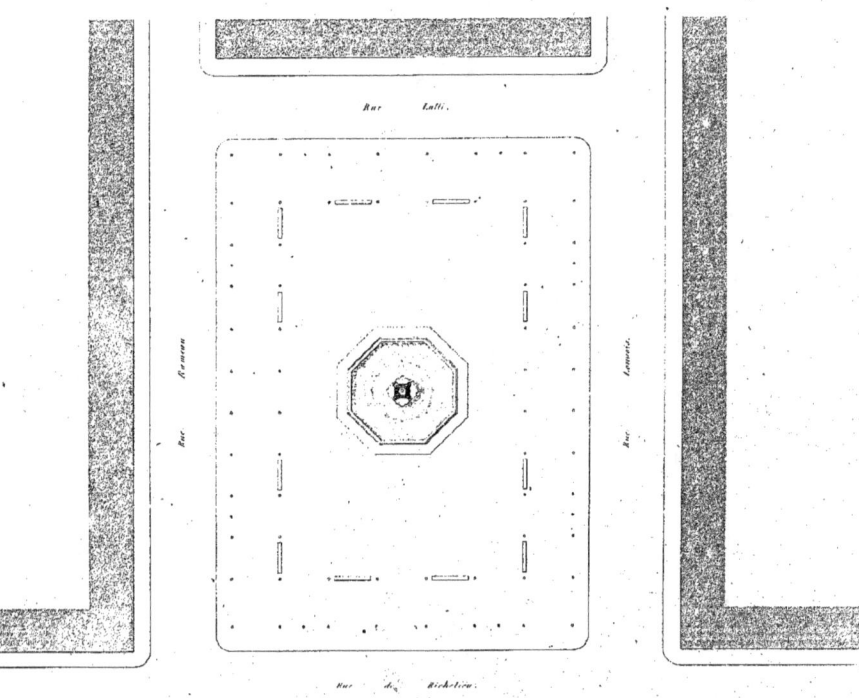

Fontaine exécutée Rue de Richelieu à Paris. (Seine.)
(1839)

Monuments Publics.

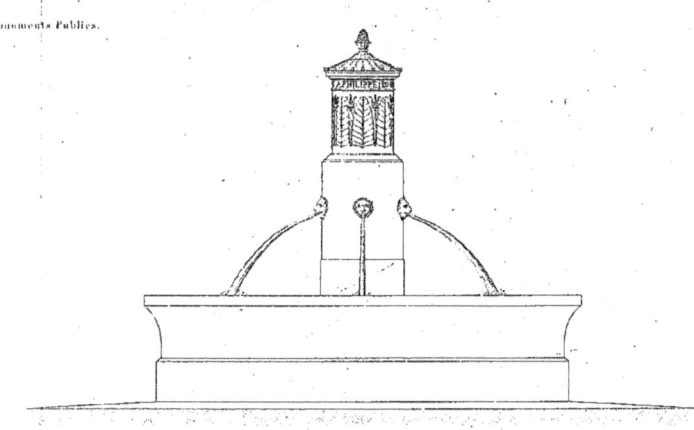

Élévation.

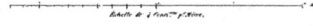

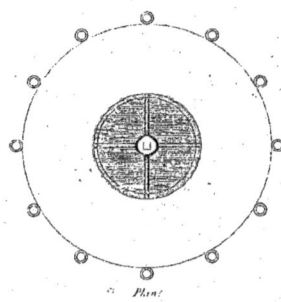

Plan.

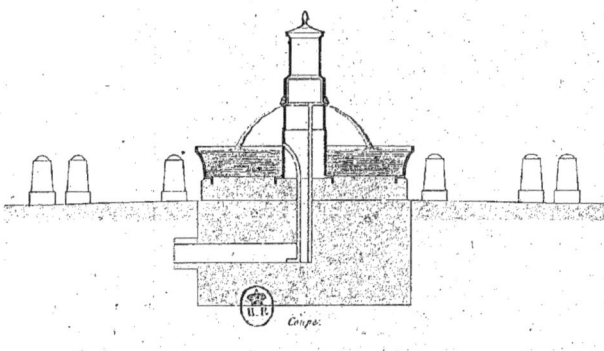

Coupe.

Fontaine construite à Liffol-le-Grand. (Vosges)
(1830)

Monuments Publics.

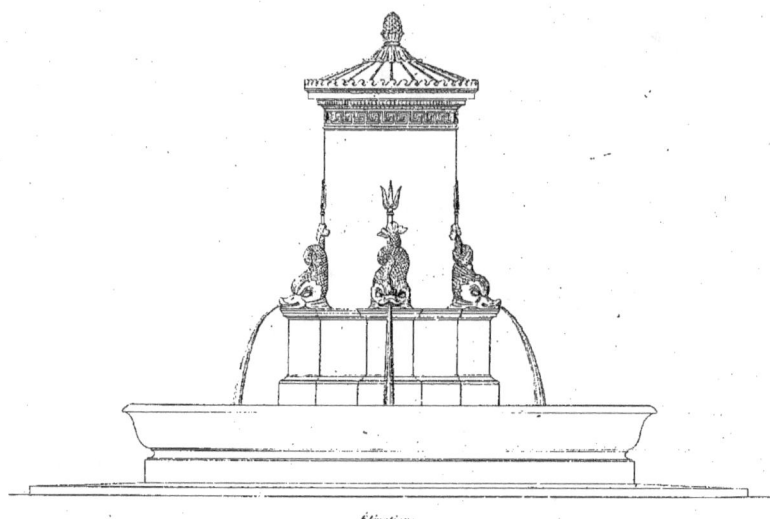

Élévation.

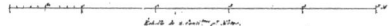

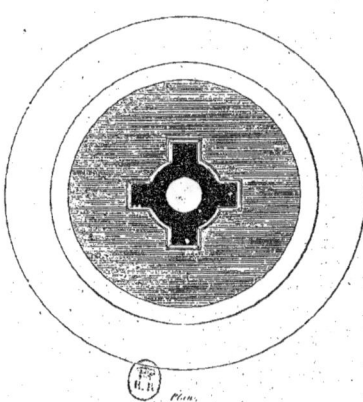

Plan.

Fontaine sur la Place Carrière de Neufchâteau. (Vosges.)

NEUVIÈME SECTION.

ÉDIFICES FUNÉRAIRES.

CHAPELLE FUNÉRAIRE ET MAUSOLÉE,

A QUIBERON (MORBIHAN);

Par M. CARISTIE, architecte, membre de l'Institut et du conseil général des bâtiments civils.

1821 à 1829.

3 planches numérotées 95, 96 et 97.

Ces monuments ont été élevés, au moyen de souscriptions particulières, en mémoire des émigrés qui, débarqués en 1795 sur cette plage, furent tués pendant le combat ou fusillés après leur défaite.

Dès 1815, une partie des ossements avait été transportée du *champ des martyrs* à la chartreuse d'Auray. En conséquence, la commission chargée de l'emploi des fonds de souscription pensa devoir consacrer l'un et l'autre de ces emplacements en les réunissant par des avenues bordées de cyprès, à la rencontre desquelles est une colonne monolithe en granit, de 6 mètres de hauteur, surmontée d'une croix, et accompagnée de bancs, de stations et de fontaines à l'usage des pèlerins qui, tous les ans, se rendent de Sainte-Anne d'Auray à Sainte-Rosalie de Carnac.

Le *champ des martyrs* est également environné de plantations en cyprès.

La chapelle qui y est érigée est entièrement construite en granit; les colonnes et architraves sont monolithes; les planchers et caissons sont en fer et poterie, et le comble en fer et couvert en cuivre.

La chapelle de la Chartreuse est construite en pierre de Caen sur socle en granit; les revêtements intérieurs sont en marbre noir avec filets en marbre blanc.

Le mausolée au centre de cette chapelle est en marbre blanc sur un socle en marbre noir. Sur le soubassement sont inscrits les noms des neuf cent cinquante-deux émigrés qui ont péri par suite de l'expédition. La face supérieure du mausolée présente les médaillons des quatre chefs, MM. de Sombreuil, de Soulanges, d'Hervilly et de Talhouet, ainsi que de M. René de Hercé, évêque de Dol, qui les accompagnait; plusieurs bas-reliefs représentent le débarquement et les événements qui l'ont suivi; les inscriptions sont gravées dans le marbre et dorées.

Toute la statuaire de ce monument a été exécutée par MM. Petitot et Romar.

Les dépenses ont été à peu près ainsi qu'il suit :

Chapelle du champ des martyrs.

Maçonnerie.................... 69,400 fr.
Colonnes et architraves monolithes (y compris la colonne du rond point)..... 17,250   104,500 fr.
Charpente en fer et couverture en cuivre 17,850

Chapelle de la Chartreuse.

Construction................... 59,500 fr.   63,000 fr.
Peintures d'ornement............. 3,500

Mausolée.

Fourniture de marbre noir et blanc (y compris les revêtements de la chapelle)........ 40,000 fr.
Main-d'œuvre de marbrerie........ 46,000
Statuaire...................... 46,000   150,000 fr.
Sculptures d'ornements........... 4,000
Porte en bronze................. 2,000
Transports de Paris, etc......... 12,000

Somme totale........ 317,500 fr.

TOMBEAU DE CASIMIR PÉRIER,

AU CIMETIÈRE DU PÈRE-LA-CHAISE,

A PARIS (SEINE);

Par M. A. LECLÈRE, architecte, membre de l'Institut et du conseil général des bâtiments civils,
M. CORTOT, statuaire, membre de l'Institut,

1833 à 1837.

3 planches numérotées 225, 226 et 227.

On sait que Casimir Périer, alors président du conseil des ministres et ministre de l'intérieur, est mort en 1832, à la suite d'une longue et douloureuse maladie.

Ce monument lui a été élevé au moyen de souscriptions particulières. Les inscriptions que nous reproduisons sur les élévations font connaître la composition du comité, ainsi que le don fait par la ville de Paris *de la terre où repose ce grand citoyen.*

Le nombre des souscripteurs s'éleva à 2,400, et le montant des souscriptions à.................. 58,649 fr. 30 c.
qui, placés au trésor royal et à la caisse des dépôts et consignations, produisirent en intérêts. 9,470   59

Ce qui a donné en tout........ 68,119 fr. 89 c.

Emploi :

Travaux de construction............. 32,312 fr. 43 c.
Sculptures d'ornement.............. 7,438   00
Modèle de la statue et exécution des bas-reliefs........................... 14,000   00

Fonte de la statue.........................	8,000	00
Honoraires de l'architecte...................	2,358	00
Compte rendu et dessin du monument, distribués aux souscripteurs....................	939	96
Achat d'une inscription de 100 francs de rente déposée à la préfecture de la Seine, pour l'entretien du monument,........................	2,371	50
Somme pareille.................	68,119 fr.	89 c.

Le monument est élevé sur un massif général en béton; les assises au-dessous du sol sont en pierre de roche de Bagneux, et toutes les parties en élévation en pierre dure de la Ferté-Milon; les pilastres sont sans joints sur la hauteur; la statue est en bronze.

CHAPELLE FUNÉRAIRE

ET PAVILLONS DE GARDIEN,

A L'ENTRÉE DU CIMETIÈRE DE RENNES (ILLE-ET-VILAINE);

Par M. MILLARDET, architecte du département.

1820 à 1822.

2 planches numérotées 228 et 229.

Les fondations sont construites en moellon schisteux; les socles et bandeaux des clôtures et des petits bâtiments sont en granit, et le surplus en pierre de taille.

La partie supérieure du soubassement de la chapelle est en brique, ainsi que les voûtes et la coupole. Les murs de la chapelle sont en pierre de taille, les colonnes en granit poli, chacune en un seul morceau, avec bases et chapiteaux en marbre noir de Laval; la couverture est en cuivre.

La dépense s'est élevée à environ 61,000 fr.

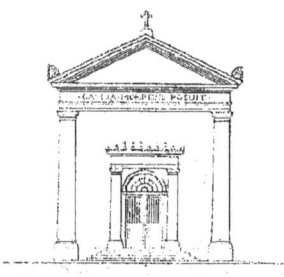

Élévation de la Chapelle Monumentale.

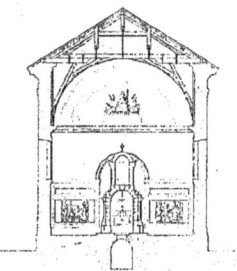

Coupe Transversale de la Chapelle Monumentale et du Mausolée.

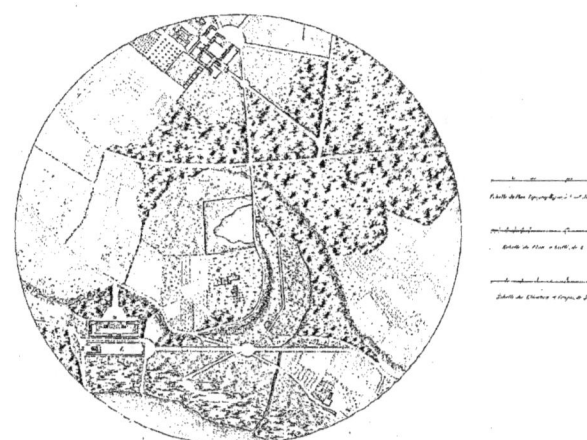

Plan Topographique.

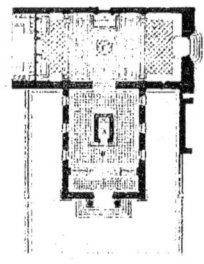

Plan de la Chapelle Monumentale et du Mausolée.

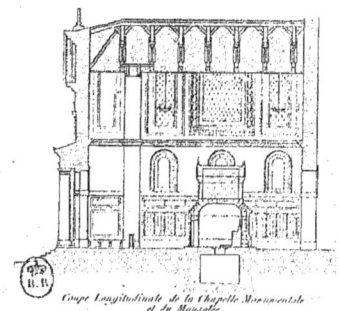

Coupe Longitudinale de la Chapelle Monumentale et du Mausolée.

Chapelles Funéraires et Mausolée construits à Quiberon (Morbihan) Pl.re 1re

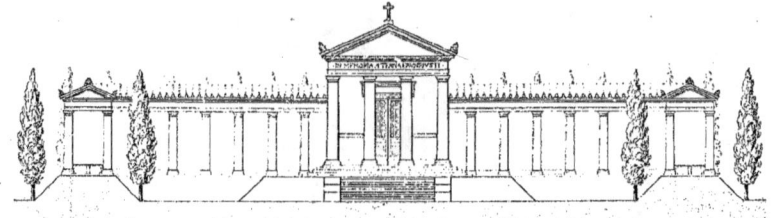

Élévation de la Chapelle Expiatoire.

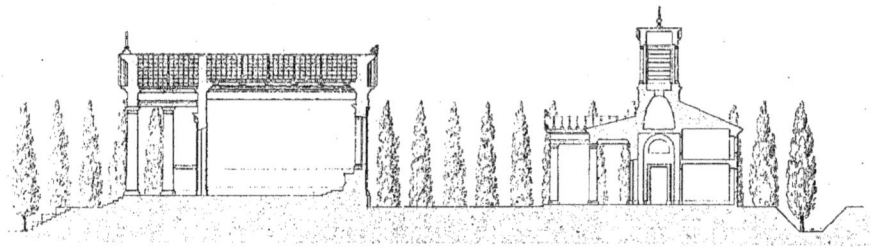

Coupe Longitudinale de la Chapelle Expiatoire.

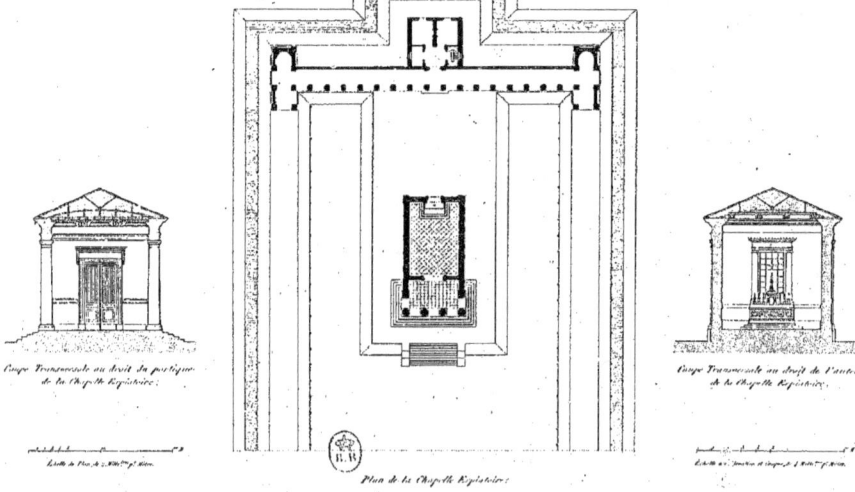

Chapelles Funéraires et Mausolée construits à Quiberon (Morbihan) P.ᶜʰᵉ Gue (1823.)

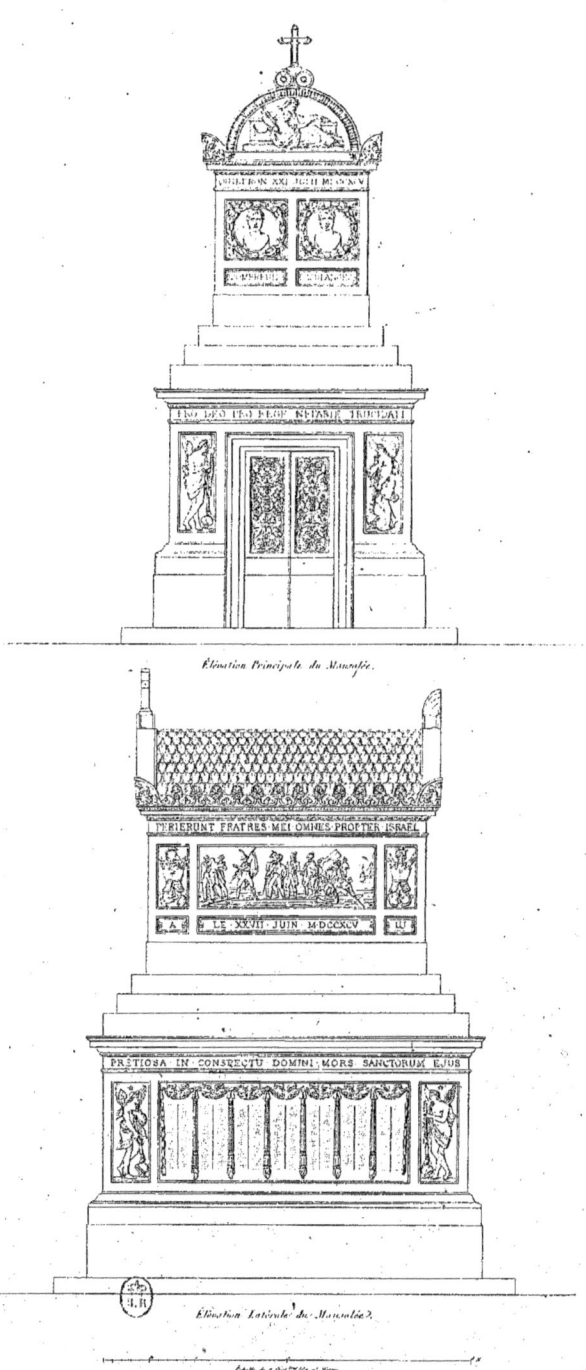

Élévation Principale du Mausolée.

Élévation Latérale du Mausolée.

Chapelles Funéraires et Mausolée, construits à Quiberon. (Morbihan)

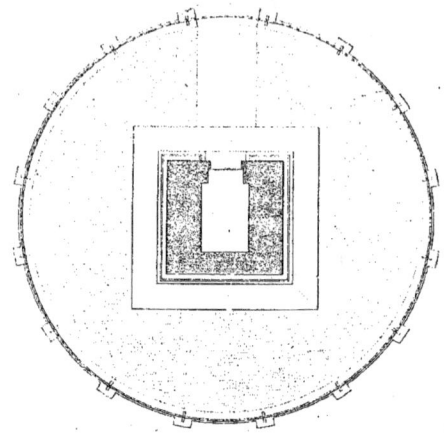

Tombeau de Casimir Périer, au cimetière du Père La Chaise à Paris. (Seine)

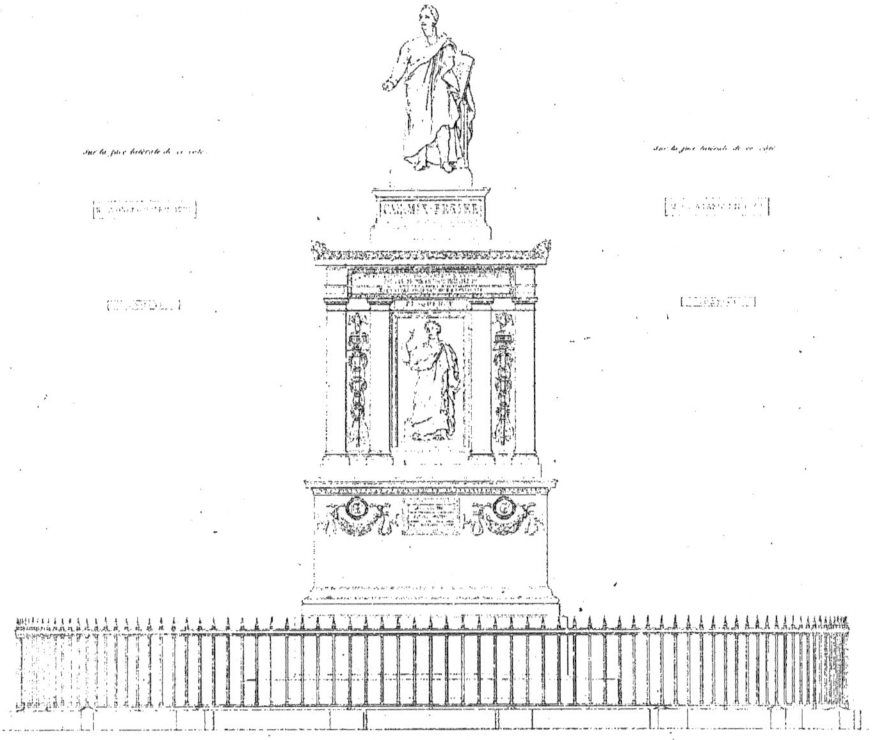

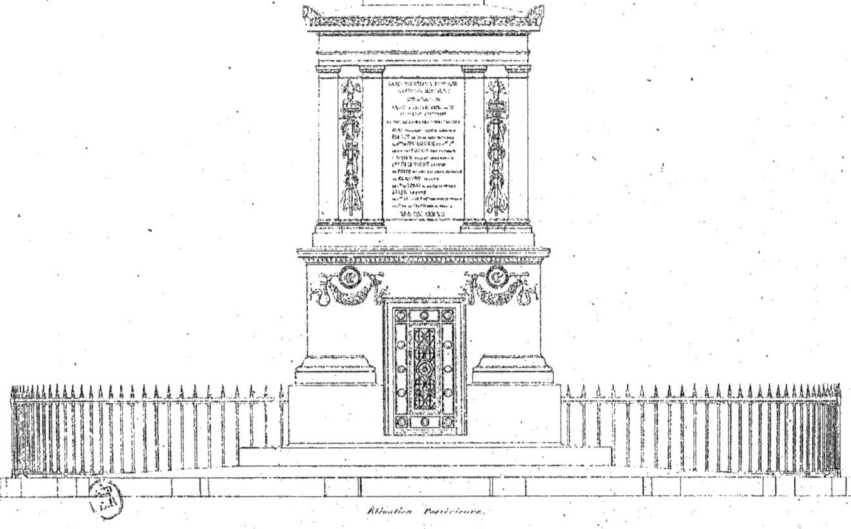

Tombeau de Casimir Périer, au cimetière du Père La Chaise à Paris, (Seine)
(1837)

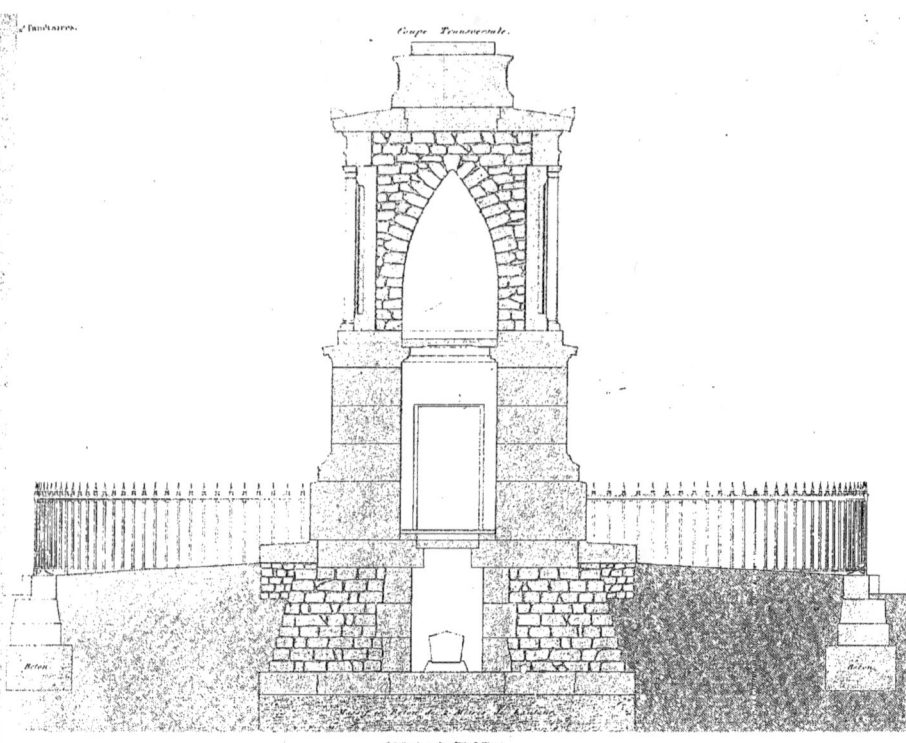

Coupe Transversale.

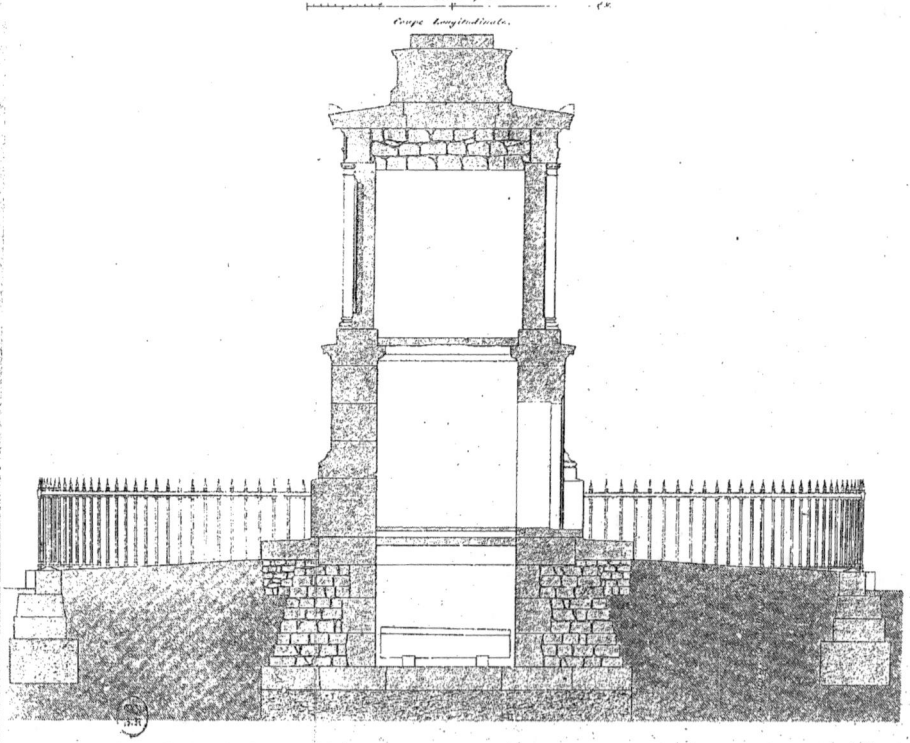

Coupe Longitudinale.

Tombeau de Casimir Périer, au cimetière du Père la Chaise à Paris. (Seine.)
(1837.)

Édifices Funéraires

Plan du 1er Étage.

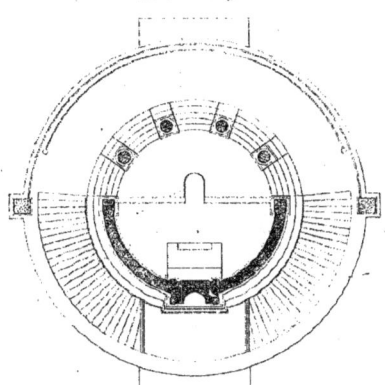

Plan du Rez-de-Chaussée.

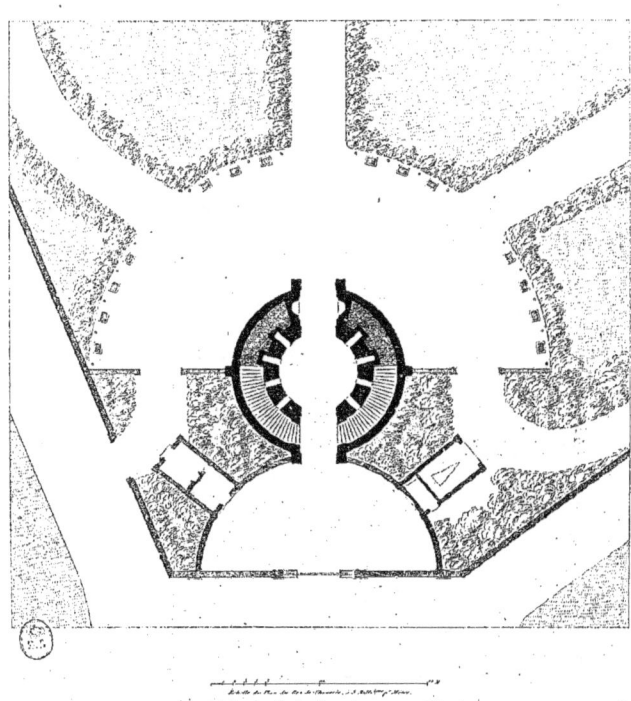

Chapelle Funéraire et Pavillons de gardien à l'entrée du Cimetière de Rennes, (Ille-et-Vilaine) Pl. 1re
(1833.)

Édif. Funéraires

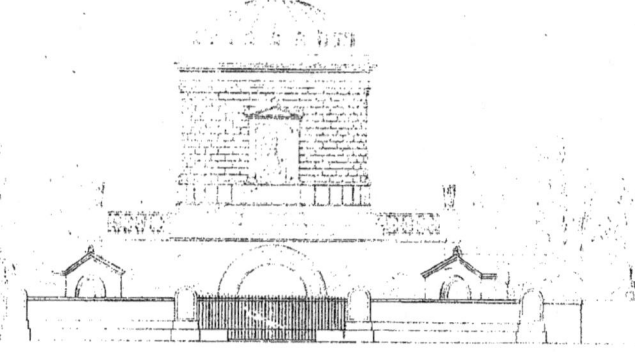

Élévation du côté de l'Entrée.

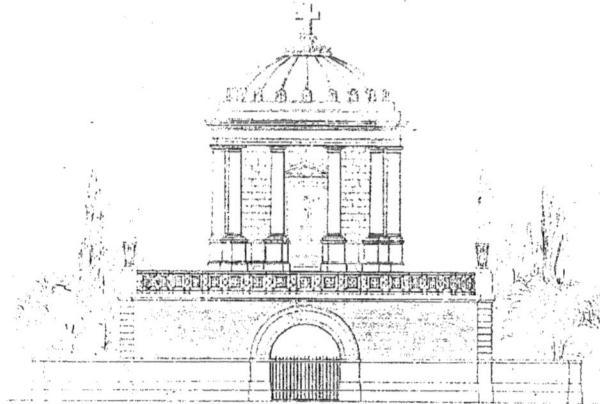

Élévation du côté du Cimetière.

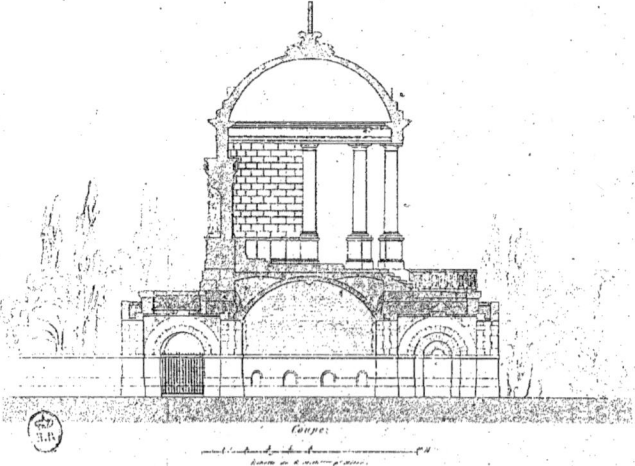

Coupe.

Chapelle Funéraire et Pavillons de gardien à l'entrée du Cimetière de Rennes (Ille-et-Vilaine) Pl. ᵍⁿᵉ (1834).

— 35 —

DIXIÈME SECTION.

ÉDIFICES MIXTES.

Nous rappellerons ici, comme dans notre premier volume, que nous avons dû adopter cette dénomination dans deux cas particuliers qui ne nous permettaient pas de classer quelques édifices dans une des neuf sections spéciales qui précèdent.

Le premier de ces cas est celui où plusieurs édifices distincts, et ayant une destination plus ou moins différente, se trouvent placés l'un à côté de l'autre, de façon à former un ensemble qu'il convenait de représenter sur les mêmes planches; tels étaient les divers édifices *mixtes* de notre premier volume, et tels sont encore presque tous ceux que nous donnons ici.

Le second cas est celui où des services plus ou moins différents sont réunis dans un seul et même bâtiment; ce parti, qui est celui du dernier édifice que nous donnons ici, n'est pas toujours sans quelques désavantages; mais on peut y être conduit par des raisons d'économie ou des convenances locales plus ou moins fondées; et des dispositions bien entendues peuvent en atténuer les inconvénients.

COUR D'ASSISES

ET TRIBUNAL DE PREMIÈRE INSTANCE, MAISON D'ARRÊT
ET CASERNE DE GENDARMERIE,

A SAINT-ÉTIENNE (LOIRE);

Par M. DALGABIO, alors architecte de la ville.

1823.

2 planches numérotées 47 et 48.

Ces constructions sont généralement exécutées en grès du pays, et les voûtes en briques de champ de 54 millimètres d'épaisseur; les combles sont en sapin et couverts en tuiles creuses. Elles ont coûté environ 300,000 francs.

La caserne de gendarmerie était originairement disposée pour deux brigades, l'une à pied et l'autre à cheval. Il y a été fait des additions pour y loger une troisième brigade.

TRIBUNAL DE PREMIÈRE INSTANCE,

CASERNE DE GENDARMERIE ET MAISON D'ARRÊT,

A ARCIS-SUR-AUBE (AUBE);

Par M. VAUDÉ, architecte.

1825.

1 planche numérotée 12.

Ces différents services ont été établis sur l'emplacement d'un ancien couvent de capucins, dont la chapelle a été appropriée à l'usage du tribunal; les prisons seules ont été entièrement construites à neuf. Quelques modifications et additions ont eu lieu depuis les premiers travaux d'appropriation.

Les dépenses se sont montées en tout à environ 75,000 francs.

TRIBUNAL DE PREMIÈRE INSTANCE,

CASERNE DE GENDARMERIE ET PRISON COMMUNALE,

A BARCELONETTE (BASSES-ALPES);

Par M. LÉVEILLÉ, architecte.

1822.

1 planche numérotée 133.

La mort de M. Léveillé nous a empêché de nous procurer aucune notice positive sur ce petit édifice.

MARCHÉ, HOTEL DE VILLE,

CASERNE DE GENDARMERIE ET ÉCOLE PRIMAIRE,

A BRESSUIRE (DEUX-SÈVRES);

Par M. THÉNADEY, architecte.

1816 à 1820.

2 planches numérotées 3 et 4 (1).

La caserne de gendarmerie et l'école ont été ajournées jusqu'ici, et il n'y a d'exécuté que le marché et l'hôtel de ville.

Ces constructions sont entièrement en granit, tant moellons que pierres de taille; les arcades sont cintrées en briques.

Elles ont coûté environ 60,000 francs.

(1) Ces numéros manquent sur une partie des planches.

HOTEL DE VILLE,

ÉCOLES, HALLE ET CASERNE DE GENDARMERIE,

A MONT-SOUS-VAUDREY (JURA);

Par M. BEZAND, architecte.

1836.

1 planche numérotée 210.

Tout le dessous du bâtiment principal est occupé par de grandes caves destinées à l'établissement d'un *marché aux vins*, et dont une partie est provisoirement louée à des particuliers.

Les diverses façades des bâtiments sont construites en pierres des environs de Dôle, et les murs intérieurs en moëllons. Les charpentes sont partie en chêne et partie en sapin du Jura. La couverture est en tuiles plates, etc.

La dépense s'est élevée à environ 120,000 francs, y compris le mobilier des écoles, de la mairie, etc.

Il a été construit au centre de la cour un puits avec pompe renfermée dans un piédestal en pierre, et bassins.

On se propose de fermer les entrecolonnements des abris au pourtour de la halle au moyen de grilles en fer, pour y laisser les marchandises en dépôt d'un marché à l'autre.

HOTEL DE VILLE, TRIBUNAL CIVIL,

ET COLLÉGE COMMUNAL,

A GAILLAC (TARN);

Par M. LEBRUN, architecte.

1833 à 1837.

1 planche numérotée 223.

La totalité des fondations de cet édifice a été exécutée en béton (1), ainsi que les voûtes de caves. Les murs en élévation sont généralement en briques et mortier, la charpente en sapin et peuplier, et la couverture en tuiles *canales*.

La dépense s'est élevée à 167,000 francs, compris les honoraires de l'architecte.

(1) On doit à M. Lebrun, architecte de cet édifice, des efforts utiles pour la propagation de l'emploi du béton dans ce département et dans les départements voisins, où la pierre de construction est assez chère. Il a publié à ce sujet un *Traité pratique de l'art de bâtir en béton*, Paris, Carilian-Gœury, 1843. Il a proposé depuis d'employer le béton à la construction des murs et voûtes des prisons cellulaires, et des essais doivent avoir lieu à ce sujet.

Le béton employé pour l'édifice dont il s'agit ici n'est revenu qu'à environ 7 fr. le mètre cube pour les fondations et 11 fr. pour les voûtes.

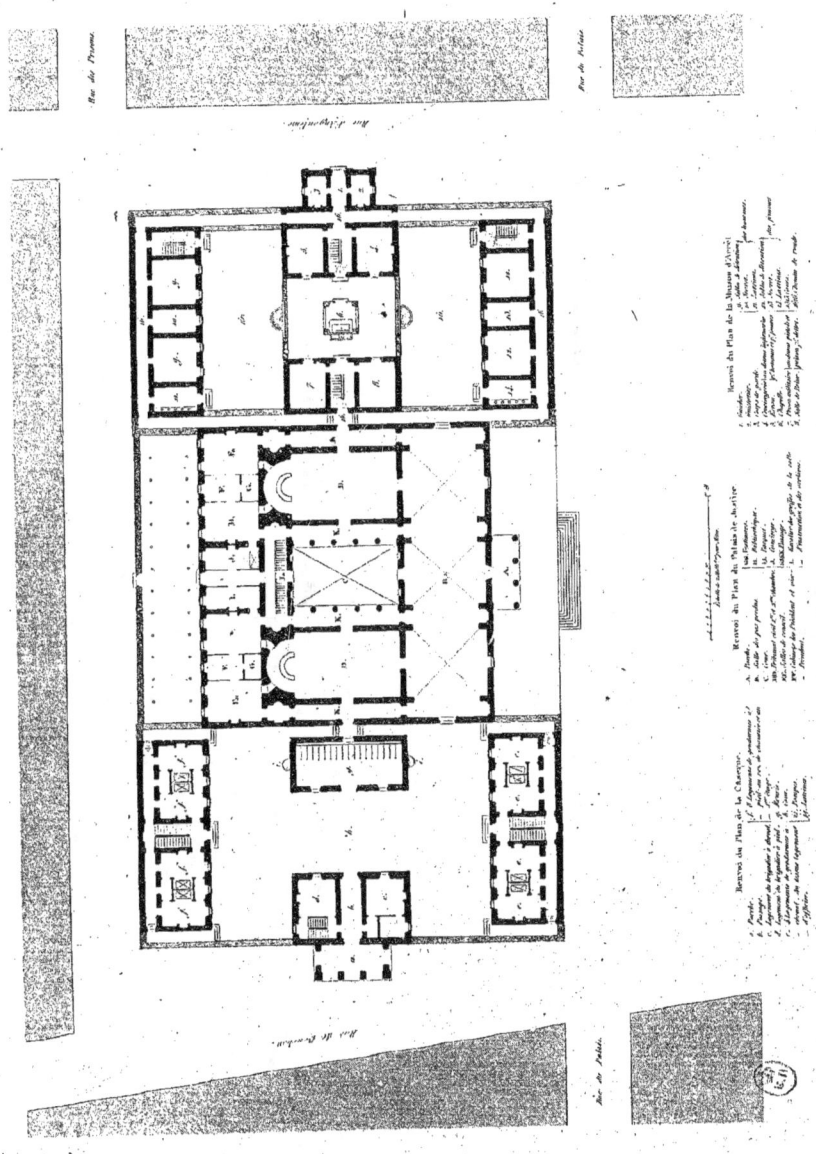

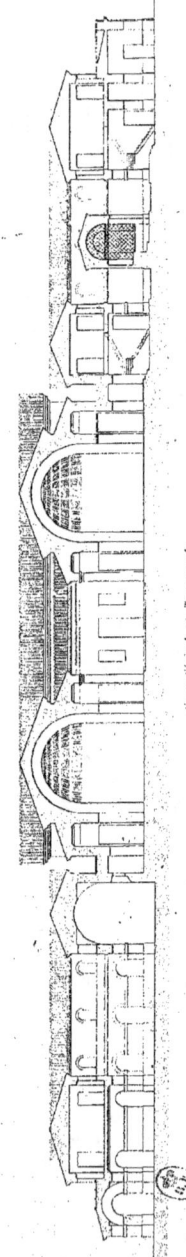

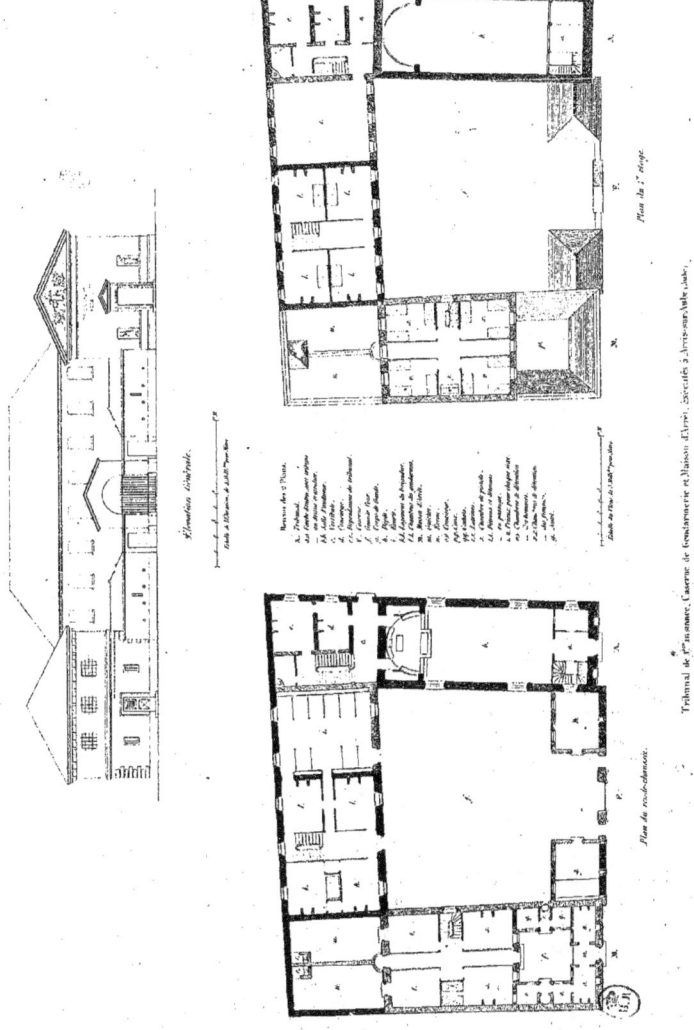

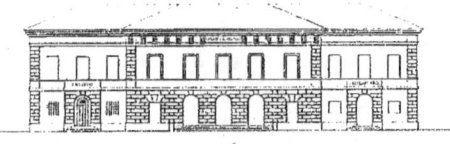

Élévation.

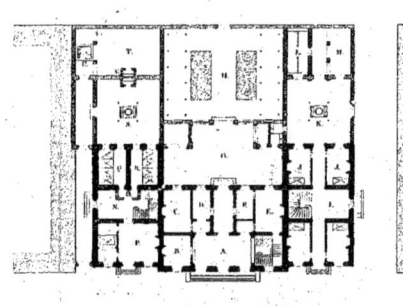

Plan du 1.er Étage.

Plan du Rez-de-Chaussée.

Tribunal, Caserne de Gendarmerie et Prison Communale, à Barcelonnette. (Basses-Alpes) 1822.

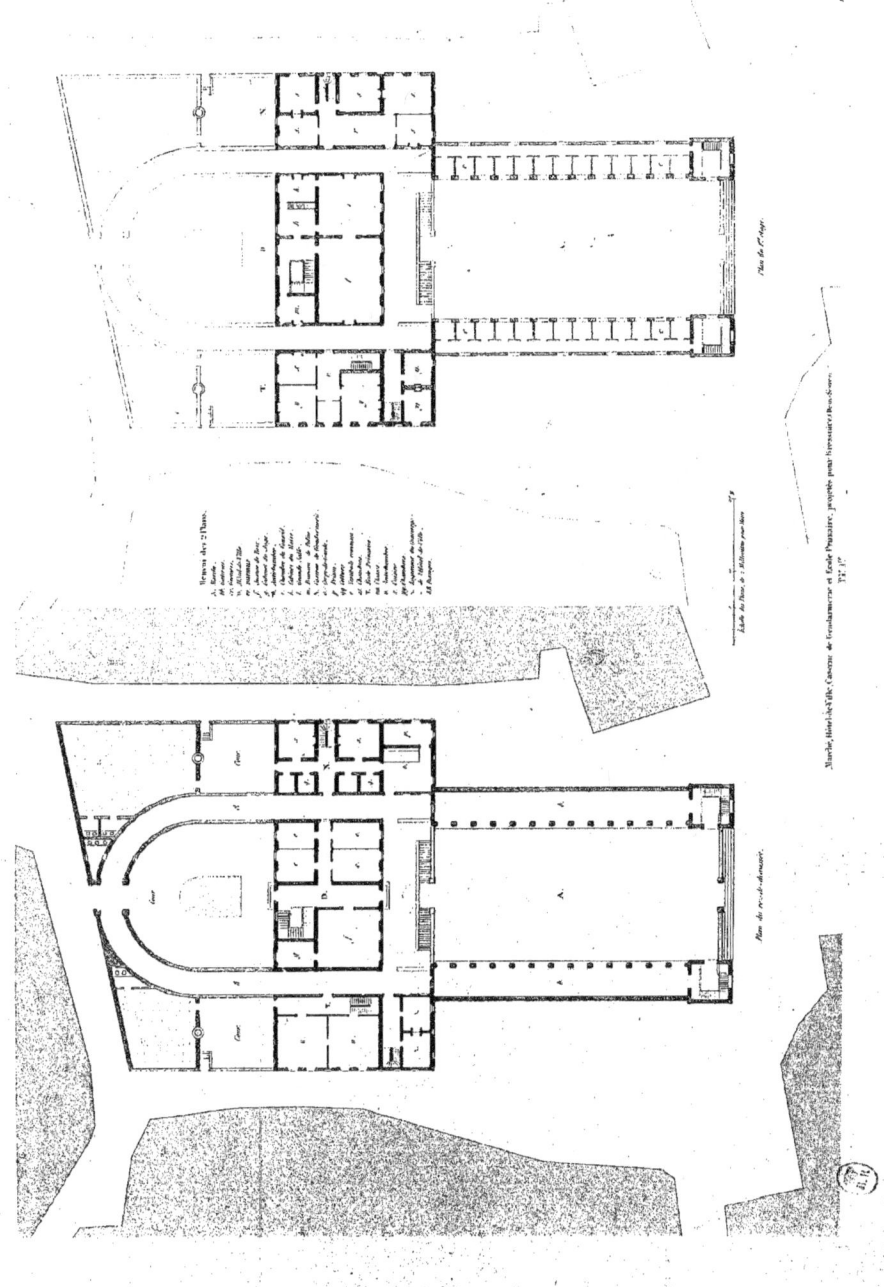

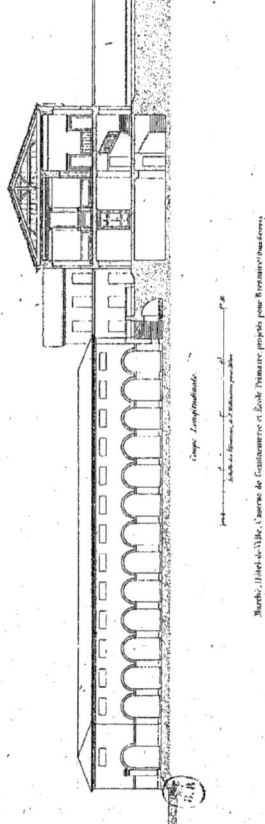

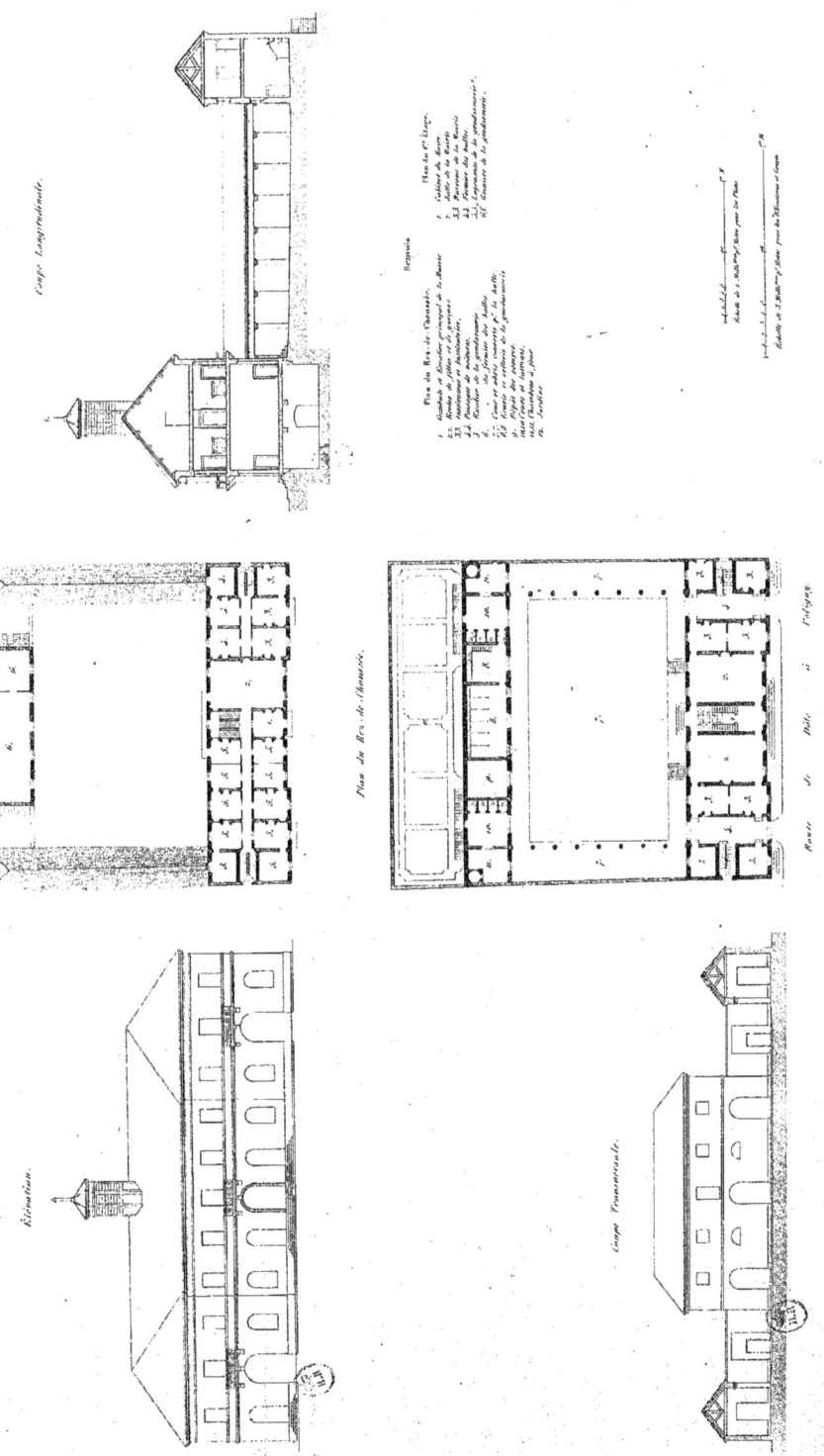

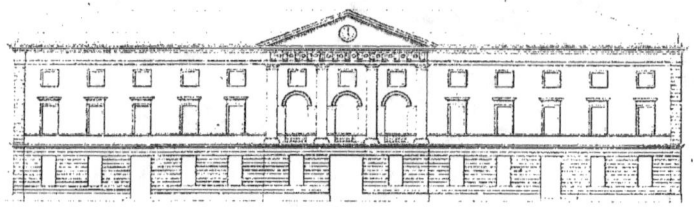

Élévation.

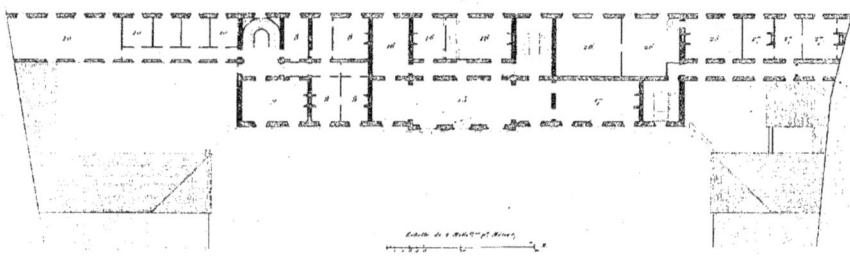

Plan du 1.er Étage.

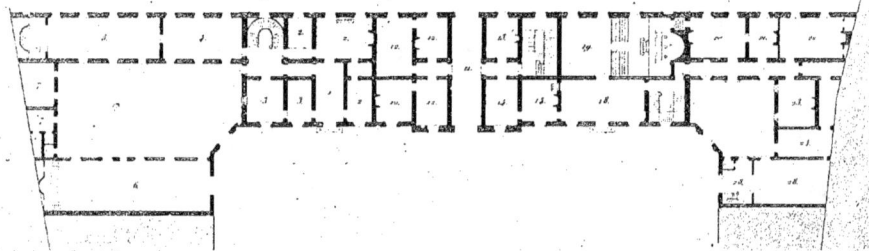

Plan du Rez-de-Chaussée.

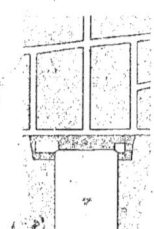

Plan Général.

Hôtel de Ville, Tribunal Civil et Collège Communal construits à Gaillac. (Tarn.)
(1835.)

TABLEAU

PAR ORDRE DE

DES ÉDIFICES CONTENUS DA

DIVISIONS PRINCIPALES.	SUBDIVISIONS.			VILLES.	DÉPARTEMENTS.	ÉPOQUE de la CONSTRUCTION.	NOMS des ARCHITECTES.	NOMBRE DE PLANCHES.	NUMÉROS des PLANCHES.
							MM.		
1ᵉʳ ÉDIFICES RELIGIEUX.	ÉGLISES.	Cathédrale.		Chartres (couverture incombustible).	Eure et Loir.	1837 à 1839.	BARON.	2	254, 255.
		Paroissiales	de la Madeleine.	Paris.	Seine.	1808 à 1843.	Feu VIGNON et HUVÉ.	4	296, 297; 301, 302.
			de Saint-Lazare.	Marseille.	Bouches-du-Rhône.	1833 à 1837.	COSTE ET BARRAL.	1	266.
		Communales.		St-Jean de Bonneval.	Aube.	1829.	GAUTHIER.	1	121
				Vincennes.	Seine.	1829 à 1830.	LESUEUR.	2	181, 182.
				Crainvilliers.	Vosges.	1826.	MALIBEY.	1	85.
				La Daguenière.	Maine-et-Loire.	1829.	FRANÇOIS.	1	49.
	CHAPELLE.			Île Saint-Denis.	Seine.	1835.	Feu GUENEPIN.	1	278.
	SÉMINAIRE (Saint-Sulpice).			Paris.	Seine.	1820 à 1838.	GODDE.	3	236, 237, 238.
	PRESBYTÈRE (Saint-Séverin).			Paris.	Seine.	1827.	GAU.	1	51.
	TEMPLE PROTESTANT.			Orléans.	Loiret.	1836.	PAGOT.	1	279.
	SYNAGOGUE.			Strasbourg.	Bas-Rhin.	1835.	FRIES.	1	280.
2ᵉ ÉDIFICES ADMINISTRATIFS.	CHAMBRE DES PAIRS.			Paris.	Seine.	1835 à 1842.	A. DE GISORS.	6	212, 213; 272, 273, 274, 275
	MINISTÈRE DE L'INSTRUCTION PUBLIQUE.			Paris.	Seine.	1840.	A. DE GISORS.	1	200.
	HÔTELS.	de Préfecture.		Angoulême.	Charente.	1828.	ABADIE.	2	103, 104.
				Puy.	Haute-Loire.	1825.	MACQUET.	2	82, 83.
		de Sous-Préfecture.		Avranches.	Manche.	1842.	DOISNARD.	2	286, 287.
		de Ville.		Saint-Étienne.	Loire.	1821 à 1828.	DALGABIO.	3	52, 53, 54.
3ᵉ ÉDIFICES JUDICIAIRES.	COUR D'ASSISES ET TRIBUNAL CIVIL.			Angoulême.	Charente.	1825.	ABADIE.	3	79, 80, 81.
	Idem. idem.			Privas.	Ardèche.	1826.	MACQUET.	1	86.
	TRIBUNAL CIVIL.			Valognes.	Manche.	1824 à 1828.	VAN CLEEMPUTTE (Henri).	2	196, 197.
4ᵉ ÉDIFICES D'INSTRUCTION PUBLIQUE.	COLLÈGE ROYAL.			Remiremont.	Vosges.	1840 à 1842.	GARON.	2	290, 291.
	ÉCOLE NORMALE PRIMAIRE ET ÉCOLE SUPÉRIEURE ANNEXE.			Bourbon-Vendée.	Vendée.	1836 à 1837.	BOUILLON.	1	224.
	ÉCOLE CHRÉTIENNE.			Paris.	Seine.	1825.	GAUTHIER.	1	78.
	ÉCOLE ROYALE VÉTÉRINAIRE.			Toulouse.	Haute-Garonne.	1832 à 1834.	LAFFON.	3	239, 240, 241.
	JARDIN DE BOTANIQUE.			Orléans.	Loiret.	1836 à 1841.	PAGOT.	1	281.
	OBSERVATOIRE ROYAL.			Paris.	Seine.	1832 à 1840.	BILE et A. DE GISORS.	3	256, 257, 258.
5ᵉ ÉDIFICES SANITAIRES.	LAZARET.			Trompeloup.	Gironde.	1825.	POITEVIN.	2	101, 102.
	HÔPITAL DES CLINIQUES DE LA FACULTÉ DE MÉDECINE.			Paris.	Seine.	1836.	A. DE GISORS.	2	249, 250.
	MAISON DE RETRAITE DE SAINTE-PÉRINE.			Chaillot.	Seine.	1830, etc.	ROHAULT père.	2	267, 268.
	HOSPICE (Saint-Nicolas).			Troyes.	Aube.	1839 à 1843.	GAUTHIER.	2	282, 283.
	HÔPITAL.			Villeneuve-sur-Lot.	Lot-et-Garonne.	1834 à 1839.	BOURRIÈRES.	2	218, 219.
	GRAND HOSPICE D'ALIÉNÉS.			Marseille.	Bouches du Rhône.	1838, etc.	Feu PENCHAUD.	2	292, 293.
	QUARTIERS D'ALIÉNÉS.			Cadillac.	Gironde.	1827.	POITEVIN.	2	89, 90.
	ÉTABLISSEMENT THERMAL.			Vichy.	Allier.	1823 à 1829.	AGNETY et ROSE BEAUVAIS.	2	21, 22.

TABLEAU GÉNÉRAL,
PAR ORDRE DE CLASSEMENT,
DES ÉDIFICES CONTENUS DANS CE DEUXIÈME VOLUME.

ÉPOQUE de la construction	NOMS des ARCHITECTES.	NOMBRE DE PLANCHES.	NUMÉROS des PLANCHES.	DIVISIONS PRINCIPALES.	SUBDIVISIONS.	VILLES.	DÉPARTEMENTS.	ÉPOQUE de la construction
	MM.							
1830	Baron.	2	254, 255.		Bourse et Tribunal de Commerce.	Nantes.	Loire-Inférieure.	1791 à 18
1843	Feu Vignon et Huvé.	4	296, 297; 301, 302.		Bourse et Condition des Soies.	Saint-Étienne.	Loire.	1820.
1837	Coste et Barral.	1	266.		Douane et Entrepôts de Douanes, des Sels, et d'Octroi.	Paris.	Seine.	1833 à 18
...	Gauthier.	1	121.			Troyes.	Aube.	1837 à 18
1830	Lesueur.	2	181, 182.			Saint-Étienne.	Loire.	1823.
...	Matthey.	1	85.	6° ÉDIFICES D'UTILITÉ PUBLIQUE.	Halles aux Blés et aux Grains.	Beaune.	Côte-d'Or.	1840.
...	François.	1	49.			Dourdan.	Seine-et-Oise.	1835 à 18
...	Feu Guenepin.	1	278.			Bourges.	Cher.	1834.
1838	Godde.	3	236, 237, 238.		Marchés. { Des Patriarches.	Paris.	Seine.	1830 à 18
...	Gau.	1	51.			Nevers.	Nièvre.	1825.
...	Pagot.	1	279.		Abattoirs.	Nantes.	Loire-Inférieure.	1824 à 18
...	Fries.	1	260.			Tarascon.	Bouches-du-Rhône.	1825.
					Filtres et Château-d'Eau.	Toulouse.	Haute-Garonne.	1821 à 18
					Lavoir.	Nîmes.	Gard.	18
1842	A. de Gisors.	6	212, 213; 272, 273, 274, 275.		Casernes. { de Gendarmerie.	Lyon.	Rhône.	1828 à 18
...	A. de Gisors.	1	260.		{ de Sapeurs-Pompiers.	Paris.	Seine.	1829.
...	Abadie.	2	103, 104.	7° ÉDIFICES DE SURETÉ PUBLIQUE.		Beaune.	Côte-d'Or.	1830.
...	Macquet.	2	82, 83.		Maisons. { d'arrêt.	Vervins.	Aisne.	1831 à 18
...	Doisnard.	2	286, 287.		{	Versailles.	Seine-et-Oise.	1826.
1828	Dalgabio.	3	52, 53, 54.		{ d'arrêt et de justice.	Aix.	Bouches-du-Rhône.	1813 à 18
					{ de correction (femmes).	Cadillac.	Gironde.	1825.
					{ centrale de détention.	Beaulieu.	Calvados.	1328 à 18
...	Abadie.	3	79, 80, 81.					
...	Macquet.	1	86.		Colonne de Juillet.	Paris.	Seine.	1831 à 18
1828	Van Cléemputte (Henri).	2	196, 197.		Arc de Triomphe de l'Étoile.	Paris.	Seine.	1806 à 18
				8° MONUMENTS PUBLICS.	Salle de Spectacle.	Nantes.	Loire-Inférieure.	1808 à 18
1842	Caron.	2	290, 291.		Promenade publique.	Rennes.	Ille-et-Vilaine.	1829.
1837	Bouillon.	1	234.			Paris (Rue de Richelieu).	Seine.	1830 à 18
...	Gauthier.	1	78.		Fontaines.	Liffol-le-Grand.	Vosges.	1839
1834	Laffon.	3	239, 240, 241.			Neufchâteau.	Vosges.	1828.
1841	Pagot.	1	281.					
1840	Biet et A. de Gisors.	3	256, 257, 258.	9° ÉDIFICES FUNÉRAIRES.	Chapelles funéraires et Mausolée.	Quiberon.	Morbihan.	1821 à 18
					Tombeau de Casimir Périer.	Paris.	Seine.	1833 à 18
					Chapelle funéraire, Entrée de Cimetière.	Rennes.	Ille-et-Vilaine.	1831.
...	Poitevin.	2	101, 102.		Tribunaux, Maison d'Arrêt et Caserne de Gendarmerie.	Saint-Étienne.	Loire.	1823.
...	A. de Gisors.	2	249, 250.		Idem.	Arcis-sur-Aube.	Aube.	1825.
...	Rouault père.	2	267, 268.		Idem.	Barcelonnette.	Basses-Alpes.	1822.
1843	Gauthier.	2	282, 283.	10° ÉDIFICES MIXTES.	Marché, Hôtel de Ville, Gendarmerie et École.	Bressuire.	Deux-Sèvres.	18
1839	Dourrières.	2	218, 219.		Hôtel de Ville, Écoles, Halle et Gendarmerie.	Mont-sous-Vaudrey.	Jura.	1836.
...	Feu Penchaud.	2	292, 293.		Hôtel de Ville, Tribunal et Collège.	Caillac.	Tarn.	1833 à 18
...	Poitevin.	2	89, 90.					
1829	Agnety et Rose Beauvais.	2	21, 22.					

NÉRAL,

SSEMENT,

CE DEUXIÈME VOLUME.

DIVISIONS PRINCIPALES.	SUBDIVISIONS.	VILLES.	DÉPARTEMENTS.	ÉPOQUE de la CONSTRUCTION.	NOMS des ARCHITECTES.	NOMBRE DE PLANCHES.	NUMÉROS des PLANCHES.
					MM.		
	Bourse et Tribunal de Commerce	Nantes	Loire-Inférieure	1791 à 1812	Feu Crucy	2	19, 20.
	Bourse et Condition des Soies	Saint-Étienne	Loire	1820	Dalgabio	1	33.
	Douane et Entrepôts de Douanes, des Sels, et d'Octroi	Paris	Seine	1833 à 1841	Grillon, Grilerin et feu Lion	3	277, 276, 271.
		Troyes	Aube	1837 à 1841	Gauther	1	269.
		Saint-Étienne	Loire	1823	Dalgabio	1	60
ÉDIFICES D'UTILITÉ PUBLIQUE	Halles aux Blés et aux Grains	Beaune	Côte-d'Or	1840	Petit	1	294.
		Dourdan	Seine-et-Oise	1835 à 1837	Van Cleemputte (Lucien)	1	248.
		Bourges	Cher	1834	Jullien	1	224.
	Marchés { Des Patriarches	Paris	Seine	1830 à 1832	Chatillon	2	176, 177.
		Nevers	Nièvre	1825	Pot-Sturbat	1	28.
	Abattoirs	Nantes	Loire-Inférieure	1824 à 1830	Malary	1	205.
		Tarascon	Bouches-du-Rhône	1825	Feu Penchaud	1	29.
	Filtres et Château-d'Eau	Toulouse	Haute-Garonne	1821 à 1828	Laffogue et Raynaud	3	230, 231, 232.
	Lavoir	Nîmes	Gard	18	Feu Raymond	1	18.
	Casernes { de Gendarmerie	Lyon	Rhône	1828 à 1830	Gay et Hofreland	2	220, 221.
	{ de Sapeurs Pompiers	Paris	Seine	1822	Rohault père	1	270.
		Beaune	Côte-d'Or	1830	Macquet	2	153, 154.
ÉDIFICES DE SÛRETÉ PUBLIQUE		Vervins	Aisne	1831 à 1833	Ménard	1	139.
	d'arrêt	Versailles	Seine-et-Oise	1828	Feu Goy	1	118
	Maisons { d'arrêt et de justice	Aix	Bouches-du-Rhône	1813 à 1831	Feu Penchaud	1	174.
	de correction (femmes)	Cadillac	Gironde	1825	Poitevin	1	158.
	centrale de détention	Beaulieu	Calvados	1828 à 1844	Harrou Romain père et fils	3	298, 299, 300.
	Colonne de Juillet	Paris	Seine	1831 à 1840	Feu Alavoine et Duc	6	149, 150; 262, 263, 264, 265.
	Arc de Triomphe de l'Étoile	Paris	Seine	1806 à 1836	Feu Chalgrin, Goust et Huyot; Blouet	6	242, 243, 244, 245, 246, 247.
MONUMENTS PUBLICS	Salle de Spectacle	Nantes	Loire-Inférieure	1808 à 1812	Feu Crucy	2	233, 234.
	Promenade Publique	Rennes	Ille-et-Vilaine	1829	Millardet	1	235.
		Paris (Rue de Richelieu)	Seine	1836 à 1839	Visconti	1	259.
	Fontaines	Liffol le Grand	Vosges	1832	Mattley fils	1	132.
		Neufchâteau	Vosges	1828	Mattley fils	1	84.
ÉDIFICES FUNÉRAIRES	Chapelles Funéraires et Mausolée	Quiberon	Morbihan	1821 à 1829	Carisuie	3	95, 96, 97.
	Tombeau de Casimir Périer	Paris	Seine	1833 à 1837	A. Leclère	3	225, 226, 227.
	Chapelle Funéraire, Entrée de Cimetière	Rennes	Ille-et-Vilaine	1831	Millardet	2	228, 229.
	Tribunaux, Maison d'Arrêt et Caserne de Gendarmerie	Saint-Étienne	Loire	1823	Dalgabio	2	47, 48.
	Idem	Arcis sur Aube	Aube	1825	Vaudé	1	12.
ÉDIFICES MIXTES	Idem	Barcelonnette	Basses-Alpes	1822	Léveillé	1	133.
	Marché, Hôtel de Ville, Gendarmerie et École	Bressuire	Deux-Sèvres	18		2	3, 4.
	Hôtel de Ville, Écoles, Halle et Gendarmerie	Mont-sous-Vaudrey	Jura	1836	Bezard	1	210
	Hôtel de Ville, Tribunal et Collège	Gaillac	Tarn	1833 à 1837	Lebrun	1	223

www.ingramcontent.com/pod-product-compliance
Lightning Source LLC
Chambersburg PA
CBHW071043240526
45471CB00014B/367